Giovanni Reale

Platão

História da Filosofia Grega e Romana
Vol. III

Tradução
Henrique Cláudio de Lima Vaz
Marcelo Perine

Edições Loyola

Título original:
Storia della filosofia antica, in cinque volumi
1ª edição da obra completa: 1975-1980
9ª edição: janeiro de 1992

Largo Gemelli, 1 – 20123 Milano
ISBN 88-343-2561-3

Dados Internacionais de Catalogação na Publicação (CIP)
(Câmara Brasileira do Livro, SP, Brasil)

Reale, Giovanni
História da filosofia grega e romana, vol. III : Platão / Giovanni Reale ; tradução Henrique Cláudio de Lima Vaz, Marcelo Perine. -- 2. ed. -- São Paulo : Edições Loyola, 2014.

Título original: Storia della filosofia antica.

1. Filosofia – História 2. Platão I. Título.

14-09921 CDD-109-184

Índices para catálogo sistemático:

1. Filosofia : História 109
2. Platão : Filosofia 184

Capa: Mauro C. Naxara
Obra *A Escola de Atenas* (detalhe),
Raphael Sanzio
Revisão: Cristina Peres

Edições Loyola Jesuítas
Rua 1822, 341 – Ipiranga
04216-000 São Paulo, SP
T 55 11 3385 8500/8501 • 2063 4275
editorial@loyola.com.br
vendas@loyola.com.br
www.loyola.com.br

ISBN 978-85-15-03304-1
2ª edição: 2014

111288

SUMÁRIO

Segunda seção / A componente metafísico-dialética do pensamento platônico

À minha mulher, Paola

Detalhe do Esboço para a Escola de Atenas de Rafael.

ADVERTÊNCIA

Este volume da História da filosofia grega e romana *trata de Platão e, portanto, das mais notáveis altitudes alcançadas pelo pensamento dos gregos.*

A este autor sempre dedicamos numerosas e amplas pesquisas, mas só nos anos oitenta conseguimos obter uma visão global de Platão que nos satisfaz plenamente, em particular com o volume Para uma nova interpretação de Platão. Releitura da metafísica dos grandes diálogos à luz das "doutrinas não-escritas", *do qual publicamos na editora Vita e Pensiero, em 1991, a décima edição em redação definitiva (edição parcial em 1984; edição inteiramente refundida e ampliada em 1986, e entre 1986 e 1991, outras oito edições), publicado por Edições Loyola em 1997, com segunda edição em 2004.*

Chegamos a essa visão global não só por meio de uma série de trabalhos feitos no passado, mas sobretudo em seguida ao volume que H. Krämer redigiu atendendo ao nosso convite: Platone e i fondamenti della metafisica, *e que traduzimos e publicamos na editora Vita e Pensiero em 1982 (19872). Para completar este volume tivemos de traduzir também todos os principais testemunhos sobre as "Doutrinas não-escritas" platônicas que nos foram transmitidos pela tradição indireta (alguns pela primeira vez em italiano) e, por conseguinte, fomos levados a reestudar essa problemática, com a reavaliação sistemática dessa tradição e com uma série de exames analíticos e de pormenor. Lembramos que Krämer voltou depois a essa temática no volume* La nuova immagine di Platone, *Bibliopolis, Nápoles, 1986. Além disso, examinou minuciosamente o nosso volume sobre Platão, exprimindo sobre ele o juízo da escola de Tübingen no artigo: "Mutamento di paradigma nelle ricerche su Platone. Riflessioni intorno al nuovo libro su Platone di Giovanni Reale"*, na Rivista di Filosofia neoscolastica, *78 (1986), pp. 341-352, agora republicado como Apêndice a nosso volume.*

Ademais, em 1985, Th. Szlezák publicou o volume Platon und die Schriftlichkeit der Philosophie (*De Gruyter, Berlim*), *que inverte o modelo tradicional da leitura de Platão e, embora partindo de um ponto de vista diferente, chega a conclusões hermenêuticas perfeitamente convergentes com as conclusões fundamentais da Escola de Tübingen, ou seja, com as investigações de H. Krämer e de K. Gaiser. Szlezák parte das grandes páginas finais do* Fedro, *nas quais Platão faz uma crítica sistemática de toda espécie de escritura (e, portanto, também da forma dialógica dos próprios escritos) e mostra como essas páginas contêm os cânones basilares segundo os quais reler tudo quanto Platão nos deixou por escrito. Todo diálogo de Platão tem necessidade de um "socorro" que tem em vista um plano mais elevado, em função de "coisas de maior valor". E não só a parte de um diálogo tem necessidade do socorro de outra parte do mesmo diálogo que recorre exatamente a "coisas de maior valor", mas muitas vezes um diálogo tem necessidade do socorro de coisas de maior valor ditas em outro diálogo e todos os diálogos, em se tratando dos fundamentos supremos, remetem à oralidade dialética. Platão pôde conceber, estruturar e compor os seus diálogos dessa maneira, e pôde tomar em face deles a atitude que tomou, justamente sobre o fundamento das verdades últimas, adquiridas na dimensão da oralidade. Nesse sentido compreende-se perfeitamente o que nos diz Platão, justamente no* Fedro, *a saber, que só é filósofo aquele que não consigna nos seus escritos as coisas supremas de maior valor. Já traduzimos e publicamos o volume na editora Vita e Pensiero (1988) com o título* Platone e la scrittura della filosofia. Analisi di struttura dei dialoghi della giovinezza e della maturità alla luce di un nuovo paradigma ermeneutico, *com uma Introdução nossa na qual discutimos amplamente os fundamentos hermenêuticos da obra (19892).*

O já mencionado Gaiser publicou, em 1984, o volume Platone come scrittore filosofico. Saggi sull'ermeneutica dei dialoghi platonici *(Bibliopolis, Nápoles) e entregou-nos, em 1986, o volume* La metafisica della storia in Platone *(que lhe havíamos solicitado em nome do "Centro di Ricerche di Metafisica") e que apresenta, com numerosos retoques e atualizações, as importantes análises feitas anteriormente por ele sobre esse tema, em função do novo modelo de interpretação de Platão, isto é, com a releitura dos diálogos à luz das "Doutrinas não-escritas". Traduzimos e publicamos esta obra com uma ampla introdução na editora Vita e Pensiero em 1988 (19912).*

Lembramos também o notável volume de V. Hösle, Wahrheit und Geschichte. Studien zur Struktur der Philosophiegeschichte unter paradigmatischer Analyse der Entwicklung von Parmenides bis Platon,

Stuttgart, Bad Canstatt 1984, que aceita em larga medida e utiliza com fruto o novo tipo de leitura de Platão.

Ainda na Alemanha, em 1987, M. Erler publicou o volume Der Sinn der Aporien in den Dialogen Platons *(do qual patrocinamos a tradução italiana e respectiva publicação com nossa introdução* Il senso delle aporie nei dialoghi di Platone, *Vita e Pensiero, Milão, 1991) e K. Albert publicou, em 1989, um belo ensaio* Über Platons Begriff der Philosophie *(do qual igualmente patrocinamos a tradução italiana e publicação com introdução nossa:* Sul concetto di filosofia in Platone, *Vita e Pensiero, Milão, 1991). Ambos movem-se no âmbito do novo modelo interpretativo de Platão.*

Na Itália devem-se assinalar em particular: M. Migliori, Dialettica e Verità. Commentario filosofico al "Parmenide" di Platone, *Vita e Pensiero, Milão, 1990, e G. Movia,* Apparenze, Essere e Verità. Commentario storico-filosofico al "Sofista" di Platone, *Vita e Pensiero, Milão, 1991, que proporcionam notáveis releituras destes diálogos à luz do novo modelo hermenêutico.*

Por fim, recordamos que também na França se difunde o novo paradigma hermenêutico. Uma pesquisadora ligada à escola de P. Hadot, M. D. Richard, publicou um bem documentado volume intitulado L'enseignement oral de Platon. Une nouvelle interprétation du platonisme, *Paris, 1986, com a primeira tradução francesa dos testemunhos da tradição indireta sobre as doutrinas não-escritas de Platão (e justamente na França — lembremos — no início deste século L. Robin vislumbrara o novo paradigma na obra* La théorie platonicienne des Idées et des Nombres d'après Aristote, *1908, que permaneceu então sem ulteriores desenvolvimentos).*

Os anos oitenta assinalam, portanto, um progressivo ampliar-se e impor-se de um novo modelo de leitura de Platão, e pareceu-nos ser já tempo de integrar e apresentar também no nível da síntese o novo modelo de interpretação em razão de motivos que teremos ocasião de explicar e dos quais, em todo o caso, o leitor poderá encontrar no nosso volume Per una nuova interpretazione di Platone *todos os aprofundamentos específicos e analíticos.*

De outra parte, já no final dos anos cinquenta, Albin Lesky, na sua bela Storia della letteratura greca *escrevia sem meias palavras que, não obstante ter Platão criado com os seus diálogos algo inigualável na literatura grega, julgou-os, enquanto palavra escrita, inferiores ao logos vivo do docente que fecunda a alma do discente, e na Carta VII diz-nos expressamente que sobre o fim supremo da própria filosofia nunca escreveria nada. Por conseguinte, afirma Lesky, "é necessário manter firmemente que estes diálogos, cheios de profunda gravidade moral e do autêntico eros do pesquisador, sob outro aspecto envolvem a parte essencial da filosofia platônica como uma simples superestrutura" (p. 663 da edição italiana). E explica mais exatamente: "Platão afirmava [...] que seus escritos não continham toda a sua doutrina. O que ele escreveu depois do seu primeiro retorno da Sicília deve ser visto tendo como pano de fundo o trabalho da Academia" (p. 686). Como veremos, Nietzsche já intuíra essa tese, mas somente nos nossos dias ela está se impondo sistematicamente e nós a demonstraremos concretamente.*

O fulcro da descoberta metafísica do suprassensível (que Platão apresentou como fruto da sua "segunda navegação") permanece para nós, como nas primeiras edições, o ponto a ser aprofundado para se entender Platão; mas, com o novo modelo interpretativo que apresentamos, essa descoberta se torna mais clara nos moldes que explicaremos amplamente.

Essa conquista do suprassensível constitui, segundo o nosso parecer, não somente o estágio fundamental do pensamento antigo — o qual se caracterizará justamente, como veremos, segundo a maneira com a qual aceitará, depois perderá e finalmente tornará a reaver o sentido daquele estágio —; mas, mais geralmente, constitui uma pedra miliar no curso da filosofia ocidental pelos motivos que teremos ocasião de expor com exatidão no curso da nossa explanação: essa a razão pela qual, ao expor a ontologia platônica, aprofundamos uma série de temas e problemas que normalmente, em trabalhos de síntese como o nosso, não são considerados. Com efeito, apresentamos um Platão, por assim dizer, tridimensional, porque pareceu-nos que as três interpretações fundamentais propostas no decorrer dos séculos revelam três faces reais do nosso filósofo, três componentes essenciais do seu pensamento: teorética, místico-religiosa, política; e cada uma dessas componentes assume o significado peculiar e genuinamente platônico exatamente tendo como fundamento a "segunda navegação". Mostramos, porém, como somente à luz das "Doutrinas não-escritas" que nos são transmitidas pela tradição indireta, essas três componentes (e, em particular, a própria "segunda navegação") adquirem um sentido acabado e como somente dessa forma se chega à imagem unitária do pensamento de Platão, tão arduamente buscada.

GIOVANNI REALE

PLATÃO

"[...] se há alguém que mereça o nome de mestre do gênero humano, são justamente Platão e Aristóteles".

Hegel, *Lições sobre a história da filosofia.*

— Este é o célebre "Mosaico dos filósofos" conservado no Museu Nacional de Nápoles, cópia romana do século I d. C. de um original grego. K. Gaiser demonstrou que representa a Academia e que Platão é a terceira figura a partir da esquerda, enquanto Aristóteles é a sétima. Veja-se o volume *Das Philosophenmosaik in Neapel. Eine Darstellung der platonischen Akademie*, Heidelberg, 1980, e o breve resumo, *Il mosaico dei Filosofi di Napoli: una raffigurazione dell'Accademia platonica,* Florença, L. Olschki, 1981.

PLATÃO E A DESCOBERTA DA CAUSA SUPRASSENSÍVEL. A "SEGUNDA NAVEGAÇÃO"

[...] τὸν δεύτερον πλοῦν ἐπὶ τὴν τῆς αἰτίας ζήτησιν ᾗ πεπραγμάτευμαι βούλει σοι, ἔφη, ἐπίδειξιν ποιήσωμαι ὦ Κέβης;

"[...] *queres que te exponha, ó Cebes, disse, a segunda navegação que empreendi em busca dessa causa?*"

Platão, *Fédon*, 99 c-d.

Herma de Platão com inscrição do nome, conservada nos *Museus do Estado* de Berlim
N.B. — O modelo originário do retrato de Platão foi obra do escultor Silanion, colocado na Academia pouco depois da morte do filósofo (cf. Diógenes Laércio, III, 25). As cabeças de Aristóteles apresentadas nesta obra são consideradas pelos estudiosos reproduções de um modelo originário, obra de Lisipo ou da sua escola, feito enquanto o filósofo ainda era vivo.

PRIMEIRA SEÇÃO

O GRANDE CHOQUE ENTRE A CULTURA DA “ESCRITURA” E A CULTURA DA “ORALIDADE” E OS DIFERENTES MODOS DE COMUNICAÇÃO DA MENSAGEM FILOSÓFICA DE PLATÃO

λέγεται δ'ὅτι Σωκράτης ὄναρ εἶδε κύκνου νεοττὸν ἐν τοῖς γόνασιν ἔχειν, ὃν καὶ παραχρῆμα πτεροφυήσαντα ἀναπτῆναι ἡδὺ κλάγξαντα καὶ μεθ' ἡμέραν Πλάτωνα αὐτῷ συστῆναι, τὸν δὲ τοῦτον εἰπεῖν εἶναι τὸν ὄρνιν

“Conta-se que Sócrates sonhou ter sobre os joelhos um pequeno cisne que, de repente, criou asas e voou cantando suavemente e que, tendo Platão, no dia seguinte, apresentando-se a ele como aluno, disse ser justamente ele o pequeno cisne”.

Diógenes Laércio, III, 5.

ΠΛΑΤΩΝΟΣ
ΑΠΑΝΤΑ ΤΑ ΣΩΖΟΜΕΝΑ.
PLATONIS
opera quæ extant omnia.

EX NOVA IOANNIS SERRANI IN-terpretatione, perpetuis eiusdẽ notis illustrata: quibus & methodus & doctrinæ summa breuiter & perspicuè indicatur.

EIVSDEM *Annotationes in quosdam suæ illius interpretationis locos.*

HENR. STEPHANI de quorundam locorum interpretatione iudicium, & multorum contextus Græci emendatio.

EXCVDEBAT HENR. STEPHANVS,

CVM PRIVILEGIO CÆS. MAIEST.

Frontispício da célebre edição renascentista das *Obras* de Platão, preparada por Stephanus

I. A MEDIAÇÃO TENTADA POR PLATÃO ENTRE "ESCRITURA" E "ORALIDADE" E A RELAÇÃO ESTRUTURAL ENTRE "ESCRITO" E "NÃO-ESCRITO"

1. Por que é necessário superar o critério tradicional e adquirir um novo critério para compreender o pensamento de Platão

É hoje convicção universal que Platão[1] constitui o vértice mais alto atingido pelo pensamento antigo. Mais ainda, permanecendo no

---

1. Platão nasceu em Atenas, em 427 a.C. O seu verdadeiro nome era Arístocles (nome do seu avô), e Platão era um apelido. Diógenes Laércio, III, 4, refere-nos: "Aristo, lutador proveniente de Argos, foi seu mestre de ginástica, do qual recebeu o nome de Platão, pelo seu vigor físico; antes chamava-se Aristocles, nome do seu avô, como diz Alexandre, na *Sucessão dos filósofos*. Outros sustentam que ele tomou o nome de Platão pela amplidão do seu estilo; ou porque era larga a sua fronte, como diz Neanto". (Recorde-se que, em grego, πλάτος significa *amplidão, largura, extensão*, e desse termo deriva Platão.) O pai orgulhava-se de contar entre os seus ancestrais o rei Crodo, a mãe, de um parentesco com Sólon. Era, portanto, óbvio que Platão, desde a juventude, visse na vida política o seu ideal: a família, a inteligência e as atitudes pessoais, tudo o movia naquela direção. Este é um dado biográfico, melhor, existencial, absolutamente essencial, que incidirá, de maneira profunda, na própria substância do seu pensamento.

Aristóteles (*Metafísica*, A 6) refere-nos que Platão foi primeiro discípulo do heraclitiano Crátilo e, depois, de Sócrates (o encontro de Platão com Sócrates deu-se provavelmente em torno dos vinte anos). É certo, porém, que Platão frequentou Sócrates, num primeiro momento, com a mesma intenção da maioria dos outros jovens, isto é, não para fazer da filosofia o escopo da própria vida, mas para preparar-se melhor, através da filosofia, para a vida política. Posteriormente os acontecimentos deram outro rumo à vida de Platão.

Platão deve ter tido um primeiro contato direto com a vida política em 404-403, quando a aristocracia tomou o poder e dois dos seus parentes, Cármides e Crítias, participaram como personagens de destaque do governo oligárquico: mas deve ter sido, indubitavelmente, uma experiência amarga e decepcionante, por conta dos métodos facciosos e violentos que Platão viu serem postos em ação, justamente por aqueles nos quais confiara.

Mas o desgosto com os métodos da política praticada em Atenas deve ter chegado ao cume em 399, quando Sócrates foi condenado à morte. E pela condenação de Sócrates foram responsáveis os democratas (que tinham retomado o poder). E assim Platão convenceu-se de que, naquele momento, era melhor manter-se longe da militância política.

âmbito do pensamento antigo, verifica-se, de maneira surpreendente, que a filosofia platônica constitui o mais significativo eixo de sustentação do modo de pensar dos gregos. O próprio Aristóteles, como

---

Depois de 399, Platão foi para Megara com alguns outros socráticos, como hóspedes de Euclides (provavelmente para evitar possíveis perseguições que lhe poderiam sobrevir pelo fato de ter feito parte do círculo socrático). Mas não deve ter estado muito tempo em Megara.

Diógenes Laércio informa-nos: "... [...] foi a Cirene, juntar-se a Teodoro, o matemático, depois à Itália, com os pitagóricos Filolau e Eurito. E daí ao Egito, avistar-se com os profetas [...]. Platão tinha decidido encontrar-se também com os magos, mas as guerras da Ásia o constrangeram a renunciar a isso" (III, 6-7). Das viagens a Cirene e ao Egito não temos confirmação na *Carta VII*, enquanto sabemos com certeza da viagem à Itália, em 388 a.C., em torno aos quarenta anos, e das sucessivas viagens.

Foi, certamente, o desejo de conhecer a comunidade dos pitagóricos que o levou à Itália (conheceu, com efeito, Arquita, como sabemos pela *Carta VII*, 338 c). Durante essa viagem, Platão foi convidado a ir à Sicília, a Siracusa, pelo tirano Dionísio I. Platão certamente esperava inculcar no tirano o ideal do rei-filósofo (que já expusera no *Górgias*, obra, muito provavelmente, anterior à viagem). Em Siracusa, Platão logo entrou em conflito com o tirano e com a corte (justamente por sustentar os princípios expressos no *Górgias*); mas estreitou forte vínculo de amizade com Díon, parente do tirano, no qual Platão acreditou encontrar um discípulo capaz de se tornar rei-filósofo. Dionísio irritou-se com Platão a ponto — diz Diógenes Laércio (III, 19) — de vendê-lo como escravo a um embaixador espartano em Egina (mas, talvez, mais simplesmente, forçado a desembarcar em Egina, que estava em guerra com Atenas, Platão tenha sido detido como escravo). Felizmente, foi resgatado por Anicérides de Cirene, que se encontrava em Egina (Diógenes Laércio, III, 20).

Ao retornar a Atenas, fundou a Academia (num ginásio situado no parque dedicado ao herói Academo, de onde o nome Academia), e o *Mênon* é, provavelmente, a primeira manifestação da nova Escola. A Academia firmou-se muito depressa e atraiu jovens e também homens ilustres em grande número.

Em 367, Platão dirigiu-se uma segunda vez à Sicília. Dionísio I morrera e sucedera-lhe o filho Dionísio II, que, segundo Díon, mais do que o pai poderia favorecer às intenções de Platão. Mas Dionísio II revelou-se da mesma cepa do pai. Exilou Díon, acusando-o de tramar contra ele, e manteve Platão quase como um prisioneiro. Depois, empenhado em uma guerra, Dionísio deixou, enfim, que Platão retornasse a Atenas.

Em 361, Platão voltou uma terceira vez à Sicília. Tendo retornado a Atenas, encontrou Díon, que aí se refugiara, o qual o convenceu a acolher um novo e empenhado convite de Dionísio (que queria novamente o filósofo na corte, a fim de completar a sua preparação filosófica), esperando que, desse modo, Dionísio o readmitisse também em Siracusa. Mas foi um erro acreditar que os sentimentos de Dionísio tinham mudado. Platão teria, certamente, corrido grande risco se não fossem as intervenções de Arquita e dos habitantes de Tarento para salvá-lo. (Díon conseguirá, em 357, tomar o poder em Siracusa, mas não por muito tempo: de fato, foi morto em 353.)

haveremos de mostrar, depende estruturalmente de Platão e, como veremos no quarto volume, após a era helenística e durante seis séculos, tudo o que de mais significativo proveio dos gregos depende, direta ou indiretamente, de repensamentos e desenvolvimentos do pensamento de Platão. Sem contar a influência que Platão exerceu na antiguidade tardia sobre os Padres da Igreja, que, exatamente em Platão, foram buscar as mais importantes categorias metafísicas, a fim de elaborar e exprimir racionalmente a grande mensagem espiritual contida na fé dos cristãos. Em resumo, a filosofia de Platão foi, para usar uma terminologia moderna, por mais de um milênio, a mais "influente" e a mais estimulante.

Qual a razão fundamental de tudo isto?

Em certo sentido, o próprio Platão respondeu a esta pergunta: ele ensinou-nos a olhar a realidade *com novos olhos* (ou seja com a visão do espírito e da alma[2]) e a interpretá-la em uma *nova dimensão* e com um *novo método* que recolhe todas as instâncias postas sucessivamente pela especulação precedente, fundindo-as e unificando-as, elevan-

---

Em 360, Platão voltou a Atenas e aí permaneceu na direção da Academia até a morte, ocorrida em 347 a.C.

Os escritos de Platão chegaram-nos integralmente. A ordem que lhes foi dada (trabalho levado a termo pelo gramático Trásilo, mas iniciado antes dele) baseia-se no próprio conteúdo dos escritos. Os trinta e seis escritos foram subdivididos nas seguintes nove tetralogias:

I: *Eutífron, Apologia de Sócrates, Críton, Fédon;*

II: *Crátilo, Teeteto, Sofista, Político;*

III. *Parmênides, Filebo, Banquete, Fedro;*

IV: *Alcibíades I, Alcibíades II, Hiparco, Amantes;*

V: *Teages, Cármides, Laques, Lisis;*

VI: *Eutidemo, Protágoras, Górgias, Mênon;*

VII: *Hípias menor, Hípias maior, Ion, Menexeno;*

VIII: *Clitofonte, República, Timeu, Crítias;*

IX: *Minoxe, Leis, Epínomis, Cartas.*

Recordemos, enfim, que a paginação dos vários diálogos à qual todos os estudiosos se remetem é a da edição quinhentesca de Stephanus, reproduzida à margem em todas as edições e traduções modernas.

Para evitar que o nosso texto se torne pesado, no curso da exposição citaremos, normalmente, só as obras às quais nos referiremos explicitamente, e forneceremos uma rica e articulada bibliografia no volume V. Para uma visão adequada, pedimos ao leitor que a ela se remeta.

2. *Banquete*, 219 a; *República*, VII, 519 b.

do-se a um novo plano de pesquisa alcançado com a que ele mesmo denominou a "segunda navegação" (δεύτερος πλοῦς)[3], metáfora verdadeiramente emblemática à qual frequentemente aludimos no primeiro volume e que chegou o momento de explicar.

No entanto, antes de enfrentar este problema, é necessário resolver uma série de complexas questões preliminares, de caráter metodológico e epistemológico, que se impõem em relação ao nosso filósofo mais do que em relação a qualquer outro dos pensadores antigos.

A primeira questão a ser tratada é a de compreender qual foi o critério com o qual (a partir dos inícios do século XIX) Platão foi lido e interpretado e por que motivos esse critério desgastou-se grandemente, de sorte a doravante impor-se em larga medida um critério novo e alternativo.

Podemos resumir num raciocínio muito simples o critério tradicional.

a) O texto escrito é, geralmente, a expressão mais plena e significativa do pensamento do seu autor; isto é verdade, em particular, no caso de Platão, dotado de extraordinárias capacidades, seja como pensador seja como escritor.

b) Além disso, chegaram até nós todos os escritos que os antigos citam como sendo de Platão e que são considerados autênticos (caso praticamente único para os autores da era clássica).

c) Por conseguinte, é possível extrair com segurança, de *todos* os seus escritos à nossa disposição, *todo* o seu pensamento.

Este raciocínio, que convenceu por tanto tempo a imensa maioria dos estudiosos, hoje mostra-se infundado e errado justamente na sua premissa maior, e está certo somente no segundo ponto, que permanece até hoje plenamente confirmado; mas, desfazendo-se a premissa maior, desfazem-se inteiramente também as conclusões e, por conseguinte, todo o raciocínio. Com efeito, dois fatos importantes, que hoje vieram ao primeiro plano, desmentem o primeiro ponto. a) Nos autotestemunhos do *Fedro,* Platão diz expressamente que o filósofo *não consigna por escrito* as coisas de "maior valor" (τὰ τιμιώτερα)[4],

---

3. *Fédon*, 99 c-d.
4. *Fedro*, 278 d.

que são justamente as que tornam um homem filósofo; e confirma largamente essa afirmação na *Carta VII.* b) Existe uma tradição indireta que atesta a existência de "Doutrinas não-escritas" de Platão e transmite seus principais conteúdos.

Por conseguinte, tanto Platão com as afirmações explícitas feitas sobre os seus escritos, como os seus discípulos que nos informaram da existência e dos principais conteúdos das "Doutrinas não-escritas" comprovam, de modo irrefutável, que os escritos não são para Platão a expressão plena e a comunicação mais significativa do seu pensamento e que, em consequência, mesmo possuindo nós todos os escritos de Platão, de *todos esses escritos* não podemos extrair *todo* o seu pensamento, *e a leitura e a interpretação dos diálogos devem ser levadas a cabo numa nova ótica.*

Examinemos, em primeiro lugar, esses dois importantes fatos que os estudos mais recentes trouxeram a plena luz e que impõem a necessidade de introduzir um critério novo e mais adequado para ler e compreender Platão[5].

---

5. A necessidade de introduzir um novo critério e um novo modelo para ler e entender Platão (parcialmente iniciado por Robin, Heinrich Gomperz e, sobretudo, por J. Stenzel) foi apresentada de maneira sistemática pela primeira vez pela Escola de Tübingen, particularmente com as seguintes obras: H. Krämer, *Arete bei Platon und Aristoteles. Zum Wesen und zur Geschichte der platonischen Ontologie*, Heidelberg 1959 (Amsterdam 1967²); K. Gaiser, *Platons Ungeschriebene Lehre. Studien zur systematischen und geschichtlichen Begründung der Wissenschaften in der Platonischen Schule.* Com o acréscimo: *Testimonia Platonica. Quellentexte zur Schule und mündlichen Lehre Platons*, Stuttgart 1963 (1968²); H. Krämer, *Platone e i fondamenti della metafisica. Saggio sulla teoria dei principi e sulle dottrine non scritte di Platone con una raccolta dei documenti fondamentali in edizione bilingue e bibliografia*, Introdução e tradução de G. Reale, Milão 1982 (1987²; esta obra foi composta por Krämer a nosso convite); K. Gaiser, *Platone come scrittore filosofico*, Nápoles 1984; ainda de Gaiser, *La metafisica della storia in Platone*, introdução e tradução de G. Reale, Vita e Pensiero, Milão 1988. Veja-se ainda: Th. A. Szlezák, *Platon und die Schriftlichkeit der Philosophie*, Berlim 1985 (introdução e tradução de G. Reale, Vita e Pensiero, Milão 1988); G. Reale, *Para uma nova interpretação de Platão. Releitura da metafísica dos grandes diálogos à luz das doutrinas não-escritas*, trad. M. Perine, São Paulo, Edições Loyola, 1997 (2ª ed. 2004, doravante citada: *Platão*). A obra de L. Robin, à qual acima nos referimos, é a célebre *La Théorie Platonicienne des Idées et des Nombres d'après Aristote*, Paris 1908 (Hildesheim 1963); de Stenzel, ver sobretudo: *Zahl und Gestalt bei Platon und Aristoteles*, Leipzig-Berlim 1924 (Darmstadt 1959³); de Heinrich Gomperz é interessantíssimo o breve artigo (mas com perspectivas

2. O juízo de Platão sobre os escritos no "Fedro"

O modelo que constituiu o ponto de referência da maior parte dos estudos modernos sobre Platão formou-se em parte no decurso do século XVII, mas foi F. D. Schleiermacher que o consolidou e impôs no início do século XIX[6]. A tese hermenêutica fundamental desse

---

muito amplas): *Platons philosophisches System*, in AA.VV., *Proceedings of the Seventh International Congress of Philosophy*, Londres 1931, pp. 426-431 (reimpresso em versão inglesa em Gomperz, *Philosophical Studies*, Boston 1953, pp. 119-124). Muito sugestivo, pela perspectiva que nos interessa, é: J. N. Findlay, *Plato. The Written and Unwritten Doctrines*, Londres 1974. Cf. ademais: C. J. de Vogel, *Rethinking Plato and Platonism*, Leiden 1986. Toda a bibliografia sobre o tema encontra-se em Krämer, *Platone...*, pp. 418ss.

Entre os estudiosos que contribuíram de diversos modos para uma articulação do modelo de interpretação tradicional, três merecem particular menção: D. Ross, *Plato's Theory of Ideas*, Oxford 1951 (1952²); Ph. Merlan, *From Platonism to Neoplatonism*, Haia 1953 (1968², reimpressão 1975), e, numerosos artigos agora recolhidos in: *Kleine philosophische Schriften*, Hildesheim-Nova Iorque 1976; C. J. de Vogel, numerosos ensaios agora recolhidos in: *Philosophia*. Part I: *Studies in Greek Philosophy*, Van Gorcum, Assen 1970, pp. 153-292. São obras a serem relidas com muita atenção; à luz do novo paradigma, mostram-se muito fecundas.

Destaque particular merecem, em nossa opinião, os últimos ensaios sobre Platão publicados por H. G. Gadamer, em particular: *Platons ungeschriebene Dialektik*, in AA.VV., *Idee und Zahl. Studien zur platonischen Philosophie*, Heidelberg 1968, pp. 121-147, muitas vezes reeditado, e agora também traduzido em italiano: H. G. Gadamer, *Studi platonici*, 2 vols., Marietti, Casale Monferrato 1983/1984 (preparado por G. Moretto, vol. 2, pp. 121-147; esses dois volumes contêm todos os escritos de Gadamer sobre Platão).

Recordemos, enfim, que a numeração das *Testimonia Platonica* à qual nos referiremos é a já clássica de Gaiser; junto com esta citaremos, porém, também a de Krämer, que se encontra em *Platone...*, pp. 358ss., que traz, junto com os textos gregos, também a nossa tradução.

6. De F. Schleiermacher ver-se-á sobretudo a *Einleitung* à grandiosa série de traduções da obra de Platão (1804ss.), hoje republicada também em K. Gaiser (org.), *Zehn Beiträge zum Platonverständnis*, Hildesheim 1969, pp. 1-32. Para a compreensão dessa *Einleitung* são fundamentais as páginas de Krämer, *Platone...*, pp. 33-149, e, Reale, *Platão...*, pp. 39-50 e *passim*. Recordemos que a tese de Schleiermacher constitui um verdadeiro modelo hermenêutico *só* na medida em que projeta e defende de maneira sistemática *a autonomia dos escritos platônicos*; todo o resto entra, ao invés, na complexa *articulação* desse modelo, que na idade moderna teve grande quantidade de complexas variantes, embora permanecendo sempre fixo o ponto da autonomia dos escritos. Recordemos ainda que as numerosas críticas feitas (no curso do século XIX e na primeira metade do século XX) a Schleiermacher não se referiam à tese de base,

modelo está centrada na convicção da *autonomia dos escritos platônicos,* e sobre a pretensão de monopólio reivindicada a seu favor, com total (ou, ao menos, assaz significativo) prejuízo da tradição indireta, nela compreendida a que remonta aos discípulos imediatos que muitas vezes ouviram Platão e com ele viveram na Academia por longo tempo. No entanto, essa convicção é desmentida pelo próprio Platão no *Fedro* e na *Carta VII,* onde explica com a maior exatidão como os escritos devem ser entendidos de maneira limitada, *pela razão de que não podem comunicar ao leitor algumas coisas essenciais, seja do ponto de vista do método, seja do ponto de vista do conteúdo.*

Não deve surpreender-nos o fato de que o modelo do qual falamos tenha convencido os estudiosos por largo tempo e de modo avassalador, não obstante os autotestemunhos de Platão. A idade moderna é a expressão mais típica de uma cultura globalmente fundada *sobre a escritura*, considerada como o *medium* por excelência de toda forma de saber. Só nos últimos decênios nasceu e se difundiu largamente um tipo diferente de cultura fundado em vários tipos de comunicação audiovisual dos *mass-media* que levanta grandes problemas quanto à função e natureza da própria comunicação. Vivemos hoje num tempo no qual ocorre *o choque entre duas culturas*; e isto torna-nos sensíveis à compreensão de uma situação análoga em certo sentido (embora diferente sob muitos pontos de vista) na qual Platão se encontrou e somente a partir da qual torna-se bem compreensível seu juízo sobre a escritura. Com efeito, Platão viveu em um momento no qual a dimensão da "oralidade", que constituíra o eixo de sustentação da cultura antiga, perdia importância em favor da dimensão da "escritura", que se tornava predominante. Mais ainda, Platão experimentou o choque entre as duas culturas de modo bastante intenso e, sob certo aspecto, extremo: de um lado, teve como mestre Sócrates, que encarnou de maneira paradigmática e num sentido global o modelo da cultura fundada sobre a "oralidade"; de outro, captou poderosamente as instâncias dos defensores da cultura fundada na "escritura", ele mesmo possuindo dotes de escritor dentre os maiores da antiguidade e de todos os tempos. Hoje, por conseguinte, estamos em con-

---

mas às suas complexas articulações. Para a demonstração disso remetemos ao nosso *Platão..., passim.*

dições de entender muito melhor do que no passado o sentido que pode ter o choque entre duas diferentes culturas e de entender por que um escritor tão notável pudesse convencer-se do *alcance limitado da função comunicativa da "escritura"*. Estamos em condições de compreender exatamente seus "autotestemunhos" contidos no *Fedro*, enquanto no passado se tentou de várias maneiras reduzir sua densidade hermenêutica e mudar sua significação.

Na verdade, também no passado, um ou outro tinham compreendido que os autotestemunhos do *Fedro* deveriam ser tomados muito a sério. Tratou-se, porém, de casos isolados, enquanto a comunidade dos estudiosos seguiu outro caminho. Talvez o exemplo mais belo e significativo seja o que nos é oferecido nada menos do que por F. Nietzsche. Tomando posição justamente contra a tese de F. Schleiermacher, que sustentava serem os escritos o meio para conduzir à ciência aquele que ainda não a possuía e, portanto, constituírem o meio que melhor se aproxima do ensinamento oral, Nietzsche escrevia: "Toda a hipótese [a saber, de Schleiermacher] está em contradição com a explicação que se encontra no *Fedro*, e se apoia numa falsa interpretação. Com efeito, Platão diz que o escrito possui a sua significação somente para aquele que já sabe, como meio de recurso à memória. Portanto, o escrito mais perfeito deve imitar a forma do ensinamento oral exatamente com o fim de fazer lembrar o modo como aquele que conhece tornou-se cognoscente. O escrito deve ser 'um tesouro para o recurso à memória' para quem escreve e para seus companheiros filósofos. Ao invés, para Schleiermacher o escrito deve ser o meio que é *o melhor em segundo grau* para conduzir *aquele que não sabe ao saber*. A totalidade dos escritos tem uma finalidade geral própria de ensino e de educação. Mas, de acordo com Platão, o escrito em geral *não tem uma finalidade de ensino e de educação, e sim a finalidade de avivar a memória daquele que já é educado e já possui o conhecimento*. A explicação da passagem do *Fedro* pressupõe a existência da Academia, e os escritos são meios para ajudar a memória daqueles que são membros da Academia"[7].

7. F. Nietzsche, *Gesammelte Werke. Vierter Band: Vorträge, Schriften und Vorlesungen 1871-1876*, Musarion Ausgabe, Munique, p. 370. Nietzsche critica também outras teses de Schleiermacher, mas justamente a crítica deste ponto demonstra a sua extraordinária e ampla compreensão do problema de fundo.

Nietzsche tinha razão, e os estudos mais recentes o demonstraram em todos os pormenores; mais ainda, a passagem do *Fedro* afirma sem rodeios que o filósofo só é verdadeiramente tal tão somente e na medida em que *não confia aos escritos, e sim ao discurso oral* "as coisas de maior valor". Eis o raciocínio de Platão, muito bem articulado, que se desdobra da seguinte maneira[8]:

a) a escritura *não aumenta o saber* dos homens, mas aumenta a aparência do saber (ou seja a opinião): além disso, *não fortalece a memória,* mas oferece apenas *meios para "trazer à memória"* coisas já sabidas.

b) O escrito é sem alma, não é capaz de falar ativamente; além disso, ele é *incapaz de ajudar-se e defender-se sozinho contra as críticas,* mas exige sempre a intervenção ativa do seu autor.

c) Muito melhor e muito mais poderoso do que o discurso confiado à escritura é o discurso vivo e animado, mantido na dimensão da oralidade e, por meio da ciência, gravado na alma de quem aprende; o discurso escrito é como *uma "imagem",* isto é, uma cópia, do discurso levado a cabo na dimensão da oralidade.

d) A escritura implica uma parte notável de *"jogo"*, enquanto a oralidade implica uma grande *"seriedade"*; e embora esse jogo possa ser muito bonito em certos escritos, muito mais belo é o empenho que a oralidade dialética exige em torno aos mesmos temas dos quais os escritos tratam, e muito mais válidos são os resultados que ela alcança.

e) O escrito, para ser conduzido segundo a regra da arte, implica um *conhecimento da verdade* dialeticamente fundada e, ao mesmo tempo, um *conhecimento da alma daquele a quem é dirigido.* A consequente estruturação do discurso (que deverá ser simples ou complexo conforme a capacidade de a alma à qual é dirigido recebê-lo). Não obstante, o escritor deve ter bem presente que no escrito não podem existir grande *solidez e clareza,* exatamente porque nele há uma grande parte de jogo; o escrito não pode ensinar e fazer com que se aprenda de maneira adequada; pode apenas ajudar a trazer à memória

8. *Fedro*, 274 b-278 e. Ver a minha tradução com o texto grego in Krämer, *Platone...*, pp. 336-347; para uma interpretação e um comentário analítico ver: Krämer, *Platone...*, pp. 36ss.; Szlezák, *Platon...*, pp. 7-48; Reale, *Platão...*, pp. 54-67; cf. também Gaiser, *Platone come scrittore...*, pp. 77-101.

as coisas já sabidas. Com efeito, a clareza, a completude e a seriedade estão unidas apenas à oralidade dialética.

f) Escritor e filósofo é aquele que compõe obras conhecendo a verdade e que, portanto, é capaz de *socorrê-las* e de *defendê-las* quando isso é necessário, estando em condições de demonstrar em que sentido as coisas escritas são de "*menor valor*" (τὰ φαῦλα) com respeito às coisas de "*maior valor*" (τὰ τιμιώτερα) que ele possui, mas que não tem intenção de confiar aos escritos, reservando-as à oralidade.

Eis duas passagens das mais significativas do *Fedro* que ilustram perfeitamente o sentido de "meio hipomnemático" que Platão dava aos escritos e o alcance limitado que lhes atribuía tanto na forma como nos conteúdos:

Sócrates — Por conseguinte, quem julgasse poder transmitir uma arte com a escritura e quem a recebesse convencido de que poderá extrair daqueles sinais escritos alguma coisa de *claro* e *sólido*, deveria ser grandemente ingênuo e ignorar, na verdade, o vaticínio de Amon, se considera que os discursos consignados por escrito são alguma coisa mais do que *um meio para trazer à memória* (ὑπομνῆσαι) *de quem já sabe as coisas das quais trata o escrito.*

Fedro — Certamente[9].

Sócrates — Já nos divertimos bastante com o que se refere aos discursos. Mas tu deves procurar Lísias e dizer-lhe que nós dois, tendo descido à fonte e ao santuário das Ninfas, ouvimos discursos que nos ordenavam dizer a Lísias e a quem quer que componha discursos, a Homero e a qualquer outro que tenha composto poesia com música ou sem música, a Sólon e a quem quer que haja composto discursos políticos denominando-os leis: "Se compôs essas obras *conhecendo a verdade e está em condição de socorrê-las* (βοηθεῖν) *quando defende as coisas que escreveu* e, ao falar, *possa demonstrar a debilidade* (φαῦλα) *do texto escrito,* então, um homem assim deve ser chamado não com o nome que têm aqueles que citamos, mas com um nome derivado do objeto ao qual se aplicou seriamente".

Fedro — E que nome é esse que lhe dás?

Sócrates — Chamá-lo sábio, Fedro, parece-me exagerado, pois tal nome convém somente a um deus; mas chamá-lo *filósofo*, ou seja, *amante da sabedoria*, ou com algum outro nome desse tipo, seria mais próprio e mais conveniente para ele.

---

9. *Fedro*, 275 c-d.

Fedro — E de nenhuma maneira seria fora de propósito.

Sócrates — Ao contrário, aquele que não possui *nada de mais valor* (τιμιώτερα) *do que aquelas coisas que compôs ou escreveu,* passando muito tempo em girá-las de um lado e de outro, colando ou separando uma parte da outra, não o chamarás com razão poeta, fazedor de discursos ou redator de leis?

Fedro — Sem dúvida[10].

3. Os autotestemunhos contidos na "Carta VII"

De uma série de indícios convergentes que se encontram no *Fedro* infere-se claramente em que consistem exatamente as "coisas de maior valor" (τὰ τιμιώτερα) que o filósofo não confia aos escritos. Trata-se justamente das coisas que são capazes de "socorrer" (βοηθεῖν)[11] os escritos em última instância e das quais unicamente depende a *solidez,* a *clareza* e a *completude* do raciocínio e que, em última análise coincidem, no sentido mais elevado, com os primeiros e supremos Princípios.

Mas, enquanto Platão no *Fedro* diz isto por meio de vários tipos de acenos, no *excursus* contido na *Carta VII*[12] afirma-o de maneira mais explícita. Os autotestemunhos contidos nesse *excursus* são verdadeiramente exemplares e apresentados de modo articulado, que se desenvolve nos seguintes pontos:

a) Em primeiro lugar, Platão explica em que consistia a "prova" à qual submetia aqueles que se aproximavam da filosofia, a fim de certificar-se se eram ou não capazes de praticá-la de modo correto.

b) Logo em seguida, esclarece os péssimos resultados da "prova" aplicada ao tirano Dionísio de Siracusa, que insistira com ele para que retornasse à sua corte exatamente para dele aprender a filosofia. Ora, depois de ter ouvido apenas uma lição oral de Platão, Dionísio julgou poder redigir justamente o que diz respeito às "coisas maiores",

10. *Fedro*, 278 b-e.

11. *Fedro*, 278 c.

12. *Carta VII*, 340 b-345 c. Ver a minha tradução com o texto grego in Krämer, *Platone...*, pp. 346-357; para um comentário ver Krämer, *Platone...*, pp. 44ss.; pp. 105-113; Szlezák, *Platon...*, pp. 386-405; Reale, *Platão...*, pp. 68-74.

justamente aquelas com relação às quais Platão negava firmemente a conveniência e a utilidade do texto escrito, pelo fato de exigirem *uma série de discussões feitas com perseverança e em estreita comunhão entre o que ensina e o que aprende.* E é justamente por meio dessa constante aplicação e comunhão de pesquisa e de vida que se alcança a verdade que se ilumina na alma e depois alimenta-se por si mesma. Não é conveniente escrever sobre essas coisas que são exatamente as "maiores", porque os poucos que poderiam aproveitar-se de tal escrito são capazes de encontrar a verdade por si mesmos, com breves indicações que lhes são dadas na comunhão de vida e de pesquisa; ao contrário, mostra-se assaz prejudicial pelas reações que provocariam em numerosas pessoas que, não entendendo aquelas coisas, as ridicularizariam e desprezariam, ou ficariam cheios de presunção pensando ter entendido o que de nenhuma maneira são capazes de entender.

c) Para fazer compreender melhor essas razões, Platão invoca alguns argumentos gnosiológicos fundamentais, tendo em vista demonstrar quão complexo seja o caminho que conduz à verdade e como, consequentemente, a maioria se perca de diversas maneiras por esses caminhos. Somente os poucos que possuem uma natureza boa podem percorrer esse caminho em todos os sentidos e alcançar o conhecimento "daquilo que tem uma natureza boa". Mas para os homens que têm essa natureza afim às coisas que se procuram, o texto escrito não é necessário; enquanto aos outros homens que *não* têm "boa natureza" é totalmente inútil escrever sobre coisas superiores à sua capacidade, pois nem mesmo Linceu poderia comunicar a visão a homens deste tipo.

d) Em conclusão, quem pretendeu escrever sobre aquelas coisas mais elevadas, a saber, sobre os "Princípios primeiros e supremos da realidade", como Dionísio tentou fazê-lo (e outros como ele) não o fez por boas razões, mas somente movido por más intenções.

Eis algumas das passagens mais significativas do *excursus* da *Carta VII* que impõem um modelo de todo peculiar para reler Platão:

> Posso dizer o seguinte sobre todos aqueles que escreveram ou que escreverão: todos os que afirmam saber as coisas sobre as quais medito, seja por tê-las ouvido de mim, seja por tê-las ouvido de outros, seja por tê-las descoberto sozinhos, não é possível, segundo meu parecer, que tenham entendido algo desse objeto. *Sobre essas coisas não existe um texto escrito meu*

nem existirá jamais (οὔκουν ἐμόν γε περὶ αὐτῶν ἔστιν σύγγραμμα οὐδὲ μήποτε γένηται).

De nenhuma maneira o conhecimento dessas coisas é comunicável como o dos outros conhecimentos, mas, depois de muitas discussões sobre elas e depois de uma comunidade de vida, subitamente, como luz que se acende de uma faísca, ele nasce na alma e alimenta-se de si mesmo.

De qualquer maneira, de uma coisa tenho certeza: se essas coisas devessem ser escritas ou ser ditas eu o faria do melhor modo possível, e sentiria muito se fossem mal escritas. Se, ao contrário, acreditasse que se deveriam escrever e que se poderiam comunicar de modo adequado à maioria, que coisa de mais bela poderia eu fazer na minha vida do que escrever uma doutrina tão útil aos homens e trazer à luz aos olhos de todos a natureza das coisas? Mas *não creio que um tratado escrito e uma comunicação sobre esses temas seja um benefício para os homens, a não ser para aqueles poucos capazes de encontrar a verdade sozinhos, com poucas indicações que lhes forem dadas, enquanto os outros se encheriam, alguns de um desprezo injusto e inconveniente, outros, ao contrário, de uma presunção soberba e vazia, convencidos de ter aprendido coisas magníficas*[13].

Portanto, todo homem sério evita escrever coisas sérias para não abandoná-las à aversão e à incapacidade de compreensão dos homens. Em suma, de tudo isto deve-se concluir que, ao vermos obras escritas de alguém, seja leis de legisladores ou escritos de outro tipo, *as coisas escritas não eram para tal autor as mais sérias* (σπουδαιότατα) sendo ele sério, pois essas estarão depositadas na parte mais bela dele; ao contrário, se consigna por escrito aqueles pensamentos que são para ele verdadeiramente os mais sérios, "então certamente" não os deuses, mas os mortais "fizeram-no perder o juízo"[14].

Sobre o que compreende o "todo" (τὸ ὅλον), "as coisas maiores" (τὰ μέγιστα), "o falso e o verdadeiro de todo o ser" (τὸ ψεῦδος ἅμα καὶ ἀληθὲς τῆς ὅλης οὐσίας), "as coisas mais sérias" (τὰ σπουδαιότατα), ou seja, "os Princípios supremos da realidade" (τὰ περὶ φύσεως ἄκρα καὶ πρῶτα)[15], Platão não quis escrever nem desejou que algum dos seus discípulos escrevesse. Segundo a sua opinião, para a maioria o discurso escrito sobre esses temas seria *danoso*, em razão dos motivos que explicamos; por outro lado, para

13. *Carta VII*, 341 c-e.
14. *Carta VII*, 344 c-d.
15. Estas expressões tão significativas encontram-se na *Carta VII*, 341 a; 341 b; 344 b; 344 d.

os poucos que seriam capazes de entendê-lo seria *inútil*, não só pelos motivos já expostos, mas também pelo fato de que as *verdades supremas se resumem em poucas proposições* (ἐν βραχυτάτοις), de sorte que quem as compreendeu grava-as na própria alma e não as esquece nunca. Assim, a função hipomnemática (ou do trazer à memória) que é para Platão a função verdadeira e própria exercida pelo texto escrito, seria nesse caso completamente inútil:

> [...] não há perigo de que alguém esqueça essas coisas, uma vez que tenham sido bem compreendidas pela alma, pois que se reduzem a proposições extremamente breves (ἐν βραχυτάτοις)[16].

4. As linhas essenciais das "Doutrinas não-escritas" de Platão que nos chegaram através da tradição indireta

Todos terão compreendido a importância excepcional que a tradição indireta assume, na medida em que ela nos conduz ao conhecimento das linhas essenciais das doutrinas que Platão reservou para a dimensão da "oralidade" no interior da Academia.

O próprio Aristóteles diz-nos que esses ensinamentos que Platão comunicava só por meio da "oralidade" eram chamados "doutrinas não-escritas" (ἄγραφα δόγματα)[17]. E Simplício refere-nos, citando Alexandre de Afrodísia:

> Diz Alexandre: "Segundo Platão, os Princípios de todas as coisas e das próprias Ideias são o Uno e a Díade indeterminada, que ele chamava grande-e-pequeno, como também Aristóteles lembra nos livros *Sobre o Bem*. Mas isto se poderia saber também de Espêusipo e de Xenócrates e dos outros que assistiram ao curso *Sobre o Bem* de Platão. *Com efeito, todos registraram por escrito e conservaram a opinião de Platão, e dizem que ele usa esses Princípios*[18].

E ainda Simplício menciona também "Heráclides", "Estieu" e "outros discípulos"[19] que escreveram o pensamento "não-escrito" de Platão.

---

16. *Carta VII*, 344 d-e.
17. Aristóteles, *Física*, Δ 2, 209 b 11-17 (Gaiser, *Test. Plat.*, 54 A = Krämer, 4).
18. Simplício, *In Arist. Phys.*, p. 151, 6-9 Diels (Gaiser, *Test. Plat.*, 8 = Krämer, 2).
19. Simplício, *In Arist. Phys.*, p. 453 Diels (Gaiser, *Test. Plat.*, 23 B = Krämer, 3).

Mas há mais. Platão, ao mesmo tempo em que recusou consignar por escrito essas suas doutrinas orais, aceitou apresentá-las em público fora da Academia ao menos numa lição ou num ciclo de lições orais, cujo resultado porém foi exatamente aquele que ele afirmava seria provocado pelos seus eventuais escritos sobre tais temas; com efeito, despertou incompreensões, e portanto desprezo e reprovação, como nos diz esse importantíssimo testemunho:

> Como Aristóteles costumava contar, essa era a impressão experimentada pela maioria dos que assistiram à conferência de Platão *Sobre o Bem*. De fato, todos os que lá foram pensavam poder aprender algo sobre os bens considerados humanos como a riqueza, a saúde, a força e, em geral, uma felicidade maravilhosa. Mas quando se viu que os discursos tratavam de *coisas matemáticas, números, geometria e astronomia e, finalmente, sustentavam que existe um Bem, uma Unidade,* penso que tudo isto pareceu completamente paradoxal. Assim sendo, uns desprezaram a conferência, outros a censuraram[20].

Portanto, há uma certeza incontestável acerca da existência de exatas "Doutrinas não-escritas" de Platão. Mas como é possível justificar e resgatar os escritos dos seus alunos sobre essas doutrinas, a partir do momento em que Platão pronunciou uma veredicto categórico contra todos os escritos do passado e do futuro sobre esses temas? A resposta ao problema não é tão difícil, quanto à primeira vista poderia parecer. Com efeito, Platão não diz que as suas "Doutrinas não-escritas" não sejam por si mesmas passíveis de serem escritas (ao contrário, diz claramente que ele mesmo poderia escrevê-las melhor); mas que era *inútil* e mesmo *nocivo* expô-las a um público inadequado e incapaz de compreendê-las. Ele reprova sobretudo os escritos sobre as suas doutrinas orais produzidos por aqueles que, como o tirano Dionísio, não possuíam idoneidade, preparação e conhecimentos adequados[21].

Ora, entre os que não entenderam essas doutrinas não se pode incluir de maneira alguma seus melhores discípulos, exatamente aqueles dos quais chegaram até nós escritos e testemunhos sobre essa

---

20. Aristóxeno, *Harm. elem.*, II, 39-40 Da Rios (Gaiser, *Test. Plat.*, 7 = Krämer 1).

21. *Carta VII*, 340 b-d; 341 c-e; 344 d.

questão. Platão mesmo nos fornece o juízo positivo mais claro e mais indubitável sobre esses discípulos, dizendo-nos que eles compreenderam bem as doutrinas em questão; e os opõe a tipos como Dionísio, como resulta dessas suas afirmações:

> Pois bem, se [Dionísio] as considerava tolices, então estará em oposição com muitas testemunhas que sustentam o contrário e que, *sobre essas coisas poderiam ser juízes de muito maior autoridade do que Dionísio*[22].

Claro que os discípulos que escreveram sobre as "Doutrinas não-escritas" do Mestre não procuraram fazer aquilo que Platão considerava impossível objetiva e estruturalmente, mas fizeram simplesmente aquilo que ele considerava *ineficaz, inútil* e sobretudo *perigoso* para a incompreensão da maioria. Em suma, as proibições de Platão de escrever sobre certas doutrinas não eram de caráter puramente teorético, mas enraizavam-se em convicções de caráter prevalentemente ético-educativo e pedagógico hauridas em Sócrates; apoiavam-se na convicção da supremacia da dimensão da "oralidade" sobre a da "escritura". Mas os discípulos de Platão estavam já distantes de Sócrates o suficiente para não se sentirem indissoluvelmente presos àquelas convicções e, portanto, para julgar que podiam consignar por escrito toda a filosofia, sem restrições ou limites. Tanto mais que a cultura escrita estava adquirindo uma nítida primazia e quem não tinha sido discípulo direto de Sócrates não podia sentir os efeitos do choque entre as duas culturas tais como Platão os sentiu. De qualquer maneira, a maior parte dos melhores discípulos de Platão não escreveu as "Doutrinas não-escritas" para difundi-las em meio a um público desadaptado e inadequado, como fizeram todos aqueles que Platão censura, mas provavelmente para fazê-las circular só no interior do grupo dos acadêmicos.

Mas há mais.

Os discípulos de Platão, transgredindo, no sentido que acabamos de explicar, a grande proibição de escrever sobre as suas "Doutrinas não-escritas", *transmitiram-nos as chaves que nos permitem abrir as portas que, depois de duas gerações, ficariam fechadas para sempre e para todos.* Prestaram, pois, um grande serviço aos pósteros e à

22. *Carta VII*, 345 b.

história. Por conseguinte, a tradição indireta deve ser considerada, como veremos, um documento fundamental juntamente com os diálogos[23].

5. Como se deve entender o termo "esotérico" referido ao pensamento não-escrito de Platão

Desde algum tempo os estudiosos introduziram, para designar essas "Doutrinas não-escritas", o termo "esotérico", distinguindo um Platão "esotérico" de um Platão "exotérico". "Exotérico" significa o pensamento que Platão destinava com seus escritos também àqueles que estavam "fora" da Escola ("exotérico" deriva de ϵξω que significa "fora"). Ao contrário, "esotérico" significa o pensamento que Platão reservava somente ao círculo dos alunos no *interior*, *dentro* da Escola (esotérico deriva de ἔξω que quer dizer *dentro*). Mas, no passado, "esotérico" era entendido de modo bastante vago, e indicava genericamente uma doutrina destinada a permanecer envolta em misterioso segredo, como uma espécie de metafilosofia para iniciados[24].

Segundo nosso parecer, já Hegel fez justiça uma vez para sempre contra esse modo de entender o Platão "esotérico", numa página a nosso ver exemplar: "Uma [...] dificuldade poderia nascer da distinção que se costuma fazer entre filosofia esotérica e exotérica. Tennemann afirma: 'Platão valeu-se do direito de que goza todo pensador, de comunicar somente a parte das suas descobertas que julgava oportuno e de comunicá-la somente àqueles que julgava capazes de acolhê-la. Também Aristóteles tinha uma filosofia esotérica e uma filosofia exotérica, com a diferença, porém, de que nele a distinção dizia respeito somente à forma, e em Platão também à matéria'. Tolices! Pareceria quase que o filósofo possui seus pensamentos como coisas exteriores: ao contrário, a ideia filosófica é algo de muito diferente, ela é que possui o homem. Quando os filósofos falam de temas filosóficos devem exprimir-se segundo as suas ideias e não

23. Cf. Reale, *Platão...*, *passim*.

24. Na época moderna foi, sobretudo, W. Tennemann, *System der platonischen Philosophie*, Leipzig 1792-1795, quem difundiu essa concepção, e justamente a ele refere-se Hegel, na passagem que transcrevemos em seguida.

podem guardá-las no bolso. Se, com alguns, falam de maneira extrínseca, todavia nos seus discursos está sempre contida a ideia, por pouco que a matéria tratada tenha conteúdo. Para entregar um objeto externo não é preciso muito, mas para comunicar ideias é necessário capacidade e essa permanece sempre de alguma maneira esotérica, de modo que não há nunca o puramente exotérico nos filósofos"[25].

Ora, o Platão das "Doutrinas não-escritas" é um Platão "esotérico", mas num sentido completamente diferente. Explica Gaiser: "Chamando [...] essa teoria dos Princípios de Platão [expressa nas 'Doutrinas não-escritas'] quero dizer que Platão pretendia falar dessas coisas somente no círculo restrito dos discípulos que, depois de uma longa e intensa preparação matemático-dialética, eram capazes de captá-las de maneira adequada. Não se deve entender, ao contrário, um segredo artificioso, tal como se encontra em conventículos de culto religioso, ou em ligas sectárias ou grupos de elite"[26].

Em resumo: "Esotérico" deve ser entendido no sentido de "intra-acadêmico", isto é, como qualificativo de "doutrinas professadas no interior da Academia" e reservadas aos discípulos da própria Academia.

Portanto, o sentido peculiar da dimensão "esotérica" platônica é o mesmo que caracteriza a escolha da oralidade dialética para exprimir a doutrina dos primeiros Princípios. A via de acesso ao esotérico coincidia com o duríssimo tirocínio educativo do qual falam expressamente também a *República* e as *Leis*[27]. A *República* fala mesmo (como veremos) de um tirocínio que dura até os cinquenta anos. De outra parte, os Princípios supremos que conferem o sentido último às coisas são na verdade acessíveis ao homem só por meio de um tirocínio muito longo, ou seja, caminhando pela "longa via do ser", sem esperanças de encontrar atalhos.

Entendido nesse sentido exato, o termo "esotérico" aplicado às "Doutrinas não-escritas" de Platão escapa inteiramente às críticas de

25. G. W. F. Hegel, *Vorlesungen über die Geschichte der Philosophie*, in: *Sämtliche Werke...*, herausgegeben von H. Glockner, Vierte Auflage der Jubiläumsausgabe, Stuttgart-Bad Cannstatt 1965, vol. 18, pp. 179s. (trad. italiana de E. Codignole e G. Sauna, La Nuova Italia, Florença, vol. II, pp. 161s.).

26. K. Gaiser, *La teoria dei Principi in Platone*, in "Elenchos", 1 (1980), p. 48, agora in Gaiser, *La metafisica della storia...*, p. 192.

27. Cf. *República*, livros VI e VII, *passim*; *Leis*, XII, 960 b ss.

Hegel. Ao contrário, no caso de Platão verifica-se justamente aquilo que diz Hegel, a saber que "quando os filósofos falam de temas filosóficos devem exprimir-se segundo as suas ideias e não podem guardá-las no bolso. Se, com alguns, falam de maneira extrínseca, todavia *nos seus discursos está sempre contida a ideia*, por pouco que a matéria tratada tenha conteúdo". De fato, como veremos, em seus discursos exotéricos dirigidos a um vasto público fora da Escola, ainda que se exprima sobre problemas particulares de maneira em certo sentido extrínseca, *manifestou as suas concepções por alusões e com contínuas indicações*. Em suma, *em Platão não existe nunca o puramente exotérico*. Porém, sem a tradição indireta não poderíamos reconstruir e compreender o *esotérico* que há nos diálogos, porque está entrelaçado de vários modos com o *exotérico* e mesmo oculto sob as alusões demasiado complexas e sob as mais variadas indicações.

6. Significação, alcance e finalidade dos escritos platônicos

Sobre o fundamento de tudo que acima foi dito é evidente que se impõe a necessidade de rever os escritos platônicos segundo uma nova ótica. Soluções diferentes, mais articuladas, mais complexas e também mais construtivas delineiam-se para o antigo problema "o que é e o que significa o escrito platônico"[28].

Devemos recordar, em primeiro lugar, que a forma dialógica na qual são redigidos quase todos os escritos de Platão tem sua matriz na forma do filosofar socrático. Filosofar para Sócrates significa examinar, provar, curar e purificar a alma: e, segundo o seu parecer, isto só pode realizar-se através do diálogo vivo (ou seja, na dimensão da "oralidade"), que confronta imediatamente alma com alma e permite pôr em prática o método irônico-maiêutico. Platão, no entanto, julgou possível seguir uma via média ou seja, acreditou poder realizar uma mediação válida (embora parcialmente e nos limites que assinalamos). Com efeito, poderia haver um escrito em prosa (um σύγγραμμα)[29]

28. Para a bibliografia sobre este tema, ver o volume V.

29. Sobre o significado desse termo e sobre a sua referência aos diálogos de Platão, ver Szlezák, *Platon...*, pp. 376-385.

que, renunciando à rigidez da exposição dogmática e ao discurso de exibição dos sofistas e dos retóricos, procurasse reproduzir o espírito socrático sem sacrificá-lo inteiramente.

Tratava-se de buscar reproduzir no escrito o discurso "socrático" imitando sua peculiaridade, isto é, reproduzindo seu interrogar sem descanso, com todas as suspensões da dúvida, com os cortes imprevistos que impelem maieuticamente a encontrar a verdade sem nunca revelá-la inteiramente no sentido sistemático, mas solicitando a alma a encontrá-la, com as rupturas dramáticas que abrem estruturalmente perspectivas ulteriores de pesquisa: fazendo, enfim, uso de uma dinâmica especificamente socrática. Nasce, assim, *o diálogo socrático* que vem a tornar-se mesmo um gênero literário adotado pelos discípulos de Sócrates e depois também pelos filósofos seguintes, do qual Platão foi provavelmente o criador. Em todo caso, ele foi certamente o representante desse gênero literário muito superior a todos os outros e, mesmo, o único representante, pois somente nele se pode reconhecer a natureza autêntica do filosofar socrático, que nos outros escritores degenerou em maneirismo. Mas mesmo sobre o diálogo assim concebido pesa o juízo acima examinado proferido por Platão no *Fedro*. Isto significa que, para Platão, as verdades supremas da filosofia, isto é, *as coisas de maior valor*, não podem de nenhuma maneira ser confiadas à escritura em nenhuma de suas formas, nem mesmo a dialógica, mas *somente à oralidade dialética*. Portanto, os diálogos alcançam *algumas* finalidades que Platão tinha em vista como filósofo, mas não todas (e justamente não as mais elevadas).

Em síntese, podemos dizer o seguinte:

a) Nos primeiros diálogos, que são os que mais se aproximam do espírito socrático, Platão se propõe finalidades *protréticas*, educativas e morais, análogas às que o próprio Sócrates tinha em vista com o seu filosofar moral. A purificação da alma das falsas opiniões, a preparação maiêutica à verdade e a discussão com fins educativos são, sem dúvida, constantes que se encontram em todos os escritos platônicos. Mas nos diálogos da juventude elas estão certamente em primeiro plano e constituem os objetivos principais. Mais tarde atenuam-se, mas permanecem como uma constante.

b) Os diálogos platônicos *nunca* têm por objetivo espelhar *colóquios que realmente tiveram lugar*, mas representam *modelos de colóquios ideais,* ou seja, modelos de comunicação filosófica coroada de êxito ou então concluída sem êxito. Essa idealização do colóquio implica uma fixação mais exata de uma metodologia, que acaba assumindo claramente uma função regulativa, provavelmente com vínculos muito exatos com respeito às discussões que se desenrolavam na Academia. Em particular, os diálogos apresentam discussões dialéticas magistralmente orquestradas, nas quais o método do *élenchos*, isto é, o método de procura da verdade por meio da *refutação do adversário,* alcança algumas vezes a perfeição.

c) Na exposição das doutrinas contidas nos "autotestemunhos" do *Fedro* e da *Carta VII,* vimos como Platão atribuía ao escrito uma exata função "hipomnemática". Por conseguinte, o escrito deveria fixar e pôr à disposição do autor e dos outros um material conceitual *adquirido por outro caminho*, isto é, em discussões antes realizadas e, portanto, *na dimensão antecedente* da oralidade. Essa função "rememorativa" aparece em primeiro plano a partir do momento em que os diálogos platônicos adquirem uma notável espessura doutrinal e, portanto, sobretudo no arco dos diálogos que vai da *República* (e em parte também dos diálogos precedentes) às *Leis*. Além disso lembremo-nos de que os escritos, como já mostramos, são úteis para "rememorar" uma série de doutrinas, mas, pelos motivos que acima explicamos, não as doutrinas mais elevadas, referentes aos Princípios supremos da realidade. No entanto, os escritos fazem referências precisas, ao menos *com várias alusões e sinalações,* a essas doutrinas supremas destinadas a permanecer não-escritas porque não têm necessidade de meios rememorativos (na medida em que se resumem a "brevíssimas proposições" que, uma vez bem compreendidas, não se podem mais esquecer). Trata-se, pois, de alusões que bem podem ser chamadas "alusões hipomnemáticas", válidas apenas para quem conhecesse a doutrina conseguida mediante outro meio de comunicação, e não mais do que isso[30].

d) Platão chega a negar ao discurso escrito a capacidade de "comunicar" eficazmente as doutrinas, reservando-a ao discurso oral.

---

30. Essas alusões são muito numerosas. Algumas das mais significativas são recolhidas por Krämer, *Platone...*, Apêndice II, pp. 358ss. (sob o título: "I rimandi degli scritti platonici al 'non scritto'"), com texto grego e tradução minha. Cf. também Reale, *Platão..., passim.*

Todavia, as funções hipomnemáticas não seriam evidentemente possíveis se, na verdade, a função comunicativa estivesse inteiramente ausente do escrito. Não obstante as decididas afirmações que lemos no *Fedro*, é claro que o escrito platônico é também um instrumento de *comunicação filosófica*. Mesmo que o autor o negue expressamente, *de fato*, no entanto, acaba por admiti-lo e mesmo por demonstrá-lo, na medida em que escreveu e no modo com que o fez.

e) Além disso, "os procedimentos didáticos do escritor Platão põem em movimento um processo cognoscitivo que chega a seu fim não nos escritos, mas na atividade de ensinamento oral da Academia"[31]. Portanto, "somente se cairmos na conta de que os diálogos platônicos remetem, nas suas particularidades e em geral, a uma justificação de amplo alcance que não está explícita na obra escrita, mas é pressuposta em todas as suas partes, podemos compreendê-los"[32].

O círculo no qual, com o escrito, Platão parece encerrar o leitor, remete muitas vezes, justamente através dos seus raios, a um "não-escrito" que forma como que um círculo mais amplo que engloba e delimita o círculo do escrito.

f) Uma confirmação dessa perspectiva é dada pela contribuição recente de Szlezák que, partindo justamente do exame dos diálogos e permanecendo no seu âmbito (sem entrar no mérito das "Doutrinas não-escritas" a nós transmitidas pela tradição indireta) demonstra que o "socorro" oral, que deve ser levado ao escrito e do qual fala o *Fedro*, constitui justamente *a estrutura de sustentação de todos os escritos platônicos,* a partir já dos escritos da juventude. Platão "concebe desde o princípio o escrito filosófico como um escrito não-autárquico, ou seja, como escrito que, do ponto de vista do conteúdo deve ser transcendido se se quer compreendê-lo plenamente. O livro do filósofo deve ter a justificação dos seus argumentos além dele mesmo"[33]. As demonstrações analíticas fornecidas por Szlezák são particularmente notáveis porque demonstram como esse "socorro" deva realizar-se em níveis diferentes e, além disso, de maneira muito

31. Krämer, *Platone...*, p. 148.
32. Gaiser, *Platone come scrittore...*, p. 46.
33. Szlezák, *Platon...*, p. 66; cf. também pp. 328ss.

ampla. Em alguns níveis, esses "socorros" encontram-se nas partes posteriores do próprio escrito; em outros níveis, supõem doutrinas que se encontram presentes em outros diálogos; mas o socorro que conduz aos fundamentos últimos não se encontra nos diálogos e é exatamente aquele que Platão não quis consignar por escrito, e que a tradição indireta trouxe até nós.

7. O "socorro" que a tradição indireta presta aos escritos platônicos

Somente a partir do início do nosso século, começou-se a compreender que a tradição indireta pode trazer uma série de "socorros" aos diálogos platônicos, mas somente aos últimos diálogos. Por sua vez, as pesquisas mais avançadas dos últimos anos mostraram de maneira sempre mais convincente como muitas passagens obscuras dos diálogos intermédios resultam perfeitamente compreensíveis somente com o "socorro" das "Doutrinas não-escritas". Deve-se, portanto, concluir que, desde a fundação da Academia, Platão já possuía um quadro das "Doutrinas não-escritas" e uma concepção exata das relações entre "escritura" e "oralidade". Por conseguinte, todos os diálogos mais significativos de Platão, que sempre foram considerados pontos essenciais de referência para poder reconstruir o seu pensamento, *subentendem o quadro teorético geral das "Doutrinas não-escritas"*.

Então, o "socorro" que a tradição indireta traz aos diálogos platônicos consiste nisso: tendo presentes as "Doutrinas não-escritas" que permanecem como fundo, as partes centrais de muitos desses Diálogos, que no passado ficaram sem explicações exatas ou foram explicadas somente de modo parcial ou forçado, tornam-se claras e perfeitamente inteligíveis sobre bases exatas objetivas e históricas, ou seja, na medida em que aqueles que tinham ouvido *diretamente* Platão nos fornecem as chaves para elas.

Concluindo: no âmbito do novo modelo interpretativo *a perda da autarquia dos diálogos* devida à valorização da tradição indireta não significa perda do seu valor, mas, ao contrário, significa *um incremento do seu valor, porque os diálogos são iluminados na sua zona de sombra*, ficam mais claros, mais ricos de instâncias e de tensões e voltados para horizontes mais amplos. Além disso, o *plus* que nos é revelado pela tradição indireta se reduz a um discurso muito breve. O discurso sobre os "fundamentos últimos" que nos é transmitido pela tradição indireta é, com efeito, um discurso sempre muito breve: é como o trajeto último da subida de um cume, que é o mais breve, mas, ao mesmo tempo, o mais exigente. Os escritos platônicos nos fazem subir toda a montanha, mas não nos fazem alcançar o cume; ao contrário, a tradição indireta nos dá a condição de alcançar também o cume[34].

---

34. É exatamente isso que, na via aberta pela Escola de Tübingen, fizemos no nosso *Platão...*, *passim*.

II. OS GRANDES PROBLEMAS QUE OCUPARAM OS INTÉRPRETES DE PLATÃO E SUA SOLUÇÃO MAIS PLAUSÍVEL À LUZ DOS NOVOS ESTUDOS

1. A questão da unidade e do sistema no pensamento de Platão

Seguindo a linha desse novo modelo de interpretação de Platão, é possível resolver toda uma série de problemas, até agora sem solução.

O maior problema que ocupou os intérpretes de Platão desde a antiguidade até hoje consiste na reconstrução da *unidade* do pensamento platônico e em alcançar uma *visão sintética e orgânica* que ordene o complexo material conceitual que os diálogos nos oferecem, no qual se entrecruzam perspectivas múltiplas de gênero diverso, instâncias aporéticas e problemáticas, referências a dimensões diferentes, disfarces irônicos muitas vezes desconcertantes, provocações surpreendentes. Leibniz, que viveu numa época na qual a plurissecular interpretação neoplatônica (que se mantivera prevalentemente sobre a base de uma leitura alegórica dos diálogos) estava já em processo de radical dissolução, escrevia: "*Se alguém reduzisse Platão a um sistema prestaria um grande serviço ao gênero humano*"[1].

É esse justamente, na verdade, o grande enigma que é preciso resolver para se poder penetrar o pensamento platônico e para compreendê-lo profundamente.

Pois bem, a tradição indireta, na medida em que nos revela quais fossem para Platão os fundamentos supremos do real e em que nos indica os nexos que unem todas as realidades ao Princípio supremo, preenche em boa parte essa lacuna que os diálogos apresentam e ajuda a resolver o enigma. Com efeito, de quanto se depreende dos testemunhos que chegaram até nós, não há dúvida de que Platão tivesse em vista apresentar um *sistema* capaz de abarcar o real na sua inteireza e nas suas partes essenciais. E, não obstante esses testemunhos

---

1. G. W. Leibniz, *Die philosophischen Schriften*, ed. C. J. Gerhardt, vol. III, Berlim 1887 (1978²), p. 637.

sejam incompletos e muito sintéticos, eles nos permitem reconstruir as linhas essenciais e os nexos estruturais de tal sistema. Mas, já que essa descoberta torna obsoletas de um só golpe toda uma série de interpretações que foram dadas de Platão (e, de modo particular, as interpretações de tipo cético, problematicista, existencialista e antimetafísico), é necessário determinar exatamente em que sentido se deva entender o termo "sistema" referido ao pensamento de Platão. Não se deve entendê-lo em sentido hegeliano ou neoidealista, mas sim naquele sentido que, desde as suas origens com os pré-socráticos, a filosofia grega revelou como traço definitivo e como propriedade essencial do pensamento filosófico. Explicar significa unificar, em função de conceitos de base que implicam um vínculo estrutural entre si e que se referem a um conceito supremo que os engloba. Portanto, "sistema" é uma conexão orgânica de conceitos em função de um conceito-chave (ou de alguns conceitos-chave). Naturalmente, entendido dessa maneira, o "sistema" não tem nada a ver com rigidez sistematizante e estreitezas dogmáticas, mas apresenta-se como um projeto do eixo de sustentação principal das pesquisas, dos eixos de sustentação com ele conexos e das suas implicações[2].

Parece-nos exato o que Krämer explicou a esse respeito: "[...] o projeto era considerado elástico e flexível e estava aberto fundamentalmente a ampliações, seja no conjunto, seja em pormenores. Pode-se falar, pois, de uma instância, não dogmática, mas heurística que permaneceu mesmo em alguns pontos particulares em estado de esboço e, portanto, de sistema aberto; porém, não certamente de um antissistema de fragmentos de teorias sem conexões exatas. Ao invés, deve-se levar certamente em conta a tendência à totalização e a um projeto geral coerente e consistente"[3]. Por sua vez, Gaiser insiste de maneira análoga: "Com a qualificação de 'sistemática' quero dizer que com esta teoria se tinha em vista e se punha por obra uma *composição completa, uma síntese universal, um apanhado especulativo sinótico de cada conhecimento* adquirido em todos os âmbitos possíveis do real. Essa qualificação porém, não quer dizer que se tratasse

2. Ver, para ter uma ideia de como a questão do "sistema" é, em geral, malentendida, E. N. Tigerstedt, *Interpreting Plato*, Uppsala 1977.

3. Krämer, *Platone...*, pp. 177s.

de um complexo de proposições rigidamente fechado, escolástico, estabelecido de uma vez por todas. Há até hoje em cada ciência, e isso vale para a ontologia no seu conjunto, o tipo do sistema vivente-dinâmico que é 'aberto' na medida em que procura representar a realidade sempre e somente de modo hipotético e dialético. Compreendido corretamente, o sistema platônico não exclui, antes acolhe um constante desenvolvimento ulterior: mesmo se a concepção fundamental, semelhante a um núcleo de cristalização, permaneceu sem mudança por longo tempo, era sempre possível integrar novos conhecimentos singulares no sistema complexivo"[4].

A tradição indireta, revelando-nos as linhas essenciais das "Doutrinas não-escritas" e oferecendo-nos aquele *plus* que falta nos diálogos, faz-nos conhecer justamente o eixo de sustentação (o conceito supremo ou os conceitos supremos) que organiza e unifica de modo notável os vários conceitos apresentados pelos diálogos.

Mas isso haveremos de vê-lo com amplitude mais adiante.

2. A questão da ironia e sua função nos diálogos platônicos

O que foi dito por Leibniz a propósito do problema da reconstrução do sistema platônico, Goethe repetia-o com razão e com palavras semelhantes a respeito da ironia: "Quem soubesse explicar-nos que coisa homens como Platão disseram com seriedade, por brincadeira ou de modo meio brincalhão, e o que disseram por convicção ou então simplesmente por modo de dizer, certamente nos prestaria um serviço extraordinário e traria uma contribuição infinitamente valiosa à nossa cultura"[5].

Na realidade, juntamente com o diálogo socrático, Platão devia retomar também a "ironia" e introduzi-la nos seus escritos como um constitutivo essencial, com todas as dificuldades e com todos os problemas que ela traz consigo. Em Sócrates, a ironia consistia num jogo hábil conduzido sobretudo com a máscara da ignorância em todas as

---

4. Gaiser, *La teoria...*, pp. 48s.; *La metafisica della storia...*, pp. 192s.

5. J. W. Goethe, *Plato, als Mitgenosse einer christlichen Offenbarung* in *Goethes Werke*, XXXII (na coleção "Deutsche National-Litteratur. Historisch-kritische Ausgabe" 113. Bd.), p. 140.

suas variantes polimorfas e policrômicas, a fim de desmascarar a ignorância do presunçoso interlocutor. Como é sabido, no variado jogo das simulações, Sócrates chegava mesmo a fingir que acolhia ideias e métodos do adversário como se fossem dele e os levava ao extremo para poder fazer emergir facilmente os pontos débeis e refutá-los, algumas vezes fazendo uso da lógica própria àqueles métodos. Ora, em Platão encontramos ambos estes aspectos da ironia. O primeiro, porém, que é um tanto acentuado nos primeiros diálogos, pouco a pouco vai reduzindo o seu mordente e o seu alcance na medida em que os diálogos se enriquecem com conteúdos de doutrina e na medida em que, neles, o momento construtivo prevalece sobre o momento aporético. Ao invés, o segundo tende a ampliar-se e a tornar-se sempre mais complexo, até atingir sua intensidade máxima em diálogos muito importantes como, por exemplo, o *Parmênides*. É justamente esse aspecto da ironia platônica que dificulta a interpretação de certos diálogos, porque o filósofo não mostra expressamente reconhecível a ficção irônica como tal e muda de máscara sem nunca deixá-la cair. A ironia platônica tem um profundo *valor metodológico* cujas raízes estão na maiêutica socrática: o leitor dos diálogos é envolvido nas invenções e no jogo das ficções com a finalidade de obter o seu empenho total e assim fazer saltar desde dentro a centelha da verdade.

Portanto, a ironia platônica nada tem a ver, como Jaspers justamente acentuou na sua reconstrução do pensamento platônico, com a *visão niilista* que segue o caminho da pura negação e coincide com o ridículo que fere e aniquila. Ao contrário, a ironia platônica *implica a posse de algo positivo*, que não é expresso diretamente com o fim de evitar a incompreensão de quem não é capaz de entender. "A ironia filosófica — escreve Jaspers — ao invés, é a expressão da certeza de um conteúdo originário. Perplexa diante da univocidade da necessidade racional e da multiplicidade dos significados que os fenômenos possuem, *ela quereria captar o verdadeiro não falando, mas suscitando*. Quereria dar um sinal da verdade escondida, enquanto a ironia niilista é vazia. No torvelinho dos fenômenos, quereria levar, com um autêntico descobrimento, à presença inefável da sua verdade, enquanto a ironia vazia, através do torvelinho, nos faz cair no nada. A ironia filosófica é pudor de toda verdade direta. Ela impede toda incompreensão total imediata". Com a sua ironia — diz ainda Jaspers — "parece que Platão tenha querido dizer: aqueles que não podem compreender devem compreender erradamente"[6].

Pois bem, acolhendo o novo modelo interpretativo, não poucos diálogos deixam de ser enigmas, e se pode compreender o que Platão disse de fato seriamente e por convicção. As indicações exatas que se extraem da tradição indireta lançam muita luz sobre muitos diálogos e, sobretudo, sobre as partes enigmáticas dos diálogos (que algumas vezes alcançam objetivamente os limites do não-decifrável) e oferecem a chave para compreender o jogo irônico, para fazer cair a máscara e para identificar de fato a mensagem filosófica platônica. Em todo caso, a *interpretação pan-irônica* dos diálogos platônicos à qual, ao fim e ao cabo, a ironia tudo arrasta, inclusive a si mesma, não se pode mais propor à luz da revalorização da tradição indireta, ao passo que o jogo irônico descobre afinal sua seriedade filosófica e seus fins construtivos.

3. A questão crucial da "evolução" do pensamento de Platão

A propósito da questão crucial da *evolução* do pensamento platônico, Theodor Gomperz escrevia em fins do século XIX: "Concedamo-nos, por um momento, o luxo de um belo sonho. Suponhamos que um dos discípulos íntimos de Platão, por exemplo, seu sobrinho Espêusipo [...] tivesse feito o que não exigiria mais do que um quarto de hora dos seus ócios e que o teria tornado, de modo inestimável, benemérito da história da filosofia: isto é, que ele tivesse registrado sobre uma tabuinha a lista, por ordem de data, dos escritos do seu tio, e que uma cópia dessa lista tivesse chegado até nós. Nesse caso possuiríamos o melhor auxílio para o estudo do desenvolvimento espiritual de Platão"[7]. Gomperz observa que isso não supriria a falta de um diário, de um rico epistolário, de notícias sobre as suas

6. K. Jaspers, *Die grossen Philosophen*, Munique 1957, pp. 267 s. (trad. italiana de F. Costa, *I grandi filosofi*, Longanesi, Milão 1973, pp. 357s.).

7. Th. Gomperz, *Griechische Denker*, Leipzig 1896-1897; trad. italiana de L. Bandini, *Pensatori greci*, vol. III, La Nuova Italia, Florença 1953², p. 49.

conversações; além disso, o ponto de vista diretivo que diz respeito ao desenvolvimento cronológico e o que diz respeito à continuidade dos conteúdos doutrinais disputariam sempre a primazia; todavia, um catálogo daquele tipo poderia resolver os maiores problemas, dado que o pensamento de Platão é um contínuo progredir.

Pois bem, essa convicção se considera hoje em parte superada sobre o fundamento de tudo o que acima ficou dito sobre as relações entre "escritura" e "oralidade" em Platão; em todo caso, ela é redimensionada segundo o modo estrutural. Mas, para entender bem esse problema e as soluções que hoje sempre mais se impõem, é necessário expor com exatidão alguns dos seus traços essenciais.

O conceito de "evolução" do pensamento de Platão foi introduzido por Hermann em 1839[8], numa obra que assinalou uma inflexão essencial nos estudos platônicos, articulando de maneira nova o modelo interpretativo proposto por Schleiermacher. A tese encontrou acolhida excepcional, e a concepção da *evolução do pensamento platônico* tornou-se um verdadeiro e próprio cânon hermenêutico, inclusive pelo fato de ter recebido algumas confirmações importantes apoiadas na aplicação do método da análise estilística e da estilística linguística e ainda com o auxílio dos refinados métodos da filologia moderna.

O ponto de partida foram as *Leis,* que sabemos terem sido certamente o último escrito de Platão. Com uma determinação acurada das características estilísticas dessa obra procurou-se estabelecer que escritos correspondessem a tais características. Daqui foi possível concluir (com o auxílio também de critérios colaterais de vários tipos), que os escritos do último período seguem provavelmente a seguinte ordem: *Teeteto, Parmênides, Sofista, Político, Filebo, Timeu, Crítias, Leis.* Ulteriormente foi possível estabelecer que a *República* pertence à fase central da produção platônica, sendo precedida pelo *Banquete* e pelo *Fédon,* e seguida pelo *Fedro.* Igualmente foi possível dar como certo que um grupo de diálogos representa o período de amadurecimento e de passagem da fase juvenil a uma fase de maior originalidade: o *Górgias* pertence verossimilmente ao período imediatamente anterior à primeira viagem à Itália, e o *Mênon* ao período imediata-

8. K. F. Hermann, *Geschichte und System der platonischen Philosophie*, Heidelberg 1839.

mente seguinte. A esse período de amadurecimento pertence provavelmente também o *Crátilo*. O *Protágoras* é talvez a coroa da primeira atividade. Os outros diálogos, sobretudo os mais breves, são, com certeza, escritos da juventude, o que é confirmado pela temática especificamente socrática neles discutida. Alguns deles podem ter sido retocados no período da maturidade.

Eis as conclusões que, do ponto de vista teorético e doutrinal, podem ser inferidas dessa ordem dos diálogos e que ilustram o esquema também por nós adotado no passado.

Primeiramente, Platão dedicou-se a uma problemática prevalentemente ética (ético-política), partindo exatamente da posição à qual Sócrates chegara. Em seguida, e justamente no aprofundar em todas as direções a problemática ético-política, ele compreendeu a necessidade de reavaliar as instâncias da filosofia da *physis*: entendeu que a justificação última da ética não pode provir da própria ética, mas somente de um conhecimento do ser e do cosmo do qual o homem é parte. Mas a recuperação das instâncias ontocosmológicas dos físicos deu-se de modo originalíssimo e, mais ainda, por meio de uma autêntica revolução do pensamento, com a descoberta do suprassensível (do ser suprafísico). A descoberta do ser suprassensível e das suas categorias desencadeou um processo de revisão de toda uma série de problemas antigos e deu origem, por outro lado, a toda uma série de novos problemas que Platão incansavelmente tematizou e aprofundou pouco a pouco nos diálogos da maturidade e da velhice. A conquista do conceito de suprassensível deu novo sentido à *psyché* socrática e ao socrático "cuidado da alma"; deu um outro sentido ao homem e ao seu destino, um outro sentido à Divindade, ao cosmo e à verdade. Do alto dos horizontes alcançados com a descoberta do suprassensível, Platão pôde harmonizar a antítese entre Heráclito e Parmênides, fundamentar a intuição teleológica de Anaxágoras, resolver muitas aporias do eleatismo, dar ao pitagorismo um novo sentido. Na fase da maturidade, as instâncias eleáticas tornaram-se mesmo de tal modo urgentes que não somente inspiraram todo um diálogo como o *Parmênides,* mas até levaram, como antes dissemos, a uma substituição de Sócrates como protagonista. De fato, no *Sofista* e no *Político,* o verdadeiro protagonista será um *Estrangeiro de Eleia.* Finalmente, na fase da velhice, alçaram-se ao primeiro plano as instâncias pitagóricas (de resto, sempre presentes e ativas de muitos modos do *Górgias* em diante) a tal ponto que, na grande síntese final cosmo-ontológica do *Timeu,* Platão escolheu como protagonista exatamente o pitagórico Timeu. Segundo a maioria dos estudiosos (incluindo aqueles que primeiramente as tinham reavaliado), as "Doutrinas não-escritas" teriam levado a termo a parábola evolutiva de Platão.

Essa parábola típica que brevemente esboçamos tem, naturalmente, uma série de variantes (e até mesmo bastante notáveis) nos diversos intérpretes. Deve-se notar que muitos estudiosos acreditaram poder descobrir nos diálogos posteriores à *República* expressões de crises, de superações, de "autocríticas", de "autocorreções" de diverso gênero do pensamento platônico originário, sobretudo no que diz respeito à doutrina central, ou seja, à doutrina das Ideias. Convém notar como o problema das relações entre *evolução* e *sistema* foi resolvido de maneira diversa, a maioria das vezes com a tendência a conferir a primazia à evolução exatamente como cânon hermenêutico, com prejuízo do sistema, vale dizer, com prejuízo da unidade do pensamento platônico[9].

Ora, aceitando-se o novo modelo interpretativo, a reconstrução genética do pensamento platônico recebe, juntamente com todas as pretensões que ela acolhe, um redimensionamento drástico, porque justamente os pressupostos sobre os quais se apoia são submetidos a uma séria crítica. Será oportuno recordar em grandes linhas os pontos focais dessa questão.

a) Deve-se observar em primeiro lugar que o estudo dos diálogos platônicos em chave genética pode alcançar resultados merecedores de atenção no que diz respeito ao aspecto do Platão *escritor,* mas não, ao mesmo tempo, ao aspecto do Platão *pensador.* Com efeito, o escritor Platão está longe de coincidir sistemática e globalmente com o pensador Platão, como fica claro do que acima foi dito e como se mostrará com exatidão a partir das observações a seguir.

b) A interpretação genética aplica, sem de nenhum modo demonstrá-lo, o princípio segundo o qual Platão possuía somente o

---

9. Além do trabalho de Hermann, citado na nota precedente, foram decisivos os trabalhos de L. Campbell e, sobretudo, a conspícua obra de W. Lutoslawski, *The Origin and Growth of Plato's Logic*, Londres 1905^{2} (1897^{1}). O mais recente trabalho sobre o tema é: H. Thesleff, *Studies in Platonic Chronology*, Helsinki 1982.

nível de doutrina e de consciência teorética que exprime nos diálogos sucessivamente escritos.

c) As finalidades diversas e os diversos objetivos que inspiram os vários diálogos impõem, por razões de natureza estrutural, níveis diferentes de exposição doutrinal, ou seja, *um mais ou um menos em quantidade e qualidade de doutrinas,* que produz um espaçamento notável no jogo das inferências sobre as quais se apoia o método genético. Alguns diálogos, por exemplo, apresentam um conteúdo doutrinal menor simplesmente pelo fato de que eles têm em vista fins mais limitados com relação a outros, adaptando, além disso, esses fins à medida dos personagens.

d) Além disso, no *Fedro,* como acima vimos, Platão diz claramente que o momento de *elaboração oral* da doutrina *vinha em primeiro lugar*, e só em um segundo momento eram fixadas nos escritos as doutrinas (ou ao menos *algumas* dentre elas) estabelecidas através da discussão oral, e isso com propósitos hipomnemáticos. A esse respeito é fácil salientar uma mobilidade de limites entre escrito e não-escrito. Platão, com o passar dos anos, viu-se impelido a escrever sempre mais e deteve-se somente diante das "coisas de maior valor", isto é, diante das doutrinas que, pelas razões acima explicadas, deveriam permanecer definitivamente "não-escritas".

e) Ademais, ele fez uma *série de referências* a essas "Doutrinas não-escritas", inequívocas para os leitores e os intérpretes que não estejam indevidamente munidos de pré-conceitos tradicionais.

f) Portanto, as conclusões são evidentes. Quando Platão compunha os diálogos, movia-se num horizonte de pensamento *mais amplo* do que aquele que ia fixando por escrito. A reavaliação correta da tradição indireta permite reconstruir, em boa medida, esse horizonte de pensamento.

E uma vez comprovado que o núcleo essencial das "Doutrinas não-escritas" remonta a uma época muito anterior à que se pensava no passado, segue-se evidentemente que a questão da evolução do pensamento platônico será formulada de modo inteiramente novo, ou seja, exatamente sobre os fundamentos das relações entre a obra escrita e o ensinamento oral, vale dizer, sobre os fundamentos das relações entre as duas tradições que chegaram até nós, levando-se em conta todas as circunstâncias acima indicadas.

g) Em todo caso, será necessário distinguir diferentes níveis da parábola evolutiva: o do *Platão pensador;* o do *Platão escritor, em geral*; e o da *estrutura das relações entre escritura e oralidade* que, em certa medida, pouco a pouco se estreitam.

4. "Mito" e "logos" em Platão

Outro problema de enorme alcance, ao lado dos que acabamos de examinar, é constituído pelo fato de Platão revalorizar o "mito" ao lado do "logos" e, a partir do *Górgias* até os diálogos tardios, atribuir-lhe uma importância assaz notável.

Como se explica isso? Como, afinal, a filosofia volta a retomar o mito do qual procurara, de várias maneiras, libertar-se? Trata-se de uma involução, de uma abdicação parcial da filosofia das suas prerrogativas próprias, de uma renúncia à coerência ou, em último caso, de uma desconfiança de si? Em suma, qual o sentido do mito em Platão? As respostas a esse problema foram as mais diversas. As soluções extremas vieram de Hegel e da escola de Heidegger.

A propósito, Hegel escrevia: "O mito é uma forma de exposição que, na medida em que é mais antiga, suscita sempre imagens sensíveis adaptadas à representação, não ao pensamento; *mas isso atesta a impotência do pensamento que ainda não sabe manter-se por si mesmo e, portanto, não é ainda pensamento livre*. O mito faz parte da pedagogia do gênero humano porque estimula e atrai a ocupar-se do conteúdo. Mas, como o pensamento está nele contaminado com formas sensíveis, ele não pode exprimir o que o pensamento deseja exprimir. *Quando o conceito amadurece não tem necessidade de mitos*"[10]. Portanto, o mito platônico pertenceria à forma exterior e à representação; o conceito filosófico deve ser sempre separado do mito, pois só se mistura com ele quando ainda não está de todo amadurecido. Logo, o mito em Platão teria um valor (filosoficamente) negativo.

Ao invés, a escola de Heidegger chegou a conclusões diametralmente opostas. Ela apontou no mito a expressão mais autêntica da

---

10. Hegel, *Vorlesungen über die Geschichte der Philosophie*, cit., pp. 188s. (trad. ital., pp. 171s.).

metafísica platônica; o logos, que domina na teoria das Ideias, mostra-se capaz de captar *o ser,* mas incapaz de explicar *a vida*: o mito vem em socorro justamente para explicar a vida e, de certa maneira, supera o logos e se faz mitologia. Na mitologia dever-se-ia procurar o sentido mais autêntico do platonismo[11].

Entre esses dois extremos situa-se, naturalmente, uma gama bastante variada de soluções intermediárias.

O problema, segundo o nosso parecer, só encontra solução se descobrirmos as razões exatas que levaram Platão a repropor o mito. E essas razões são identificáveis na revalorização de algumas teses fundamentais do orfismo e da sua tendência mística e, em geral, no poderoso afirmar-se da componente religiosa a partir do *Górgias.* Em suma, o mito em Platão renasce não apenas como expressão de *fantasia,* mas, antes, como expressão daquela que poderemos denominar *fé* (Platão usa no *Fédon* o termo *esperança,* ἐλπίς)[12].

Com efeito, o discurso filosófico platônico sobre alguns temas escatológicos na maior parte dos diálogos, do *Górgias* em diante, torna-se uma espécie de fé acompanhada de razões: o mito procura um *esclarecimento no logos*, e o logos *um complemento no mito.* À força da "fé" que se explicita no mito Platão confia ora a tarefa de transportar e elevar o espírito humano a âmbitos e esferas de visões superiores que a razão dialética, sozinha, tem dificuldade em alcançar, mas que pode conquistar mediatamente; ora, ao invés, Platão confia à força do mito a tarefa, no momento em que a razão alcançou seus limites extremos, de superar intuitivamente esses limites e de coroar e completar esse esforço da razão, elevando o espírito a uma visão ou, ao menos, a uma tensão transcendente.

Eis o que responde expressamente Platão às negações racionalistas do valor do mito usado nesse sentido, dirigindo-se a Cálicles e aos campeões da sofística hiper-racionalista:

> Essa estória (i.é, o mito de além-túmulo) parecerá a ti que seja uma dessas lendas que as velhinhas contam e a desprezarás; na verdade, não seria absurdo desprezar tais coisas se buscando (i.é, puramente com a razão)

---

11. Cf. W. Hirsch, *Platons Weg zum Mythos*, Berlim 1971.
12. *Fédon*, 67 b-c; 68 a: 114 c.

pudéssemos encontrar outras melhores e mais verdadeiras. Mas considera bem que vós três, que sois os mais sábios entre todos os gregos, tu, Polo e Górgias, não sabeis demonstrar que se deva viver uma vida diferente dessa vida que nos parece útil também do lado de lá[13].

Além disso deve-se notar particularmente que o mito, do qual Platão faz uso metódico, é essencialmente diverso do mito pré-filosófico que ainda não conhecia o logos. Trata-se de um mito que não somente é expressão de *fé*, como dizíamos, mais do que de *espanto fantástico,* mas é igualmente, *um mito que não subordina o logos a si, mas estimula o logos e o fecunda no sentido que já explicamos, sendo um mito que, em certo sentido, enriquece o logos.* Em suma, é um mito que, ao ser criado, é despojado pelo logos dos seus elementos puramente fantásticos para manter somente seus poderes alusivos e intuitivos. A exemplificação mais clara do que afirmamos encontra-se numa passagem do *Fédon* que segue imediatamente a narração de um dos mais grandiosos mitos escatológicos com que Platão procurou representar o destino das almas no além:

> Sem dúvida, *obstinar-se em pretender que essas coisas sejam exatamente como as descrevi não convém a um homem sensato;* mas afirmar que isso ou algo parecido a isso aconteça com as nossas almas ou com as suas moradas, desde que se concluiu que a alma é imortal, eis o que *me parece convenha e valha a pena arriscar a quem assim pense.* Com efeito, o risco é belo e convém com essas crenças fazer um encantamento sobre si mesmo; é por essa razão que há tempos eu me demoro nesse mito[14].

Mas o problema é ainda mais complexo na medida em que o mito em Platão apresenta outras significações além daquela ora considerada, ligada sobretudo a problemáticas escatológicas. Um segundo e notável significado é, com efeito, o de *narração provável* que diz respeito a todas as coisas sujeitas à geração. O *logos*, na sua pureza, pode aplicar-se apenas ao ser que não muda; ao contrário, ao ser mutável não se poderá aplicar o *logos,* mas a opinião verdadeira ou, justamente, o *mito provável.* Com efeito, explica Platão, entre o conhecimento e as coisas das quais temos conhecimento existe *uma afinidade estrutural.* Os raciocínios e os discursos que têm por objeto o

13. *Górgias*, 527 a-b.
14. *Fédon*, 114 d.

ser estável e firme são também estáveis e imutáveis e captam a verdade pura; ao contrário, os raciocínios e discursos que têm por objeto a realidade sujeita à geração são verossímeis e fundados na crença.

E eis o ponto ao qual se deve prestar bem atenção: *exatamente na medida em que o cosmo em devir é uma "imagem" do ser puro, que é "modelo originário", ele é cognoscível de alguma maneira; e justamente sobre esse seu ser "imagem" funda-se o diferente alcance cognoscitivo com relação ao modelo*[15].

As conclusões de Platão são, pois, as seguintes: com relação ao universo físico (que não é puro ser, mas a sua *imagem*), não é possível fazer raciocínios veritativos em sentido absoluto, mas é possível fazer somente alguns *raciocínios verossímeis*. Nesse âmbito, a natureza humana deve contentar-se com o "mito", no sentido de "narração provável", pois, em razão da própria natureza do objeto da pesquisa, não é possível ir mais além:

> Portanto, ó Sócrates, não te deves maravilhar se, depois de muitas coisas por muitos enunciadas em torno aos Deuses e à origem do universo, não conseguimos apresentar raciocínios exatos em tudo e por tudo coerentes com eles mesmos. Mas, se apresentarmos *raciocínios verossímeis tanto como qualquer outro*, então devemos ficar satisfeitos com eles, lembrando-nos de que tanto eu que falo quanto vós que julgais temos uma natureza humana; assim, acolhendo em torno a essas coisas o *mito* (*narração*) *provável* (τὸν εἰκότα μῦθον), convém que não avancemos além disso[16].

Por conseguinte, toda a cosmologia e toda a física são, nesse sentido, "mito".

Mas há outros significados do *mito* em Platão. Algumas vezes o nosso filósofo o apresenta mesmo com uma *esconjura de caráter tipicamente mágico.* Foi justamente salientado que, com isto, "ele pretende caracterizar a particular força persuasiva do discurso poético-mítico, que é capaz de alcançar não somente as camadas racionais, mas também as camadas emotivas da alma"[17].

Mais ainda, em certos casos Platão entende por mito toda espécie de *exposição narrativa* de temas filosóficos que não tenha puramente

---

15. Cf. *Timeu*, 29 b-c. Ver Reale, *Platão...*, pp. 444-446.
16. *Timeu*, 29 c-d.
17. Gaiser, *Platone come scrittore...*, p. 44; sobre esse caráter do mito cf. *Fédon*, 114 d (ver o texto citado acima); *Leis*, X, 903 b.

a forma dialética (e, portanto, todos os seus diálogos ou grande parte dos mesmos)[18].

O leitor terá compreendido a enorme importância do mito para Platão. Se quiséssemos resumir com um mínimo denominador comum o que acabamos de explicar, poderíamos dizer que, para o nosso filósofo, *falar por mitos* (μυκολογεῖν) é um exprimir-se por imagens, o que permanece válido em vários níveis, *na medida em que pensamos não só por conceitos, mas também por imagens.*

O mito platônico na sua forma e no seu poder mais elevados é um *pensar-por-imagens* não somente na dimensão físico-cosmológica, mas também na dimensão escatológica e mesmo metafísica, como teremos ocasião de ver. O μυκολογεῖν torna-se, dessa maneira, uma das cifras emblemáticas do espírito humano à qual Platão conferiu, de fato, amplo relevo.

5. O caráter poliédrico e polivalente da filosofia platônica

Ao compreender e expor a filosofia platônica, os intérpretes seguiram, em geral, dois caminhos opostos. Alguns expuseram-na de maneira sistemática, inspirando-se em esquemas que prevaleceram de Aristóteles em diante ou, mesmo, no esquema hegeliano (como, por exemplo, Zeller, que organizou sua exposição do platonismo segundo o esquema dialético triádico Ideia-Natureza-Espírito). Outros, ao contrário, depois da descoberta de critérios que permitiram fixar uma sucessão, ainda que aproximativa, dos diálogos mais importantes, e com a convicção de que o pensamento platônico tenha sofrido uma profunda evolução, da qual já falamos, preferiram expor cada diálogo separadamente. Mas o primeiro método acaba por transformar-se num leito de Procusto, na medida em que obriga a amputar numerosas partes do pensamento platônico, a fim de poder sistematizá-lo. O segundo, ao invés, acaba por ser essencialmente dispersivo e, no fim, em lugar de resolver, escamoteia o problema da leitura de Platão. Com efeito, para ser esclarecedora, a leitura de um filósofo deve individuar algumas cifras, algumas chaves e, em suma, algumas constantes e as ideias de base em torno das quais elas giram.

---

18. Cf. *Fedro*, 276 e.

Procuraremos seguir uma terceira via que avança no meio das outras duas, tentando recuperar o "sistema" no sentido que acima foi explicado. Platão revelou pouco a pouco, no curso dos séculos, faces diversas: talvez seja justamente essa *diversidade de faces* que pode desvelar-lhe o pensamento.

a) Já a partir dos filósofos da Academia, começou-se a ler Platão *em chave metafísica e gnosiológica*, apontando na teoria das Ideias e dos Princípios supremos o fulcro do platonismo. *b*) Em seguida, com o neoplatonismo, pensou-se encontrar a mensagem platônica mais autêntica *na temática religiosa*, na ânsia do divino e, em geral, na dimensão mística, temas intensamente presentes na maior parte dos diálogos. *c*) Essas duas interpretações são as que perduraram de várias maneiras até os tempos modernos, até que, no nosso século, surgiu uma terceira interpretação, original e sugestiva, que apontou a essência do platonismo na *temática política*, ou melhor, ético-político-educativa, temática transcurada no passado, ao menos no que diz respeito à sua justa importância.

Acreditamos que o verdadeiro Platão não se encontre *em nenhuma dessas três perspectivas tomadas separadamente como sendo a única válida, mas deva encontrar-se, ao contrário, nas três direções juntamente e na dinâmica que lhes é própria.* Com efeito, as três propostas de leitura iluminam três faces efetivas da poliédrica e polivalente especulação platônica, três dimensões ou três componentes ou, ainda, três linhas de força que constantemente vêm à tona, de cada escrito ou de todos juntos, acentuadas ou orientadas de diversas maneiras.

É certo que a teoria das Ideias, com todas as suas implicações metafísicas, lógicas e gnosiológicas, em particular nos diálogos da maturidade e da velhice, está no centro da especulação platônica. Mas é igualmente verdadeiro que Platão não é o metafísico abstrato: a metafísica das Ideias tem também um profundo sentido religioso e o próprio processo cognoscitivo é apresentado como conversão, sendo o Amor que eleva à Ideia suprema apresentado como força de ascensão que conduz à contemplação mística. Finalmente, é verdade que Platão não fixou na contemplação o estádio no qual o filósofo deve acabar seu itinerário, uma vez que prescreveu ao filósofo, depois de ter visto o verdadeiro, voltar para salvar também os outros e para empenhar-se politicamente na construção de um Estado justo, dentro do qual é possível uma vida justa; e veremos como ele, na *Carta VII*, apontou expressamente no empenho político a paixão fundamental da sua vida.

Exporemos e interpretaremos segundo essas três dimensões o pensamento platônico. Todavia, o ponto-chave, ou seja, o eixo de sustentação em torno do qual essas três dimensões se articulam permanece a protologia revelada nas "Doutrinas não-escritas". Consignada à dimensão da oralidade e transmitida a nós pela tradição indireta, a protologia, em certo sentido, forma uma quarta dimensão. No entanto, em outro sentido, situa-se num plano diferente e, portanto, não está ao lado das outras em condições de igualdade; ela constitui, (como veremos) o percurso final da metafísica, mas, ao mesmo tempo, o vértice da dimensão ético-religiosa e da dimensão política. Portanto, a protologia é o *vértice unitário geral*, o que faz do complexo pensamento platônico um "sistema", dando-lhe unidade de estrutura. Por conseguinte, falaremos amplamente da protologia do "não-escrito" seja como segundo percurso e vértice da metafísica, seja como vértice das duas outras componentes e, portanto, como pano de fundo de todos os temas, reconquistando, dessa maneira, a *unidade* que dá o sentido supremo do pensamento platônico.

SEGUNDA SEÇÃO

A COMPONENTE METAFÍSICO-DIALÉTICA DO PENSAMENTO PLATÔNICO

θῶμεν οὖν [...] δύο εἴδη τῶν ὄντων, τὸ μὲν ὁρατόν, τό δὲ ἀιδές

[...] *estabeleçamos portanto* [...] *duas espécies de seres: uma visível, outra invisível*".

Platão, *Fédon*, 79 a.

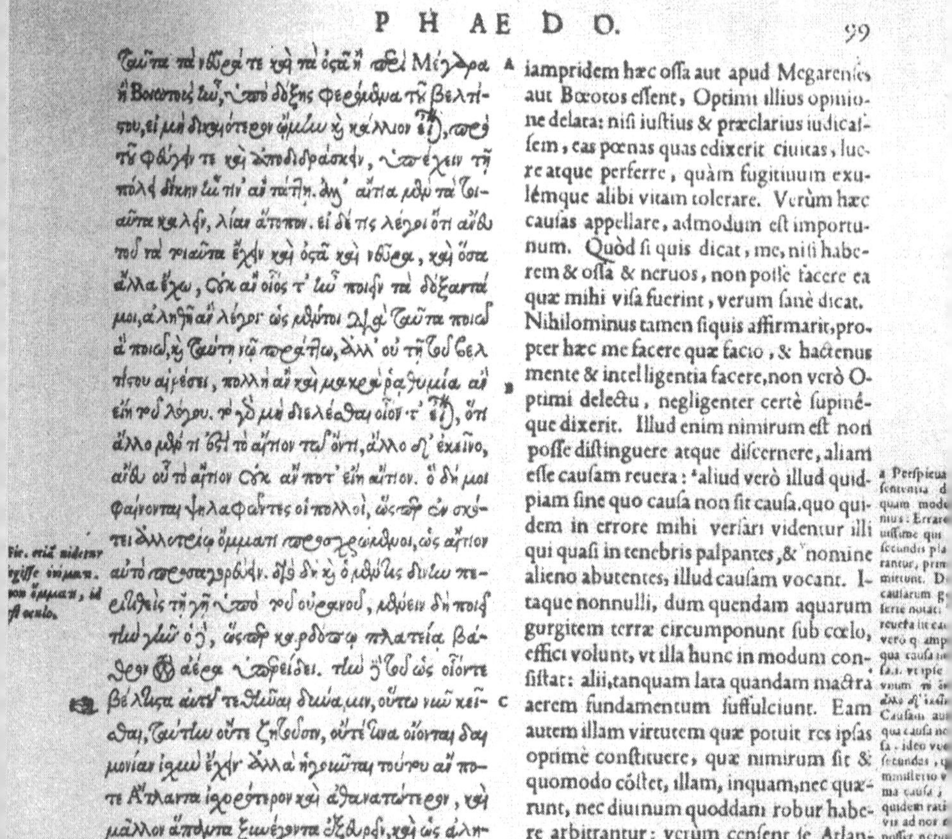

PHAEDO. 99

A ταῦτα τὰ νεῦρά τε καὶ τὰ ὀστᾶ ἢ περὶ Μέγαρα ἢ Βοιωτοὺς ἦν, ὑπὸ δόξης φερόμενα τοῦ βελτίστου, εἰ μὴ δικαιότερον ᾤμην καὶ κάλλιον εἶναι, πρὸ τοῦ φεύγειν τε καὶ ἀποδιδράσκειν, ὑπέχειν τῇ πόλει δίκην ἥντιν᾽ ἂν τάττῃ. ἀλλ᾽ αἴτια μὲν τὰ τοιαῦτα καλεῖν, λίαν ἄτοπον. εἰ δέ τις λέγοι ὅτι ἄνευ τοῦ τὰ τοιαῦτα ἔχειν καὶ ὀστᾶ καὶ νεῦρα, καὶ ὅσα ἄλλα ἔχω, οὐκ ἂν οἷός τ᾽ ἦν ποιεῖν τὰ δόξαντά μοι, ἀληθῆ ἂν λέγοι· ὡς μέντοι διὰ ταῦτα ποιῶ ἃ ποιῶ, καὶ ταῦτα νῷ πράττω, ἀλλ᾽ οὐ τῇ τοῦ βελτίστου αἱρέσει, πολλὴ ἂν καὶ μακρὰ ῥᾳθυμία ἂν

B εἴη τοῦ λόγου. τὸ γὰρ μὴ διελέσθαι οἷόν τ᾽ εἶναι, ὅτι ἄλλο μέν τι ἐστὶ τὸ αἴτιον τῷ ὄντι, ἄλλο δ᾽ ἐκεῖνο, ἄνευ οὗ τὸ αἴτιον οὐκ ἄν ποτ᾽ εἴη αἴτιον. ὃ δή μοι φαίνονται ψηλαφῶντες οἱ πολλοί, ὥσπερ ἐν σκότει ἀλλοτρίῳ ὄμματι προσχρώμενοι, ὡς αἴτιον αὐτὸ προσαγορεύειν. διὸ δὴ καὶ ὁ μέν τις δίνην περιτιθεὶς τῇ γῇ ὑπὸ τοῦ οὐρανοῦ, μένειν δὴ ποιεῖ τὴν γῆν· ὁ δ᾽, ὥσπερ καρδόπῳ πλατείᾳ βάθρον τὸν ἀέρα ὑπερείδει. τὴν δὲ τοῦ ὡς οἷόν τε

C βέλτιστα αὐτὰ τεθῆναι δύναμιν, οὕτω νῦν κεῖσθαι, ταύτην οὔτε ζητοῦσιν, οὔτε τινὰ οἴονται δαιμονίαν ἰσχὺν ἔχειν· ἀλλὰ ἡγοῦνται τούτου ἄν ποτε Ἄτλαντα ἰσχυρότερον καὶ ἀθανατώτερον, καὶ μᾶλλον ἅπαντα συνέχοντα ἐξευρεῖν, καὶ ὡς ἀληθῶς τὸ ἀγαθὸν καὶ δέον συνδεῖν καὶ συνέχειν, οὐδὲν οἴονται. ἐγὼ μὲν οὖν τῆς τοιαύτης αἰτίας ὅπῃ ποτὲ ἔχει μαθητὴς ὁτουοῦν ἥδιστ᾽ ἂν γενοίμην. ἐπειδὴ δὲ ταύτης ἐστερήθην, καὶ οὔτ᾽ αὐτὸς εὑρεῖν οὔτε παρ᾽ ἄλλου μαθεῖν οἷός τε ἐγενόμην, τὸν δεύ-

D τερον πλοῦν ἐπὶ τὴν τῆς αἰτίας ζήτησιν ᾗ πεπραγμάτευμαι, βούλει σοι (ἔφη) ἐπίδειξιν ποιήσωμαι, ὦ Κέβης; Ὑπερφυῶς μὲν οὖν (ἔφη) ὡς βούλομαι.

Fic. etiã videtur legisse ὀνόματι, non ὄμματι, id est oculo.

A iampridem hæc ossa aut apud Megarenses aut Bœotos essent, Optimi illius opinione delata: nisi iustius & præclarius iudicassem, eas pœnas quas edixerit ciuitas, luere atque perferre, quàm fugitiuum exulémque alibi vitam tolerare. Verùm hæc causas appellare, admodum est importunum. Quòd si quis dicat, me, nisi haberem & ossa & neruos, non posse facere ea quæ mihi visa fuerint, verum sanè dicat. Nihilominus tamen siquis affirmarit, propter hæc me facere quæ facio, & hactenus

B mente & intelligentia facere, non verò Optimi delectu, negligenter certè supinéque dixerit. Illud enim nimirum est non posse distinguere atque discernere, aliam esse causam reuera: [a]aliud verò illud quidpiam sine quo causa non sit causa. quo quidem in errore mihi versari videntur illi qui quasi in tenebris palpantes, & nomine alieno abutentes, illud causam vocant. Itaque nonnulli, dum quendam aquarum gurgitem terræ circumponunt sub cœlo, effici volunt, vt illa hunc in modum consistat: alii, tanquam lata quandam mactra

C aerem fundamentum suffulciunt. Eam autem illam virtutem quæ potuit res ipsas optimè constituere, quæ nimirum sit & quomodo cõstet, illam, inquam, nec quærunt, nec diuinum quoddam robur habere arbitrantur: verùm censent se Atlantem quendam illo fortiorem & immortalitate quadam pereniorem, & magis omnia continentem comperisse: ipsum verò Bonum & Pulchrum nihil colligare & continere existimant. Equidem istius causæ, quoquo tandem illa sit modo, rationes

D à quolibet vellem discere. Quandoquidem autem nec ipse comperire, nec ab alio eam discere potui, secundam illam nauigationem, quam ad causam peruestigandam exquisito studio institui moliúsque sum, vísne, ait, vt tibi demonstrem, Cebes? Vehementer id quidem, ait, opto.

Reprodução de grande parte da página do *Fédon* que contém a célebre metáfora da "segunda navegação" (o ponto fulcral do platonismo). É tirada da célebre edição de H. Stephanus de 1578, cuja paginação e divisão em parágrafos (indicada no centro da coluna que divide o texto grego da tradução latina) são reproduzidas em todas as edições modernas como ponto de referência.

I. A "SEGUNDA NAVEGAÇÃO" COMO PASSAGEM DA INVESTIGAÇÃO FÍSICA DOS PRÉ-SOCRÁTICOS AO PLANO METAFÍSICO

1. O encontro com os físicos e a verificação da inconsistência da sua doutrina

Uma das passagens mais famosas e mais grandiosas que Platão nos deixou nos seus escritos é, sem dúvida, a passagem central do *Fédon*[1]. Os estudiosos o reconheceram desde muito, destacando o fato de que ela constitui, na literatura europeia, a primeira descrição "de uma história espiritual apresentada através das suas várias fases, assim como a primeira [...] afirmação clara da visão teleológica e ideal"[2]. De maneira ainda melhor, poder-se-ia dizer que ela constitui *a primeira exploração e demonstração racionais da existência de uma realidade suprassensível e transcendente.* Segundo nosso parecer, seria lícito afirmar que esta passagem constitui, pelas razões que aduziremos adiante, *a "magna charta" da metafísica ocidental.*

Vamos, pois, examiná-la nos seus conceitos fundamentais e nos seus trechos-chave.

As questões metafísicas mais importantes e a possibilidade da sua solução permanecem ligadas aos grandes problemas da *geração*, da *corrupção* e do *ser* das coisas e estão particularmente articuladas com a individuação da "causa" que está no seu fundamento. O problema de fundo é o seguinte: *por que as coisas nascem, por que se corrompem, por que são*? Pois bem, Platão diz (pela boca de Sócrates) ter partido, quando jovem, justamente destes problemas de fundo, procurando adquirir a sabedoria que diz respeito à "investigação sobre a natureza", vem a ser, àquele tipo de investigação do qual se ocupavam os primeiros filósofos, examinando muitas vezes, de um

1. Cf. *Fédon*, 96 a-102 a. Para uma pormenorizada análise remetemos ao nosso *Platone*..., pp. 147-177, onde apresentamos a mais ampla e pormenorizada análise que dessa passagem foi feita até agora.

2. W. Goodrich, *On Phaedo 96 a-102 a and on the δεύτερος πλοῦς 99 d*, in "Classical Review", 17 (1903), pp. 381-484 e 18 (1904), pp. 5-11.

ângulo e de outro, as soluções que esses filósofos propuseram para tais questões. Ao se apoiarem sobre o método desse tipo de investigação, as respostas a tais problemas acabam por ser de caráter puramente físico. Por exemplo, a vida nasceria em razão dos processos aos quais se submetem o calor e o frio; o pensamento, além disso, seria produzido pelo sangue (como afirmava, por exemplo, Empédocles), ou ainda, pelo ar (como pensavam, por exemplo, Anaxímenes e Diógenes de Apolônia) ou pelo fogo (como supunha, por exemplo, Heráclito) ou pelo cérebro entendido como órgão físico (como pensava, por exemplo, Alcmeón). E inteiramente análogas são as respostas que os físicos dão aos vários problemas concernentes à corrupção e, em geral, aos fenômenos do céu e da terra.

Mas os exames repetidos dos diversos tipos de resposta apresentados para esses problemas oferecem, segundo Platão, um resultado completamente insatisfatório: aquilo que antes se sabia claramente acaba obscurecendo-se exatamente como consequência dessas investigações. Os filósofos da natureza fazem-nos compreender, em proporções aumentadas, a inconsistência dos fundamentos de caráter naturalístico (sobre os quais se apoia também a opinião comum) e suas contradições; e justamente essas proporções aumentadas manifestam a incapacidade de uma convicção desse tipo para explicar adequadamente as coisas.

2. O encontro com Anaxágoras e a verificação da insuficiência da teoria da Inteligência cósmica por ele proposta

Antes de afrontar o novo tipo de investigação que conduz à solução dos problemas levantados, Platão examina a concepção da Inteligência apresentada por Anaxágoras, que poderia ter fornecido uma importante contribuição exatamente para a solução daqueles problemas, mas que falhou inteiramente pelos motivos que haveremos de ver. Anaxágoras teve razão ao afirmar que a Inteligência é a causa de tudo, mas não conseguiu dar a essa afirmação um fundamento adequado e uma necessária consistência, justamente porque não o permitia o método de investigação dos naturalistas, por ele seguido.

Eis as motivações, de notável importância, aduzidas por Platão:

Afirmar que a Inteligência é causa e ordenadora de todas as coisas significa afirmar que ela dispõe todas as coisas da *melhor* maneira possível. Isto implica que a *"Inteligência"* e o *"Bem"* sejam articulados estruturalmente, e que não se possa falar da primeira sem falar do segundo. Afirmar a Inteligência como causa implica *eo ipso* afirmar o *melhor (o Bem)* como condição do nascer, do perecer e do ser das coisas. Em particular, ao sustentar a tese da Inteligência ordenadora, Anaxágoras deveria ter explicado o critério do *melhor* em função do qual a Inteligência opera; e, sobre o fundamento desse critério, deveria ter explicado as condições, isto é, o modo de agir, de sofrer a ação e de ser da terra, do sol, da lua e dos astros, seus movimentos e as relações entre esses movimentos, numa palavra, os diversos fenômenos. Em resumo, deveria ter explicado como os vários fenômenos sejam estruturados em função do *melhor* e, portanto, segundo um conhecimento exato do *melhor* e do *pior*. Mas Anaxágoras não fez isso. Introduziu a Inteligência, mas não lhe atribuiu o papel acima indicado; continuou a atribuir o papel de causa aos *elementos físicos* (ar, éter, água, e assim por diante), em vez de atribuí-lo ao *"melhor"*. Mas, se esses elementos físicos são necessários para produzir a constituição do universo, *não são, porém, a "causa verdadeira"* e não podem ser com ela confundidos.

Em resumo: Anaxágoras cometeu o mesmo erro que cometeria quem sustentasse que Sócrates faz tudo aquilo que faz com a inteligência, mas quisesse em seguida explicar a "causa" pela qual ele se dirigiu ao cárcere e lá permaneceu, invocando os seus órgãos locomotores, seus ossos, seus nervos e assim por diante, e não a *verdadeira causa* que foi *a escolha do "justo" e do "melhor", feita com a Inteligência.* É evidente que, se Sócrates não possuísse os órgãos físicos não poderia fazer as coisas que desejasse fazer; todavia, ele agia por meio dos órgãos, mas não por causa dos órgãos. A "verdadeira causa", ou seja, a "causa real" (τὸ αἴτιον τῷ ὄντι) *é a sua inteligência que opera em função do melhor.*

Por conseguinte, Inteligência e elementos físicos não são suficientes para "ligar" e "manter juntas" as coisas: é necessário alcançar outra dimensão que nos conduza ao conhecimento da "causa verdadeira" (τὸ αἴτιον τῷ ὄντι), exatamente aquilo ao qual a Inteligência se refere. É essa *a dimensão do inteligível* só alcançável com um método diferente do método seguido pelos físicos e para o qual Platão, a essa altura, aponta com a grande metáfora da "segunda navegação", que representa o símbolo mais grandioso do filosofar. Eis o texto exemplar:

— Isto [a saber, articular a Inteligência com os elementos físicos e não com o melhor] significa dizer que não se é capaz de distinguir que uma coisa é *a causa verdadeira e outra é aquilo sem o qual jamais a causa poderia ser causa*. Parece-me que a maioria, andando a tatear como na escuridão, usando um nome que lhe não convém, designa o meio como se fosse a causa. Em consequência alguém, colocando um vórtice em torno da terra, supõe que ela permaneça firme em razão do céu, enquanto outros colocam debaixo dela o ar como apoio, como se a terra fosse uma arca achatada. Mas aquela força pela qual a terra, o ar e o céu têm atualmente *a melhor posição possível* nem a procuram nem acreditam que haja uma força divina, mas pensam ter encontrado um Atlas mais poderoso, mais imortal e mais capaz de sustentar o universo, nem pensam que é o bem e o laço do bem o que verdadeiramente liga e mantém todas as coisas. Com todo o prazer me tornaria discípulo de quem quer que fosse para poder aprender algo sobre essa causa. No entanto, já que fiquei sem ela e não me foi possível descobri-la por mim mesmo nem aprendê-la com outro, *tive de empreender uma segunda navegação* (δεύτερος πλοῦς) *para andar à busca da causa*; *queres, Cebes, que te exponha quanto trabalhei nisso?*

— Quero sim, e muito, respondeu[3].

3. A grande metáfora da "segunda navegação" como símbolo do acesso ao suprassensível

"Segunda navegação" é uma expressão tirada da linguagem dos marinheiros, e a sua significação parece ser fornecida por Eustáquio que, referindo-se a Pausânias, explica: "Chama-se 'segunda navegação' aquela que se leva adiante com remos quando se fica sem ventos"[4]. A "primeira navegação", feita com velas ao vento, corresponderia

---

3. *Fédon*, 99 b-d.

4. Eustáquio, *In Odyss.*, p. 1453. Essa belíssima imagem da segunda navegação (δεύτερος πλοῦς), que, justamente no sentido metafórico no qual Platão a usou, assumimos como chave de leitura para a interpretação do pensamento de Platão, e também para o *antes* e para o *depois* de Platão, foi apreciada por numerosos críticos. Em geral

àquela levada a cabo seguindo os naturalistas e o seu método; a "segunda navegação", feita com remos e sendo muito mais cansativa e exigente, *corresponde ao novo tipo de método*, que leva à conquista da esfera do suprassensível. As velas ao vento dos físicos eram *os sentidos e as sensações*, os remos da "segunda navegação" são *os raciocínios e os postulados:* justamente sobre eles se funda o novo método. Eis esse novo método:

> Sócrates então disse: "Depois disso, como estivesse cansado de investigar as coisas dessa maneira, pareceu-me que deveria ficar atento para que não me acontecesse o que acontece aos que contemplam e observam o sol durante um eclipse, pois alguns estragam a vista se não contemplam a sua imagem na água ou em algo semelhante. Pensei nisso e temi que também minha alma se tornasse completamente cega se olhasse as coisas com os olhos ou procurasse tocá-las com cada um dos outros sentidos. Pareceu-me então que deveria *refugiar-me nos pensamentos e neles considerar a verdade das coisas*. Talvez a comparação que fiz não seja perfeitamente exata, pois que não admito que quem considera as coisas nos pensamentos as considere em imagens mais do que aquele que as considera nas experiências. Em todo caso, foi nessa direção que me lancei e, cada vez, *tomando como hipótese a ideia que considero a mais sólida, considero verdadeiro o que concorda com ela, tanto com relação às causas como com relação a tudo mais; e o que não concorda julgo que não é verdadeiro*"[5].

Desta maneira, torna-se muito clara a mensagem de Platão: o tipo de método dos naturalistas, fundado sobre os sentidos, não esclarece, mas torna obscuro o conhecimento. O novo tipo de método deverá fundar-se sobre os *logoi* e, por meio deles, deverá procurar

---

foi bem compreendida, com a única exceção (até agora) de A. A. Long, o qual escreve: "Reale thinks that Plato's *deuteros plous* is 'second' and superior to the method of the *phisikoi*, exemplified by Anaxagoras; but that cannot be right (cf. W. J. Goodrich, *CR* 17 [1903], 383). Nor does it, as such, consist in the 'scoperta del soprasensibile e delle Idee' (...) but in ὑποθέμενος ἑκάστοτε λόγον ὃν ἂν κρίνω ἐρρωμενέστατον εἶναι *(Phd.* 100 a)" ("The Classical Review", 32 [1982], p. 40). Mas Long está errado porque, justamente a frase que cita, diz o que eu digo: de fato, as "hipóteses" das quais fala este texto *são exatamente as que as Ideias introduzem* e, portanto, o metassensível, como, de resto, todo o *Fédon* confirma, e como os textos que apresentamos comprovam de maneira clara e indubitável. Que o leitor veja as análises que apresentamos em *Platão...*, pp. 101-116 (ver também a nossa precedente tradução com comentário do *Fédon*, Ed. La Scuola, Brescia [1970; 1986[10]], *passim*.

5. *Fédon*, 99 d-100a.

captar a verdade das coisas. Eis em que consiste essa "verdade das coisas":

— [...] Quero explicar-te mais claramente as coisas que digo porque creio que ainda não me compreendes.

— Por Zeus, não o bastante! disse Cebes.

— E, no entanto, disse Sócrates, com isso não digo nada de novo, mas digo as mesmas coisas que em outras ocasiões e também no raciocínio precedente, não me canso de repetir. Disponho-me, com efeito, a mostrar-te qual seja o tipo de causa em torno do qual apliquei meus esforços e, por isso, retorno às coisas já tão conhecidas e a partir delas recomeço, *estabelecendo como fundamento que exista um Belo em si e por si, um Bom em si e por si, um Grande em si e por si, e assim por diante* [...]

— Considera então, disse-lhe, se as consequências que derivo dessas hipóteses são, para ti, as mesmas que para mim. *Parece-me que, se há alguma coisa de belo além do belo em si, por nenhuma outra razão é belo senão porque participa do belo em si; e assim das outras coisas.* Concordas com essa causa?

— Concordo, disse ele.

— Sendo assim, não compreendo mais e não posso conhecer as outras causas, as causas dos sábios; e se alguém me diz que uma coisa é bela em razão da sua cor viva, ou por causa da sua figura ou por qualquer coisa dessas, eu as cumprimento e as deixo partir, pois em todas elas acabo me confundindo. Tenho para mim, com singeleza, sem artifício e talvez ingenuamente, *que nenhuma outra razão faz bela tal coisa a não ser a presença daquele Belo em si ou a comunhão com ele ou qualquer outra maneira de se estabelecer essa relação. Com efeito, sobre o modo dessa relação não é hora de insistir, mas afirmo simplesmente que todas as coisas belas são belas em razão da Beleza.* Isso me parece o que de mais sólido posso responder a mim mesmo e a outro qualquer. Não te parece também a ti?

— Parece-me.

— E não te parece, também, que *todas as coisas grandes sejam grandes em razão da Grandeza, e que as maiores sejam maiores igualmente em razão da Grandeza e as menores sejam menores em razão da Pequenez?*

— Sim.

— Portanto, se alguém afirma que um é maior do que outro pela cabeça e que o menor é menor pela mesma razão, não poderíeis admiti-lo, mas lhe dirias francamente que *não admites que uma coisa seja maior do que outra por nenhuma outra razão senão em razão da Grandeza e é justamente a Grandeza que faz com que ela seja maior; e que o menor por nenhuma outra razão é menor senão em razão da Pequenez e é justamente a Pequenez que faz com que ele seja menor.* Isso dirias com temor de que, se dissesses que alguém é maior ou menor em razão da cabeça, não te fosse objetado que é impossível que o maior seja maior e o menor seja menor pela mesma razão e que é também impossível que pela cabeça, que é pequena, o maior seja maior, pois seria algo prodigioso que algo fosse grande em razão de alguma coisa que é pequena. Acaso não temerias essas objeções?

— Eu sim, disse Cebes sorrindo.

— E não temerias também, acrescentou Sócrates, afirmar que dez é maior do que oito em razão do dois e por essa causa supera o oito, e não *pela Pluralidade e em razão da Pluralidade?* E que dois côvados é maior que um côvado em razão da outra metade e não *em razão da Grandeza?* Pois esse temor é o mesmo de antes.

— Sem dúvida, respondeu ele.

— E então? Acaso não evitarias dizer que, somando o um ao um ou então dividindo o um, a soma ou a divisão sejam a causa que faz com que o um se torne dois? E *não exclamarias em alta voz que não conheces outra maneira pela qual alguma coisa possa vir à existência senão participando da essência própria da realidade da qual aquela coisa participa e, no nosso caso, não tens outra causa para explicar a gênese do dois a não ser essa, a saber, a participação à Dualidade; e, além disso, que devem participar dessa Dualidade as coisas que querem tornar-se duas, e da Unidade tudo o que quer ser um.* Saudarás e mandarás embora essas divisões, essas somas e todas as outras invenções engenhosas, deixando que as usem nas suas respostas aqueles que são mais sábios do que tu. Tu porém, temendo como se costuma dizer, a tua própria sombra e a tua inexperiência, apoiando-te na solidez dessa hipótese, responderás da maneira como foi explicado[6].

4. As duas fases da "segunda navegação": a teoria das Ideias e a doutrina dos Princípios

O benefício da "segunda navegação", como vimos, é a descoberta de um novo tipo de "causa", que consiste nas realidades puramente inteligíveis. O que se ganha com o postular a existência dessas realidades é a explicação de todas as coisas exatamente em função de tais realidades, e a exclusão de que o sensível e o físico possam ser considerados no nível da "causa verdadeira" e, em consequência, a

6. *Fédon*, 100 a-101 d.

redução do sensível ao nível de meio e de instrumento mediante os quais a "causa verdadeira" se realiza. Portanto, as coisas belas se explicarão não pelos elementos físicos (cor, figura e coisas semelhantes), mas em função da Beleza-em-si; as coisas pequenas e grandes não se explicarão por algumas partes das próprias coisas físicas que se comparam, mas em função da Grandeza-em-si e da Pequenez-em-si; que dez seja mais do que oito se explicará não em razão do dois, mas pela Pluralidade; e os modos com os quais se obtém o dois e o um se explicarão não por meio das operações físicas de "soma" e "divisão", mas por meio da participação à Dualidade e à Unidade, como acabamos de ler na longa passagem citada.

A primeira fase da "segunda navegação" consiste em tomar por base o postulado mais sólido que consiste em *admitir as realidades inteligíveis como "causas verdadeiras" e, assim, considerar como verdadeiras as coisas que estão de acordo com esse postulado e como não-verdadeiras aquelas que não estão de acordo com ele* (e em rejeitar pois todas as realidades físicas que erradamente são tidas como "causas verdadeiras").

Nesse ponto termina a primeira fase da "segunda navegação", justamente com o aceno positivo que alude ao Uno na nova dimensão, ou seja, com um chamado àquele que será, como haveremos de ver, o ponto focal das "Doutrinas não-escritas".

Muito mais forte, no entanto, é o chamado à protologia que Platão faz no texto subsequente.

Que fazer se alguém atacar o *próprio postulado* sobre o qual se apoia a teoria das Ideias? Antes de responder, ou seja, antes de refutar as objeções, deverão ser examinadas todas as consequências que derivam do postulado, a fim de verificar se concordam ou não entre si. E, a fim de justificar o postulado, é necessário buscar *um postulado ainda mais elevado* e é necessário proceder dessa maneira até que se obtenha *o postulado adequado, isto é, o exato postulado que não tem mais necessidade de nenhum outro*:

> [...] Se alguém, pois, quisesse ficar preso ao mesmo postulado, deves deixar que fale e não responderás até que não tenhas considerado todas as consequências que derivam do postulado, para verificares se concordam ou não entre si; e quando, depois disso, viesses a dar razão do próprio postulado, deverias fazê-lo procedendo da mesma maneira, isto é, *estabelecendo um*

postulado (ὑπόθεσις) *ulterior, aquele que te parece o melhor entre os que são os mais elevados, e assim procedendo até que chegues a algo suficiente* (ἐπί τι ἱκανόν)[7].

A tradição indireta refere-nos que, acima das Ideias, Platão colocava justamente os *Princípios primeiros e supremos.* Mas é o próprio Platão que, no nosso texto, na passagem imediatamente seguinte à que acaba de ser citada, usa justamente o termo "*Princípio*" (ἀρχή), na única maneira alusiva que lhe permitia a sua opção de não consignar por escrito tal doutrina, ou seja, dando ao discurso uma significação muito geral e, no entanto, muito indicativa:

> *Se queres descobrir alguma coisa dos seres*, não farás confusão como fazem aqueles que discutem os prós e os contras de todas as coisas e que, juntamente, põem em discussão *o princípio* (ἀρχή) *e as consequências que derivam dele!* De fato, eles não falam e não se dão cuidado do princípio porque, com a sua sabedoria, embora misturando juntamente todas as coisas, são, ao mesmo tempo, capazes de agradar a si mesmos. *Mas, se és um filósofo, acredito que farás o que te digo*[8].

E como se não bastasse, todo o procedimento argumentativo do diálogo, que se apoia justamente sobre o postulado das Ideias, conclui reiterando de modo impressionante o seguinte:

> — Na verdade, disse Símias, eu também não tenho motivo de não acreditar, fundando-me naquilo que foi dito, mas, pela amplitude do argumento sobre o qual discutimos e pelo pouco apreço que nutro pela fraqueza humana, vejo-me obrigado a conservar ainda, dentro de mim, um pouco de desconfiança com relação às coisas que foram ditas.
>
> — Não somente dizes bem, ó Símias, mas fazes bem em dizê-lo, respondeu Sócrates. E também *os postulados* (ὑποθέσεις) *que estabelecemos por primeiro, mesmo que vos pareçam dignos de fé, devem ser, no entanto, reexaminados com maior exatidão. E se os aprofundardes suficientemente* (ἱκανῶς), *como acredito que o fareis, podereis compreendê-los tanto quanto é possível a um homem. E se isso se vos tornar claro, nada mais deveis investigar*[9].

Evidentemente, apenas os Princípios supremos podem ser tais que, uma vez alcançados, não é necessário buscar nada mais alto.

7. *Fédon*, 101 d-e.
8. *Fédon*, 101 e-102 a.
9. *Fédon*, 107 a-b.

Nas passagens citadas, Platão indica exatamente qual seja o plano que, em virtude da sua opção ético-pedagógico-moral, ele quis manter na dimensão da oralidade, ou seja, as *"coisas de maior valor"* que o filósofo, justamente por ser tal, não consigna nos seus escritos. A penúltima das passagens lidas acima, depois de ter falado do "Princípio" e de como deva ser tratado, conclui justamente com a explicitação do termo *"filósofo"*, dizendo de maneira indubitavelmente emblemática: "Mas, se és *filósofo*, acredito que farás o que digo". E o filósofo (como vimos no *Fedro*) é aquele que confia não ao escrito, *mas apenas à oralidade* as coisas de maior valor, ou seja a doutrina dos Princípios primeiros e supremos à qual aqui se remete.

5. Os três grandes pontos focais da filosofia de Platão: teoria das Ideias, dos Princípios e do Demiurgo

A passagem central do *Fédon* que resumimos e interpretamos apresenta verdadeiramente o projeto que engloba todo o quadro da metafísica platônica; e enfatiza particularmente os três pontos focais da metafísica e de todo o pensamento de Platão. Esses três pontos focais são, exatamente *a) a teoria das Ideias, b) a teoria dos primeiros Princípios e c) a doutrina do Demiurgo.* A teoria das Ideias funda-se expressamente numa inferência metaempírica exemplar; a teoria dos Princípios é lembrada com alusões numerosas; a doutrina do Demiurgo é expressa amplamente por meio da questão da Inteligência que ordena e governa o cosmo, com a indicação do modo no qual é fundada (diferentemente do que fez Anaxágoras), isto é, *em conexão com o Bem, primeiro e supremo Princípio.*

Mas a compreensão desses três pontos focais e, por conseguinte, do sentido global do pensamento platônico é bastante difícil; disto Platão advertiu os leitores da sua obra da maneira mais explícita.

a) Sobre a teoria das Ideias, ele escreveu que a maioria encontra muitas dificuldades para compreendê-la e, por isso, sustenta que elas não existem e, se existem, são incompreensíveis à natureza humana. O homem capaz de entendê-las e de comunicá-las aos outros deve possuir uma natureza verdadeiramente excepcional. Eis as palavras que Platão pôs nos lábios de Parmênides, como protagonista do diálogo homônimo:

— No entanto, Sócrates, disse Parmênides, as Ideias implicam necessariamente essas dificuldades e ainda muitas outras além dessas, se tais Ideias dos seres existem e se são definidas como algo em si; de modo que, quem ouve encontra dificuldade e objeta que essas Ideias não existem ou então que, mesmo se necessariamente existissem, seria também necessário que fossem incognoscíveis à natureza humana; quem isso afirmasse pareceria afirmar algo concreto e, como há pouco dizíamos, seria extraordinariamente difícil convencê-lo. *E deveria ser um homem de excelente natureza aquele que fosse capaz de compreender que, de cada coisa existe um gênero e uma essência em si e por si; mas deveria ser um homem ainda mais maravilhoso aquele que fosse capaz de ensinar essas coisas, depois de examiná-las adequadamente.*

— Concordo contigo, ó Parmênides, disse Sócrates; com efeito, falas sem dúvida da maneira como eu penso[10].

b) Já sabemos o que Platão pensava acerca da teoria dos Princípios: apenas poucos a compreendem, e esses poucos compreendem-na sobretudo na dimensão da oralidade dialética. Para esses poucos que compreendem o escrito seria inútil e, para a maioria dos homens, danoso, em razão das incompreensões e consequências que isso implica. Escreve Platão:

Sobre essas coisas *não* existe um escrito meu e *nunca existirá*[11].

c) Sobre a concepção do Demiurgo, Platão manifestou convicções inteiramente análogas àquelas expressas pela teoria das Ideias:

É muito difícil encontrar o Artífice e Pai deste universo e *é impossível falar a todos acerca dele*[12].

É impossível falar dele a todos não pelas razões esotéricas que valem para a teoria dos Princípios e que já conhecemos, mas porque, com o problema do Demiurgo, se entra na questão da crença ou descrença na existência de um Deus, questão com a qual o homem sempre lutou. Sempre houve (e, provavelmente sempre haverá) o "terrível" homem de turno (o cientista de turno) que nega uma Inteligência divina ordenadora do Universo; por isso é necessário ao que nela crê que não se limite a repetir as convicções dos predecessores favo-

10. *Parmênides*, 134 e-135 b.
11. *Carta VII*, 341 c.
12. *Timeu*, 28 c.

ráveis à existência de uma Inteligência divina, mas, juntamente com eles, afronte o risco das oposições e das censuras. Eis o que Platão diz no *Filebo*:

> Sócrates — Devemos afirmar, Protarco, que todas as coisas no seu conjunto e o que é chamado o todo sejam regidos em virtude do irracional, do casual e do fortuito ou, ao contrário, como diziam nossos predecessores, que são governados por uma Inteligência e por uma admirável sabedoria ordenadora?
>
> Protarco — Não é a mesma coisa, ó maravilhoso Sócrates. Com efeito, o que acabas de dizer não me parece coisa santa. Mas afirmar, ao contrário, que uma Inteligência ordena todas as coisas, eis o que é digno do espetáculo do cosmo, do sol, da lua, dos astros e de toda a revolução celeste e, sobre isto, jamais poderei pensar ou dizer diferentemente.
>
> Sócrates — Queres, portanto, que concordemos com os nossos predecessores em dizer que assim estão as coisas e *que não apenas estamos convencidos de que se deva repetir sem perigo os ditos dos outros, mas também que corremos com eles o risco e com eles participamos da repreensão quando um homem temível venha afirmar que as coisas não estão dispostas dessa maneira, mas permanecem em desordem?*
>
> Protarco — E como não haveria de querer?[13].

Na nossa exposição iremos pela seguinte ordem: primeiro falaremos das Ideias, em seguida dos Princípios e, finalmente, do Demiurgo, que pressupõe a ambos. Solicitamos ao leitor que siga com atenção o que diremos a respeito, pois da compreensão desses temas depende a compreensão não só da metafísica de Platão, mas também das outras dimensões do seu pensamento na sua significação fundamental[14].

---

13. *Filebo*, 28 d-29 a.

14. Recordemos ao leitor que uma pormenorizada documentação de tudo o que dizemos encontra-se no nosso *Platão, passim*.

II. A TEORIA PLATÔNICA DAS IDEIAS E ALGUNS PROBLEMAS LIGADOS A ELA

1. Algumas observações sobre o termo "Ideia" e sobre o seu significado

Para enfrentar o problema que nos dispomos a tratar, deve-se ter presente, primeiramente, que o vocábulo "Ideia" é a tradução dos termos gregos ἰδέα e εἶδος. Infelizmente a tradução (nesse caso, transliteração) não é feliz porque, na linguagem moderna, "Ideia" assumiu um sentido estranho ao sentido platônico. A tradução exata do termo seria "forma", pelas razões que haveremos de compreender nas páginas seguintes. De fato, nós, modernos, entendemos por "Ideia" *um conceito, um pensamento, uma representação mental,* enfim, algo que nos transporta ao plano psicológico e noológico; ao contrário, Platão entendia por "Ideia", em certo sentido, algo que constitui o *objeto específico* do pensamento, para o qual o pensamento está voltado de maneira pura, aquilo sem o qual o pensamento não seria pensamento: em suma, a Ideia platônica não é de modo algum um puro ser de razão e sim um ser e mesmo *aquele ser que é absolutamente, o ser verdadeiro.*

Além disso, convém notar o seguinte. Os termos ἰδέα e εἶδος derivam ambos de ἰδεῖν que quer dizer "ver". Na língua grega anterior a Platão, eram empregados sobretudo para designar a *forma visível das coisas*, a forma exterior e a figura que se capta com o olhar, portanto, o "que é visto" sensível. Sucessivamente *idea* e *eidos* passaram a indicar, por transferência, a *forma interior*, ou seja, *a natureza específica* da coisa, a *essência da coisa.* Esse segundo uso, raro antes de Platão, torna-se estável na linguagem metafísica do nosso filósofo.

Portanto, Platão fala de *Idea* e de *Eidos* sobretudo para indicar essa *forma interior*, essa *estrutura metafísica* ou *essência* das coisas de natureza puramente *inteligível* (e usa como sinônimos também os termos οὐσία, isto é, substância ou essência, e até φύσις, no sentido de natureza inteligível, realidade íntima das coisas)[1]. Pois bem, o problema que agora deveremos procurar compreender é justamente este: como, afinal, um termo que significa originariamente *o objeto de um ver* pôde chegar a exprimir *a mais alta forma metafísica do ser.* Compreender profundamente as razões que levaram Platão à criação da teoria das Ideias significa compreender exatamente o nexo sintético que une estruturalmente, para o grego, "ver"-"forma"-"ser". Procuremos compreender esse nexo sintético, peculiarmente helênico.

Vários estudiosos observaram que a civilização espiritual grega era uma civilização da "visão" e, portanto, da "forma" que é objeto de visão; e como, sob diversos aspectos, tal civilização seja antitética, por exemplo, à civilização hebraica, cujo traço predominante foi o "auscultar" e o "ouvir" (auscultar a "voz" e a "palavra" de Deus e dos profetas). Essa observação é exata e é da máxima importância em ordem à compreensão da teoria platônica das Ideias, uma vez que, no âmbito filosófico, tal teoria constitui a expressão mais significativa e mais alta da peculiaridade grega. Demócrito usara o termo ιδεα para designar o átomo, entendido no sentido de forma geométrica indivisível e pensável como invisível ao olhar físico, podendo ser captado apenas com a mente. O átomo-ideia de Demócrito é, porém, o "pleno" diferenciado e *quantitativamente* determinado; é visível apenas ao intelecto e não aos sentidos e, no entanto, tem caráter físico. Portanto, a "forma" dos atomistas é pura materialidade na medida em que, como dissemos, é determinada e diferenciada apenas quantitativamente. Pode-se dizer que antes "da Ideia platônica, que é *qualidade, imaterialidade,* e *finalidade*, há a ideia democritiana, que é quantidade, materialidade e necessidade"[2]. Mas também Anaxágoras se lançara, de modo análogo, nessa direção. A prova é a sua admissão de sementes (*homeomerias*) em número infinito. Esse conjunto de homeomerias é, com efeito, um mundo "formado" no qual, como se observou justamente, "toda forma é cristalizada e, por assim dizer, sublimada, na medida em que as infinitas diferenças do real não somente estão aí

---

1. Sobre a doutrina das Ideias, no que diz respeito à sua gênese e ao seu significado filosófico, a literatura crítica é assaz conspícua.

2. Sobre esse tema continua sendo fundamental o volume: V. E. Alfieri, *Atomos Idea. L'origine del concetto dell'atomo nel pensiero greco*, Florença 1953 (Galatina 1979²), p. 54 (60²).

justificadas na sua inumerável variedade, mas mesmo demonstradas como sendo infinitamente mais verdadeiras do que parecem [...]"[3]. Num célebre fragmento, Anaxágoras usa expressamente o termo ἰδέα, falando de sementes que têm "formas (ἰδέας), cores e gostos de todo tipo"[4]. Esse "originário qualitativo" só pode ser captado na sua pureza com o pensamento e não com os sentidos, mas não nos conduz para fora da esfera do físico. Ainda estamos na esfera do material, como vimos no caso dos atomistas.

O salto fundamental de Platão tornou-se possível por meio da "segunda navegação": as formas ou Ideias platônicas são o *originário qualitativo imaterial*, são *realidades de caráter não físico, mas metafísico.* Escreve justamente Friedländer: "Platão possuía [...] o olho plástico do heleno, um olho de natureza igual à daquele com o qual Policleto viu o *cânon* [...]; e igualmente, da mesma natureza daquele que o matemático grego dirigia às puras formas geométricas. Poderia parecer que Platão fosse consciente desse dom que lhe coube em sorte mais do que a todos os pensadores [...]"[5]. A prova dessa consciência está no fato de que é justamente a Platão que remonta a criação das expressões "a visão da mente", "a visão da alma", para indicar a capacidade da inteligência para pensar e captar a essência[6].

Portanto, a analogia é clara: as coisas que captamos com os olhos do corpo são formas *físicas*; as coisas que captamos com o "olho da alma" são, ao contrário, formas *não-físicas*: o ver da inteligência capta *formas inteligíveis* que são, exatamente, *essências puras.* As Ideias são as essências eternas do bem, do verdadeiro, do belo, do justo, e assim por diante, que a inteligência, quando se protende no máximo da sua capacidade e se move na pura dimensão do inteligível, consegue "fixar" ou "ver". Essa analogia leva a compreender o problema do qual estamos tratando. Com efeito, para Platão há uma conexão metafísica entre a visão do olho da alma e o objeto em razão do qual tal visão existe. O *ver intelectivo* implica, como sua razão de ser, o *objeto visto intelectivo,* ou seja, a Ideia. *Por esse motivo a Ideia implica*

---

3. G. Calogero, *Storia della logica antica*, Laterza, Bari 1967, p. 269.

4. Diels-Kranz, 59 B 4 (ver, sobre isso, o que dizemos no vol. I, pp. 143ss.).

5. P. Friedländer, *Platon*, vol. I, Berlim 1964[3], p. 13 (trad. ital. de D. Faucci, La Nuova Italia, Florença 1979, p. 15).

6. Cf. *Banquete*, 219 a; *República*, VII, 519 b.

um nexo sintético radical, justamente uma unidade estrutural entre visão-visto-forma-ser. Portanto, na teoria das Ideias, Platão exprime verdadeiramente um dos traços espirituais supremos da cultura grega.

2. As características metafísico-ontológicas das Ideias

As Ideias representam a figura especulativa do pensamento de Platão que obteve maior difusão, que estimulou o maior número de repensamentos teoréticos e inspirou alguns dos maiores pensadores justamente em pontos centrais das suas doutrinas, com toda uma série de consequências facilmente imagináveis que não simplificaram, antes complicaram a compreensão das Ideias platônicas.

As características básicas das Ideias — se nos apoiarmos sobre a base objetiva dos textos — podem ser resumidas nas seis seguintes, repetidamente invocadas em muitos escritos e que constituem pontos de referência verdadeiramente irrenunciáveis:

1) *a inteligibilidade* (a Ideia é, por excelência, objeto da inteligência e só com a inteligência pode ser captada);
2) *a incorporeidade* (a Ideia pertence a uma dimensão totalmente diversa do mundo corpóreo sensível);
3) *o ser no sentido pleno* (as Ideias são o ser que é verdadeiramente);
4) *a imutabilidade* (as Ideias são imunes a todo tipo de mudança e não só ao nascer e ao perecer);
5) *a perseidade*[6a] (as Ideias são em si e por si, isto é, absolutamente objetivas);
6) *a unidade* (cada Ideia é uma unidade e unifica a multiplicidade das coisas que dela participam).

O exame sintético dessas seis características[7], além de fazer-nos entender a estatura metafísica das Ideias, nos fará entender algumas razões fundamentais pelas quais, mesmo oferecendo uma explicação da realidade sensível num nível bastante elevado, elas próprias exigem uma justificação ulterior e, portanto, uma explicação última.

6a. Do latim *per se.* [N.d.T.]
7. Cf. Reale, *Platão...*, pp. 123-139.

Na base do que ficou dito, é claro que a primeira das características que define a estatura metafísica das Ideias é a da "inteligibilidade", com a qual está estreitamente conexa a da "incorporeidade", que com ela coincide em larga medida. Com efeito, o novo método próprio da "segunda navegação", que Platão contrapõe ao dos naturalistas, baseado sobretudo nos sentidos e no sensível, funda-se sobre os raciocínios e sobre a *realidade que se capta somente com os raciocínios,* e essa é justamente *a realidade inteligível das Ideias.* A inteligibilidade exprime, portanto, uma característica essencial das Ideias que as contrapõe ao sensível como uma esfera de realidade subsistente *acima do próprio sensível* e que, exatamente por isso, só pode ser captada pela inteligência que saiba libertar-se adequadamente dos sentidos.

Leiamos a passagem mais significativa do *Fédon* a esse respeito:

— Se há um meio através do qual algum dos seres se manifesta à alma, acaso não será esse o raciocínio?

— Sim.

— *Então, acaso a alma não raciocina melhor quando nenhum desses sentidos a perturbe, nem a vista, nem o ouvido, nem o prazer, nem a dor, mas quando se recolhe só em si mesma e, deixando o corpo e rompendo o contato e a comunhão com o corpo na medida do possível, com toda a sua força fixe o olhar no ser?*

— Assim é.

— E portanto, também nesse caso, a alma do filósofo não despreza acaso o corpo e não foge dele, buscando permanecer só consigo mesma?

— Claro.

— E que haveremos de dizer, Símias, acerca dessa outra questão? Diremos que o *Justo* é alguma coisa por si mesmo ou não?

— Diremos sim, por Zeus!

— E, da mesma maneira, também o *Belo* e o *Bom?*

— E por que não?

— Porventura viste alguma dessas coisas com os olhos?

— Não, respondeu, de maneira alguma.

— *E alguma vez as apreendeste com outro sentido do corpo?* Não falo apenas das coisas acima enumeradas, mas também da Grandeza, da Saúde, da Força, numa palavra, de todas as outras coisas na sua essência, ou seja, daquilo que cada uma é verdadeiramente. Pois bem: *acaso se pode conhecer o que nelas existe de mais verdadeiro por meio do corpo ou, ao contrário, somente aquele dentre nós que está preparado para considerar apenas com a mente cada coisa investigada, pode aproximar-se mais do conhecimento de cada uma delas?*

— Sem dúvida.

— E por acaso não é verdade que poderá fazer isto da maneira mais pura aquele que, na máxima medida possível, avizinha-se de cada uma das realidades unicamente com a razão sem apoiar-se, no seu raciocinar, na visão ou em qualquer outro sentido e sem tomar nenhum outro para companheiro do pensamento, mas usando a pura razão em si mesma e por si mesma, busca alcançar cada um dos seres na sua pureza em si e por si, separando-se o mais que puder dos olhos e dos ouvidos e enfim, de todo o corpo, na medida em que ele perturba a alma e não a deixa, quando está em comunhão com ela, adquirir a verdade e a sabedoria? E não é acaso esse, Símias, aquele que, mais do qualquer outro, poderá atingir a verdade?

— O que dizes, Sócrates, é supremamente verdadeiro, respondeu Símias[8].

É esta a nítida *distinção do plano metafísico e do plano físico,* feita, do modo mais claro, pela primeira vez na história do pensamento ocidental. *A distinção dos dois planos (ou das duas "regiões" ou esferas) da realidade, o plano do inteligível e o plano do sensível, constitui verdadeiramente o caminho principal de todo o pensamento platônico;* não é de admirar que todos os escritos contenham referências implícitas ou explícitas a esse caminho, como teremos ocasião de verificar daqui para a frente.

Mas queremos insistir num ponto ao qual já nos referimos. O inteligível, exatamente enquanto não pode ser captado pelos sentidos, que apreendem somente o corpóreo, mas apenas pela inteligência, que transcende a dimensão do físico e do corpóreo é, por sua própria natureza, "incorpóreo".

[...] com efeito *as coisas incorpóreas* (ἀσώματα), que são as mais belas e as maiores somente com o raciocínio e de nenhuma outra maneira, manifestam-se claramente[9].

Com Platão, o termo "incorpóreo" assume o significado e a valência conceptual que ainda hoje lhe atribuímos. *Foi exatamente a "segunda navegação" que tornou possível a descoberta dessa di-*

---

8. *Fédon*, 65 c-66a.

9. *Político*, 286 a (cf. ademais: *Fédon*, 85 e; *Filebo*, 64 b; *Sofista*, 246 b, 247 d; *Epínomis*, 981 b).

mensão do ser. Mas, sendo esse um ponto pouco conhecido, convém lembrar que o termo "incorpóreo" foi usado também por outros pensadores antes de Platão, mas noutra perspectiva, a saber, na dimensão naturalística. Conta-se que Anaxímenes chamava o "ar" (que era para ele princípio de todas as coisas) de *"próximo ao incorpóreo"*, porque "fonte infinita e rica que nunca se esgota"[10]. E o eleático Melisso compreendia o seu ser como *incorpóreo,* dizendo: "Se, pois, o ser é, deve ser uno. E sendo uno não pode possuir corpo"; e ainda: "Sendo uno não deve possuir corpo; com efeito, se tivesse espessura teria partes e, portanto, não seria mais uno"[11].

Pois bem, nos pré-socráticos (aliás, nesse caso, deveríamos dizer nos pré-platônicos), o termo *"incorpóreo"* indica a ausência de uma forma determinada (evidentemente, forma no sentido físico); tanto é verdade que "o incorpóreo" é conexo com o infinito o qual, exatamente, não tem limites nem fronteiras nem determinação e, por isso, está privado de toda forma[12]. Platão, porém, renova radicalmente esse significado: para ele, o incorpóreo torna-se *"forma" inteligível* (ou seja, *metassensível, metafísica)* e, portanto, um ser determinado que age como causa determinante, um ser delimitado que age como causa limitante, ou seja, *a causa verdadeira e real,* como é dito no *Fédon.*

Outra característica que define a estatura metafísica das Ideias é aquela que se concentra em torno do *ser.* As Ideias são classificadas insistentemente por Platão como o *ser verdadeiro,* como o que é *ser em sentido pleno,* numa palavra, como *ser absoluto*[13].

Essa característica tem relações muito estreitas com as duas já examinadas e com aquelas que examinaremos abaixo, e *constitui como que o nexo que a todas liga estreitamente.* O "ser" das Ideias é aquele tipo de ser que é puramente *inteligível* e *incorpóreo,* que *não nasce nem perece* de maneira alguma e que é *em si e por si* em sentido pleno:

---

10. Diels-Kranz, 13 B 3; cf. vol. I, p. 61.

11. Diels-Kranz, 30 B 9; cf. vol. I, p. 127.

12. Sobre esse tema, continua sendo fundamental: H. Gomperz, ΑΣΩΜΑΤΟΣ, in "Hermes", 67 (1932), pp. 155-167.

13. Recordemos sobretudo as expressões τό παντελῶς ὄν (cf. *República*, V, 477 a; *Sofista*, 248 e), τὸ ὂν ὄντως e οὐσία ὄντως οὖσα (*Fedro*, 247 c-e). Mas Platão usa, muito amiúde, numerosas outras expressões análogas.

— [...] A *realidade em si* (αὐτὴ ἡ οὐσία), a realidade de cujo *ser* (εἶναι) damos razão formulando perguntas e dando respostas, mantém-se sempre de modo idêntico ou ora de uma maneira ora de outra? O Igual em si, o Belo em si e qualquer outra coisa que *é em si*, enfim o *ser* (τὸ ὄν), pode acaso sofrer qualquer mudança de qualquer tipo que seja? Ou então cada uma dessas coisas que é, segundo a sua forma, em si e por si, sempre se mantém idêntica a si mesma e não suporta alteração alguma de qualquer natureza que seja?

— É necessário, Sócrates, *que cada uma conserve sempre a sua identidade*, respondeu Cebes.

— E que haveremos de dizer de muitas coisas belas como, por exemplo, homens, cavalos, vestidos e outras do mesmo gênero que designamos como "belas" ou "iguais", ou de todas as outras às quais damos o mesmo nome que às coisas em si? Acaso permanecem sempre do mesmo modo ou, justamente ao contrário das coisas em si, não são nunca idênticas nem com relação a si mesmas nem com relação às outras e, numa palavra, nunca se mantêm do mesmo modo?

— Assim é, disse Cebes, nunca se mantêm do mesmo modo.

— E acaso não é verdade que essas coisas mutáveis podes vê-las ou tocá-las ou percebê-las com os outros sentidos corpóreos, ao passo que aquelas que *permanecem sempre idênticas* não temos outro meio de captá-las senão com o raciocínio puro e com a mente, porque são coisas invisíveis e não se podem apreender com a vista?

— É muito verdadeiro o que dizes, respondeu.

— *Se queres, estabeleçamos portanto, acrescentou ele, duas espécies de seres* (δύο εἴδη τῶν ὄντων): *uma visível, outra invisível.*

— Estabeleçamos, respondeu.

— E que o invisível se mantenha sempre idêntico a si mesmo, e o visível não.

— Também isso estabeleçamos, disse ele[14].

Também aqui é particularmente interessante a afirmação exata da *existência de dois planos do ser* (δύο εἴδη τῶν ὄντν): o plano do ser físico (o ser visível, sensível) e o do *ser suprafísico* ou *metafísico* (o ser não-visível, não-sensível). Mas é também muito interessante outra passagem do *Fédon* na qual Platão apresenta o caráter do ser como o "selo" que caracteriza as Ideias e exprime a sua absolutidade ontológica:

[...] Com efeito, o raciocínio que estamos fazendo não vale apenas para o Igual em si, mas também para o Bom em si, para o Justo em si, para o

14. *Fédon*, 78 d-79a.

Santo em si e para cada uma das outras coisas, como digo, nas quais, perguntando nas nossas perguntas e respondendo nas nossas respostas, imprimimos o "selo" do "*ser em si*" (αυτὸ ὃ ἔστι)[15].

Leia-se também a célebre passagem do *Fedro,* adiante citada[16], que fala do mundo das Ideias como de um "Hiperurânio" e que é perfeitamente convergente com as que foram lidas até agora. Recordamos, finalmente, que na *República* a temática do ser torna-se centralíssima, com amplificações consideráveis também em nível gnosiológico: somente o *ser verdadeiro* é *verdadeiramente cognoscível*; o mundo sensível, o do ser misturado ao não-ser, é apenas objeto de opinião, enquanto do não-ser há somente a ignorância pura[17]. Não é de admirar que Platão chame a investigação feita pelo filósofo como um "anelo do ser", como um estudo capaz de mostrar "aquele ser que sempre é e não muda por geração ou por corrupção", como um conduzir a alma "de um dia que é noite para um dia verdadeiro" ou seja, como "uma subida para o ser"; e, mais ainda, que qualifique as ciências que preparam a alma para a dialética (portanto, para a verdadeira filosofia) como um "gancho que levanta a alma do vir-a-ser ao ser", sem falar de outras célebres imagens da *República* das quais teremos ocasião de falar mais adiante, como a comparação da linha e o mito da caverna[18]. Esse caráter de *ser absoluto* próprio das Ideias torna-se perfeitamente claro com o mesmo raciocínio que fizemos acima. *Para explicar verdadeiramente o vir-a-ser, as próprias Ideias não devem estar sujeitas a ele, mas devem ter como próprio delas aquele ser que o vir-a-ser, não o tendo como seu, deve como que pedir emprestado e receber.* (O vir-a-ser como tal não *é* ser, mas somente *tem* ser; com efeito, ele implica sempre também o não-ser e, portanto, o que tem de ser deve tê-lo por participação a outro.) Com isso se abria o caminho para a recuperação tanto de Heráclito como de Parmênides e para uma mediação entre heraclitismo e eleatismo. O mundo do vir-a-ser é o mundo sensível, o mundo do ser e do imóvel é o mundo inteligível. Em outras palavras: o mundo das coisas sensíveis é que

15. *Fédon*, 75 c-d.
16. Cf. *infra*, pp. 79s.
17. Cf. *República*, V, 478 e-479 d.
18. Cf. *República*, VI, 485 a-b; VII, 521 c-d; cf., ademais, VI, 509 d ss.; VII, 514 a ss.

possui as características que Heráclito e, sobretudo, os heraclitianos, atribuíam a todo o ser; enquanto é o mundo das Ideias que possui as características que Parmênides e os eleatas atribuíam a todo o real. Platão compõe a antítese entre as duas escolas exatamente com a distinção dos *dois diversos planos da realidade:* não *toda* a realidade é tal como a queriam os heraclitianos, mas somente a realidade sensível; analogamente, não *toda* a realidade é tal como a queriam os eleatas, mas somente a realidade inteligível, as Ideias. A dimensão do *ser* (reinterpretado naturalmente de maneira adequada) do qual Parmênides falava é a "causa" (a "causa verdadeira"), o *vir-a-ser* do qual os heraclitianos falavam é, ao invés, o "causado".

Venhamos às características da "imutabilidade" e da "perseidade" das Ideias, que constituem uma explicação e uma determinação específica da sua natureza de "ser puro". Platão une estreitamente essas duas características, que se mostram muito importantes em ordem a bem entender seu pensamento. De fato, porém, essas características e, de modo particular, a *perseidade*, deram origem a grandes críticas contra Platão, que remontam ao próprio Aristóteles e que ainda hoje (conquanto com matizes variados) são repetidas. Na realidade, a objetividade absoluta das Ideias no contexto platônico tem um significado bastante mais complexo e teoreticamente bastante mais consistente. Com efeito, Platão amadurecera e fixara a sua teoria das Ideias *em oposição a duas formas de relativismo, estreitamente unidas entre si.*

a) A primeira forma de relativismo é a de origem heraclitiana (à qual Aristóteles faz referência, mas de modo fortemente redutivo[19]), e que, proclamando *o fluxo perene e a radical mobilidade de todas as coisas*, chegava, de fato e de direito, a dissipar cada coisa numa multiplicidade irredutível de *estados móveis relativos* e, assim acabava por torná-la inalcançável, incognoscível, ininteligível.

b) A segunda forma de relativismo é a sofístico-protagoriana, que reduzia toda realidade e toda ação a algo *puramente subjetivo* e fazia do próprio sujeito *a medida*, ou seja, *o critério de verdade* de todas as coisas[20].

---

19. Aristóteles, *Metafísica*, A 6, 987 a-b; M 4, 1078 b-1079 a.

20. Ou seja, quem, como Protágoras, punha *o homem como "medida" de todas as coisas*.

Procuremos aprofundar essas duas características de "imobilidade" e de "perseidade" das Ideias, apoiando-nos em textos exatos.

a) Mudam e se modificam as coisas belas singulares, ou seja, as coisas empíricas e os sensíveis particulares, mas o Belo-em-si não muda e não pode mudar. Uma mudança da Ideia significaria para ela um absurdo *afastar-se de si* e um *tornar-se outra com relação a si mesma:* a coisa bela poderá, é verdade, tornar-se feia, mas exatamente enquanto é coisa empírica e sensível; ao invés, o Belo-em-si, que é a causa (a "causa verdadeira") do belo sensível não pode absolutamente tornar-se feio. Com efeito, uma mudança na própria Ideia do Belo, isto é, o seu tornar-se não-bela, implicaria a destruição total também de toda beleza participada, o desaparecimento de toda beleza empírica já que, comprometida a causa, *eo ipso* ficará também comprometido o causado. Em outros termos: declarando *imutável* a Ideia, Platão quis afirmar o conceito de que a *causa verdadeira que explica o que muda não pode mudar ela mesma, pois do contrário não seria a "verdadeira causa", isto é, não seria a razão última*. Recordemos que as Ideias foram expressamente introduzidas como o *postulado* que é necessário introduzir, a fim de superar as contradições nas quais se cai ao explicar o sensível pelo sensível e o mutável pelo mutável. Eis como as características da *imutabilidade* e da *perseidade* das Ideias vêm à luz justamente no contexto da polêmica contra o heraclitismo, levada a cabo por Platão no *Crátilo*:

Sócrates — Então, devemos ainda examinar o seguinte, a fim de que esses muitos nomes que visam à mesma coisa não nos enganem: se, em realidade, aqueles que instituíram os nomes, o fizeram pensando que todas as coisas sempre se movem e fluem — e a mim me parece também que era justamente isso que pensavam —; no entanto, pode acontecer que não sejam assim, mas que eles mesmos, caindo como num redemoinho, sejam arrastados e, puxando também a nós, nos atirem lá dentro. Examina portanto, ó maravilhoso Crátilo, aquilo que continuamente estou sonhando. *Devemos dizer que o Belo, o Bom e, assim, cada um dos seres, são alguma coisa em si mesmos ou não?*

Crátilo — Parece-me que sim, Sócrates.

Sócrates — *Devemos, pois, examinar aquele "em si mesmo"* (αὐτό): e se não é belo um rosto ou alguma coisa desse tipo, dessas que parecem sempre fluir; *mas "em si mesmo", dizemos, o Belo não é sempre tal e qual é?*

Crátilo — Necessariamente.

Sócrates — *Mas, então, é possível denominá-lo justamente "em si" se sempre nos foge* e dizer, primeiramente, que ele é e, depois, que é tal; ou é necessário que, no mesmo momento no qual falamos dele, torne-se imediatamente outro e nos escape e não seja mais dessa maneira?

Crátilo — É necessário.

Sócrates — *Portanto, como poderia ser alguma coisa o que nunca permanece da mesma maneira? Com efeito, se fica momentaneamente da mesma maneira, é evidente que, ao menos nesse tempo, não vai embora; e se permanece sempre da mesma maneira e é "em si mesmo", como poderia mudar e mover-se, não se afastando nunca da própria Ideia?*

Crátilo — Jamais poderia fazê-lo.

Sócrates — Mas também de outro modo não poderia ser conhecido por ninguém. De fato, no próprio momento em que quem quer conhecê-lo chega perto dele, ele se torna outro e de outra espécie; e assim não se poderia mais conhecer que coisa seja ele nem como seja. *E certamente nenhum conhecimento conhece o objeto que conhece se este não permanece de nenhum modo estável.*

Crátilo — Assim é como dizes[21].

Igualmente nas passagens do *Fédon* que lemos no parágrafo precedente, esse conceito é perfeitamente reiterado.

b) E eis como a "perseidade", no sentido de *solidez* e *estabilidade* das Ideias, emerge da polêmica contra o relativismo sofístico-protagoriano (ao qual Platão associa também a forma oposta do eleatismo, segundo o qual todas as coisas são sempre e juntamente no mesmo modo de ser, e não são objetivamente diferenciadas, mas são juntamente confundidas):

Sócrates — Pois bem, vejamos, Hermógenes, se também a ti os seres sejam tais que a sua essência seja, por sua própria conta, relativa a cada um de nós como pensava Protágoras ao dizer que o homem é "medida de todas as coisas", de sorte que as coisas sejam para mim tais como parecem sê-lo e sejam para ti tais como a ti parecem ser; ou antes, não te parece que elas tenham certa estabilidade de essência?

Hermógenes — Aconteceu-me já, ó Sócrates, estando eu em dificuldade, ser arrastado a essas coisas que Protágoras diz; mas, na verdade, não me parece que a realidade seja desse modo.

Sócrates — E assim te deixaste arrastar a ponto de crer que não exista um homem mau?

---

21. *Crátilo*, 439 b-440 a.

Hermógenes — Isso não, por Zeus! Antes, muitas vezes eu mesmo experimentei que era preciso crer haver homens maus e, mesmo, muitos deles.

Sócrates — E alguma vez te pareceu que haja homens muito bons?

Hermógenes — Sim, mas bem poucos.

Sócrates — Em todo caso, parece-te que haja alguns.

Hermógenes — Sim.

Sócrates — Pois bem, como podes assegurar-te disso? Talvez assim: os homens muito bons são muito sensatos, os homens muito maus muito insensatos?

Hermógenes — Assim me parece.

Sócrates — Por conseguinte, se Protágoras dizia a verdade e se a verdade é que cada coisa seja assim como parece a cada um, é possível que alguns de nós sejamos sensatos e outros insensatos?

Hermógenes — Certamente não.

Sócrates — Creio, pois, que te parecerá indubitável o seguinte: *se há sensatez e insensatez não é possível que Protágoras diga a verdade; com efeito, homem nenhum poderia ser verdadeiramente mais sensato do que outro se o que parece a cada um seja para ele verdadeiro.*

Hermógenes — Assim é.

Sócrates — Mas nem mesmo creio que te pareça, segundo Eutidemo, que todas as coisas sejam da mesma maneira sempre juntas; com efeito, também desse modo nunca os homens poderiam ser uns bons outros maus se, a todos e sempre, conviessem juntas a virtude e o vício.

Hermógenes — É verdade o que dizes.

Sócrates — *Portanto, se as coisas não são juntamente da mesma maneira e sempre para todos, nem cada coisa é para cada um segundo o modo próprio dele, é evidente que as coisas possuem nelas mesmas uma essência própria e estável, que não estão em relação conosco e não são arrastadas por nós daqui e dali com a nossa imaginação, mas são por si mesmas em relação com a sua essência, conforme a sua natureza*[22].

Meditando essas duas formas de relativismo, Platão concebeu e fixou duas características fundamentais das Ideias, justamente a *imutabilidade* e a *perseidade*, ou seja, sua objetividade estável; as Ideias têm uma realidade que não é arrastada no vir-a-ser e não é relativa ao sujeito, uma realidade que não é impelida pela mudança contínua e não pode ser manipulada segundo o capricho do sujeito, mas implica uma firmeza e uma estabilidade estruturais. Se assim não fosse, todos os nossos conhecimentos e as nossas avaliações (em particular nossas

---

22. *Crátilo*, 385 e-386 e.

avaliações morais) estariam carentes de qualquer significado e o nosso falar não teria sentido algum. Numa palavra, *a imutabilidade e o em-si e o por-si das Ideias implicam a sua natureza absoluta.*

3. O supremo caráter metafísico da "unidade" das Ideias

A última característica das Ideias sobre a qual importa voltar particularmente a atenção (a sexta entre aquelas que acima enumeramos), pelo fato de que goza de uma importância verdadeiramente excepcional (não obstante ter sido em larga medida transcurada ou subestimada no âmbito do paradigma tradicional), é a da "unidade". Cada Ideia é uma "unidade" e, como tal, explica as coisas sensíveis que dela participam, constituindo deste modo uma multiplicidade unificada. Justamente por isso, o verdadeiro conhecimento consiste em saber unificar a multiplicidade numa *visão sinótica que reúne a multiplicidade sensorial na unidade da Ideia da qual depende.*

Note-se que, para Platão, a própria natureza do filósofo se manifesta exatamente em saber captar e possuir essa unidade, como expressamente nos é dito nessa importante passagem da *República:*

> — Quem dizes que são, perguntou, os verdadeiros filósofos?
> — Aqueles que amam contemplar a verdade, respondeu.
> — É certo, disse; mas que queres dizer com isto?
> — Dizê-lo a outro, respondi, não seria fácil; mas creio que concordarás comigo num ponto.
> — Qual?
> — Uma vez que o Belo é contrário ao Feio, eles são *dois.*
> — Como não?
> — Ora, sendo *dois*, cada um deles é *uno.*
> — Isto também.
> — E sobre o Justo e o Injusto, sobre o Bem e sobre o Mal, e sobre todas as outras Ideias deve-se dizer o mesmo, isto é, que *cada uma delas é una*; mas como aparecem sempre e em toda a parte em comunhão com ações, corpos e outras <Ideias>, cada uma *aparece múltipla*[23].

Justamente nisso consiste o que separa o homem comum, que se limita ao sensível, do filósofo; o primeiro se agarra ao múltiplo repelindo a unidade e, além disso:

---

23. *República,* V, 475 e-476 a.

> [...] não suportaria de maneira nenhuma que outros dissessem que *Uno* é o Belo, o Justo, e assim por diante [...][24].

> [...] caminham errantes na multiplicidade e não são filósofos[25].

Ao invés, o filósofo é justamente aquele que *sabe ver o conjunto e sabe captar a multiplicidade na unidade*. Platão resume seu pensamento nessa admirável máxima:

> Quem sabe *ver o conjunto* (συνοπτικός) é dialético, quem não sabe não o é[26].

Essa característica na definição das Ideias mostrava-se de tal modo importante que os acadêmicos fundaram sobre ela uma das argumentações dirigidas a demonstrar a existência das Ideias e a denominaram justamente "prova que deriva da unidade do múltiplo", e que pode ser formulada da seguinte maneira: se há muitos homens e cada um é essencialmente homem e se há algo que se atribui a cada um e a todos os homens sem ser idêntico a nenhum deles, então é necessário que haja, além de cada um deles, algo separado deles e eterno, e que exatamente enquanto tal se possa predicar de modo idêntico, de todos os homens numericamente diferentes. Justamente esse "uno que está além dos muitos" e que os transcende e é eterno, é a Ideia[27].

Mas as implicações complexas dessa característica fundamental das Ideias só poderão ser examinadas mais adiante, em relação com a problemática protológica.

4. O dualismo platônico como expressão da transcendência

Depois de tudo o que dissemos, pareceria inevitável falar de concepção "dualista" da realidade em Platão: as realidades empíricas

---

24. *República*, V, 479 a.
25. *República*, VI, 484 b.
26. *República*, VII, 537 c.
27. Aristóteles *Metafísica*, A 9, 990 b 13; Alexandre de Afrodísia, *In Arist. Metaph.*, p. 80, 9ss. Hayduck (= Aristóteles, *De ideis*, fr. 3 Ross). Para uma pormenorizada análise desse argumento, ver: E. Berti, *La filosofia del primo Aristotele*, Pádua 1962, pp. 208ss.; W. Leszl, *Il "De ideis" di Aristotele e la teoria platonica delle Idee*, Florença 1975, pp. 141ss.

são sensíveis, ao passo que as Ideias são inteligíveis; as realidades físicas são mescladas com o não-ser, enquanto as Ideias são ser em sentido puro e total; as realidades sensíveis são corpóreas, enquanto as Ideias são incorpóreas; as realidades sensíveis são corruptíveis, enquanto as Ideias são realidades estáveis e eternas; as coisas sensíveis são relativas, ao passo que as Ideias são absolutas; as coisas sensíveis são múltiplas, ao passo que as Ideias são unidade. Com efeito, muitos estudiosos, repetindo ou desenvolvendo de várias maneiras as críticas movidas por Aristóteles, insistem fortemente nesse "dualismo", sustentando que a "separação" das Ideias das realidades sensíveis, ou seja, a sua "transcendência", compromete a sua função de "causa".

Mas, na realidade, trata-se de puro preconceito teórico, que se deve rigorosamente evitar se se deseja compreender Platão. Desde logo observe-se que as Ideias têm tanto de "imanência" quanto de "transcendência"; fato que muito frequentemente é transcurado ou silenciado. Para Platão a transcendência das Ideias é justamente a razão de ser (ou seja, o fundamento) da sua imanência. As Ideias não poderiam ser a causa do sensível (isto é, a "causa verdadeira") se não *transcendessem* o próprio sensível; e, justamente transcendendo-o ontologicamente podem ser o fundamento da sua estrutura ontológica imanente. Em resumo, *a transcendência das Ideias é justamente o que qualifica a função que elas cumprem de "causa verdadeira"*. Confundir esses dois aspectos ou nivelá-los de algum modo sobre o mesmo plano, significa esquecer inteiramente a "segunda navegação" e os seus resultados.

Observemos que o primeiro aspecto das Ideias sobre o qual Platão chama a atenção é exatamente o da imanência. Com efeito, os primeiros diálogos apresentam o aspecto da Ideia como o que permanece idêntico nas coisas, como o que faz que cada coisa seja ela mesma e não outra, o que fixa as coisas na sua natureza e as torna, por conseguinte, inteligíveis. Em seguida Platão, sobretudo a partir do *Fédon* (onde introduz o tema da "segunda navegação" e os resultados a ela ligados), desenvolve, além do motivo da imanência o motivo que, com os devidos cuidados teóricos, pode ser chamado, na maneira mais correta, da "transcendência"[28]. Se as Ideias se contrapõem às coisas

---

28. Um excelente elenco das expressões com as quais Platão indica a imanência das Ideias e daquelas com as quais indica a transcendência foi fornecido por D. Ross,

empíricas como o inteligível ao sensível, o ser ao vir-a-ser, o incorpóreo ao corpóreo, o imóvel ao móvel, o absoluto ao relativo, a unidade à multiplicidade, é claro que *elas representam uma dimensão diversa da realidade, um plano novo e superior da mesma realidade.* Sobre a existência de dois diferentes planos do ser, Platão é muito explícito, como lemos em algumas passagens acima referidas e como ele reitera solenemente ainda no *Timeu,* numa bela passagem que vale a pena ler:

> Acaso há um Fogo em si e somente por si? E todas as outras realidades que chamamos com esses nomes são cada uma em si e por si? Ou as coisas que também vemos e as outras que percebemos por meio do corpo são as únicas que têm essa verdade e não há outras além dessas, em lugar nenhum e de maneira nenhuma, e é em vão que dizemos que de cada uma há uma forma inteligível, não sendo isso mais do que palavras?
>
> Se deixarmos essa questão sem examiná-la e sem nos pronunciar sobre ela, não conviria afirmar algo a respeito num sentido ou noutro. Mas também não convém inserir no discurso já longo um outro também longo sobre um tema acessório. Mas se conseguirmos encontrar em poucas palavras uma definição nítida e de grande alcance, isso seria a coisa mais oportuna.
>
> Eis a minha sentença nesse caso.
>
> Se inteligência e opinião são *dois gêneros diversos,* então existem verdadeiramente essas realidades em si, formas que não podemos captar com os sentidos, mas só com a inteligência. Se, ao contrário, como parece a alguns, em nada diferem a opinião verdadeira e a inteligência, então é preciso afirmar como certíssimas todas as coisas que percebemos por meio do corpo. Mas *é necessário dizer que aqueles são dois gêneros diferentes de conhecimento pois têm origem diferente e se comportam diferentemente.* Com efeito, um deles se origina por meio do ensinamento, o outro é efeito da persuasão. O primeiro está sempre acompanhado pelo raciocínio verdadeiro, o outro, ao contrário, é irracional. Um não se dobra à persuasão, o outro muda em força da persuasão. E é preciso dizer que dessa última todos os homens participam, ao passo que da inteligência participam os Deuses e alguns poucos do gênero humano.
>
> *Se assim é, é necessário admitir que há uma forma de realidade que sempre é da mesma maneira, que não nasce nem perece, que não recebe em si algo vindo de fora nem ela mesma passa para outra coisa, invisível nem podendo ser captada com outro sentido. E foi essa realidade que coube à inteligência contemplar.*

Plato's Theory of Ideas, cit., pp. 228ss., e foi por nós reproduzida em *Platão...*, pp. 140-141, nota 61.

E também é preciso admitir que, homônima e semelhante a essa realidade há uma outra sensível, que nasce e continuamente se move, que se origina num lugar e dali mesmo desaparece. Ela é apreendida pela opinião acompanhada de sensação[29].

Quem nos seguiu até aqui dispõe de todos os elementos necessários para chegar a uma conclusão sobre o significado autêntico da teoria das Ideias, que constitui o primeiro e notável resultado alcançado na primeira fase da "segunda navegação". Como frequentemente assinalamos, Platão, com as Ideias, descobriu o mundo do inteligível como a *dimensão incorpórea e metaempírica do ser.* E esse mundo do inteligível incorpóreo transcende o sensível, não no sentido de uma absurda "separação" e sim no sentido da causa metaempírica (isto é, da "causa verdadeira"), a verdadeira razão de ser do sensível. Concluindo, *o dualismo de Platão não é senão o dualismo de quem admite a existência de uma causa suprassensível como razão de ser do próprio sensível, convencido de que o sensível, por causa da sua autocontraditoriedade, não pode possuir uma razão de ser total de si mesmo.* O "dualismo" metafísico de Platão não tem absolutamente nada a ver com o ridículo dualismo que põe o sensível como subsistente e depois contrapõe essa subsistência ao próprio sensível.

Finalmente, é necessário observar que Platão apresenta, além dessa, outra forma de dualismo concernente aos Princípios supremos, sendo eles exatamente dois; mas somente mais tarde poderemos tratar dessa questão, em razão da complexidade dos problemas nela implicados e que serão adequadamente tratados de maneira analítica tendo em vista a compreensão dessa outra forma de dualismo[30].

Voltando ao "dualismo" entendido como expressão da transcendência, devemos ainda chamar a atenção para um ponto importante que diz respeito, de modo particular, ao grande mito do "Hiperurânio", em torno do qual não poucos equívocos se formaram. Na realidade, o "mito" não é um logos abstrato e deve ser corretamente entendido por aquilo que é, a saber, uma expressão metafórica e um símbolo, como um falar por imagens. Leiamos, no entanto, a passagem do

---

29. *Timeu*, 51 b-52a.

30. Veremos que essa forma de *dualismo* tem uma precisa estrutura "bipolar"; cf. *infra*, pp. 88ss.

Fedro, tida entre as mais famosas, na qual Platão fala justamente do Hiperurânio:

Nenhum dos poetas daqui de baixo cantou jamais nem jamais cantará de modo digno o *lugar supraceleste* (Hiperurânio). Eis o que existe a respeito. Com efeito, é preciso ter realmente coragem para dizer o que é verdadeiro, sobretudo quando se trata da verdade. *Aquele lugar é ocupado pelo ser que é realmente* (οὐσία ὄντως οὖσα), *incolor, sem figura e invisível, que pode ser contemplado somente pelo piloto da alma, isto é, a inteligência, e com o qual se ocupa o gênero do conhecimento verdadeiro.* Ora, já que a razão de um deus é alimentada pela inteligência e pelo conhecimento puro, assim também a de toda alma que se preocupa em receber o que lhe convém, vendo, depois de certo tempo, o ser, se regozija e, contemplando a verdade, essa é para ela alimento benfazejo, até que a rotação a tenha trazido de volta ao mesmo ponto. Ora, no giro dessa rotação ela vê a própria Justiça, vê a Ciência, não aquela à qual está unido o vir-a-ser, nem aquela que é diversa enquanto se funda sobre a diversidade das coisas que nós chamamos seres (= seres fenomênicos), mas a ciência que é ciência do que é verdadeiramente ser. E depois que contemplou todos os outros seres que são verdadeiramente e deles se saciou, penetra de novo no interior do céu e volta para casa[31].

"Hiperurânio" significa "lugar acima do céu", uma imagem que, entendida corretamente naquilo que quer exprimir, indica um lugar que não é absolutamente um lugar no sentido físico e sim um lugar *meta-físico*, isto é, a dimensão do suprassensível. O "céu" é o "visível" (logo, o sensível); o "supercéu" é o "supervisível" (ou seja, o supersensível ou, exatamente, o metafísico). Note-se ainda como, no mito do Hiperurânio e sem dúvida para evitar mal-entendidos, as Ideias que ocupam aquele "lugar" são imediatamente descritas como sendo dotadas de características que nada têm a ver com o "lugar" físico: são *sem figura, sem cor, invisíveis*, etc..., e podem ser captadas por nós somente com a parte que detém o governo da alma, isto é, somente com a inteligência.

Concluamos que, com a teoria das Ideias, como já observamos repetidamente, Platão quis dizer o seguinte: *o sensível se explica somente com a dimensão do suprassensível, o corruptível com o ser incorruptível, o móvel com o imóvel, o relativo com o Absoluto, o múltiplo com o Uno.*

---

31. *Fedro*, 247 c-e; cf. *República,* VI, 509 d (ver Reale, *Platone...*, pp. 204s.).

5. O grande problema da relação entre o mundo das Ideias e o mundo sensível

O problema da relação entre o uno e o múltiplo, que se impõe em ordem à compreensão das relações subsistentes entre as diferentes Ideias e para explicar sua derivação de um princípio primeiro, retorna no nível da explicação das relações que subsistem entre as próprias Ideias e as coisas sensíveis.

Sobre isso, convém lembrar que a interpretação das relações entre o mundo das Ideias e o mundo sensível foi objeto de mal-entendidos já por alguns contemporâneos e mesmo por alguns discípulos de Platão. Tanto é verdade que, no *Parmênides*, Platão toma como alvo e refuta algumas interpretações que lembram as que são sustentadas justamente na *Metafísica* de Aristóteles.

Nos seus escritos, Platão apresenta diversas perspectivas, afirmando que, entre o sensível e o inteligível existe *a)* uma relação de *mimese* (μίμησις) ou de imitação; *b)* ou de *métexis* (μέθεξις) ou de participação; *c)* ou de *koinonía* (κοινωνία) ou de comunhão; *d)* ou ainda de *parusia* (παρουσία) ou de presença[32]. Sobre esses termos levantou-se uma grande discussão que acabou errando o alvo. Mas, no *Fédon*, Platão deixou dito explicitamente que esses termos deveriam ser entendidos como simples propostas sobre as quais ele não pretendia insistir de modo algum, e às quais não pretendia dar a consistência de uma resposta última, porque essa implicava ter chegado à teoria dos Princípios. O que ele tinha em vista era simplesmente estabelecer que a Ideia é a causa verdadeira do sensível. Em suma, ele pretendia deter-se no primeiro nível alcançado na primeira fase da "segunda navegação". De fato, para chegar à resposta última seria necessário recorrer à protologia das "Doutrinas não-escritas".

Tendo isso presente, tornam-se bastante claros os termos platônicos acima referidos, desde que permaneçamos naturalmente no nível alcançado pela primeira fase da "segunda navegação", e mesmo nesse nível deixando ainda aberto um grande problema, como veremos. *a)* O sensível é *mimese* do inteligível porque o imita, mesmo sem nunca conseguir igualá-lo (no seu contínuo vir-a-ser avizinha-se,

32. Cf. *Fédon*, 100 c-d; cf. também 74 d.

crescendo, do modelo ideal e depois afasta-se dele corrompendo-se). *b)* O sensível, na medida em que realiza a própria essência, *participa*, do inteligível (em particular, justamente por seu *ter parte* na Ideia que é, e é cognoscível). *c)* Pode-se dizer que o sensível tem *comunhão*, isto é uma tangência com o inteligível, sendo este a causa e o fundamento daquele: tudo que o sensível tem de ser e de inteligibilidade recebe-o do inteligível e, na medida em que possui esse ser e essa inteligibilidade, tem com ele "comunhão". *d)* Enfim, pode-se também dizer que o inteligível está *presente* no sensível, na medida em que a causa está no causado, o princípio no principiado, a condição no condicionado.

Dessa maneira, a terminologia platônica torna-se clara. E também torna-se claro o célebre termo "paradigma", ou seja, "modelo", com o qual Platão designa o papel das Ideias em confronto com os sensíveis que as "imitam" e são como suas "cópias". Platão exprime com o termo "paradigma" aquela que, com linguagem moderna, se poderia denominar a "normatividade ontológica" da Ideia, isto é, *como as coisas devem ser*, ou seja, *o dever ser das coisas*. A Ideia de santo é "paradigma" porque exprime o como as coisas ou as ações *devam* ser feitas ou ser para serem chamadas santas; a Ideia de belo é "paradigma" porque exprime como as coisas devam ser formalmente estruturadas para ser e serem chamadas belas, e assim por diante[33].

Nessa concepção permanece aberto, além do problema protológico da relação do Uno e dos Muitos, também o problema que a carta metafísica do *Fédon* apresenta como essencial (e do qual parte nada menos que a "segunda navegação"), mas que depois deixa sem resolver: a relação entre as coisas e as Ideias não pode ser pensada como imediata; é necessário um *mediador*, ou seja, um princípio que realize a imitação, assegure a participação, atualize a presença e seja fundamento da comunhão. É este o grande problema da *Inteligência* ordenadora e da sua função. Evidentemente Platão possuía, como veremos, a perfeita solução do problema desde quando escreveu o *Fédon*, tanto é verdade que a antecipou em numerosos diálogos imediatamente posteriores ao *Fédon*, a partir da *República*, mas foi no *Timeu*

33. Cf. *Eutífron*, 6 d-e, e a nossa introdução e o nosso comentário a esse diálogo (Ed. La Scuola, Brescia 1984[6]).

que a formulou com maior amplitude, segundo um esquema que se tornou clássico. A mediação entre o sensível e o inteligível é obra de uma Inteligência suprema, associada à imagem tornada clássica do "Demiurgo", isto é, à imagem de um Artífice que plasma o Princípio material (uma espacialidade indeterminada ou uma espécie de substrato ou de excipiente informe) em função do "modelo" das Ideias, fazendo com que cada coisa se assemelhe e imite o mais perfeitamente possível o seu "paradigma ideal". Mas, se não se tem presentes as numerosas infiltrações de caráter protológico, não se consegue penetrar a fundo na solução desse problema. Platão apelará, sobretudo no *Filebo*, para as categorias metafísicas do *limite,* do *ilimitado*, da sua *mistura* e da *causa da mistura,* para explicar a obra das Ideias com relação à *chora* indeterminada (ao substrato de tipo material), para explicar como as coisas nascem dessa "mistura" por obra da *causa* que opera a mistura e que é exatamente a Inteligência demiúrgica. Em última análise, essa operação é a ação determinante exercida *pelo Uno sobre o indeterminado múltiplo por obra da Inteligência*; e a "mistura" que daí deriva é unidade-na-multiplicidade, como haveremos de ver. De resto, no próprio *Timeu* Platão nos revela expressamente o seguinte:

> [...] Deus possui a ciência e, ao mesmo tempo, a potência para misturar *muitas coisas na unidade* (τὰ πολλὰ εἰς ἕν) e, de novo, para dissolvê-las da *unidade em muitas coisas* (ἐξ ἑνὸς εἰς πολλά); mas nenhum dos homens de agora sabe fazer nem uma coisa nem outra e nunca o saberá no futuro[34].

Quem nos tiver seguido até aqui terá compreendido de maneira adequada que, para poder resolver os vários problemas que a teoria das Ideias levanta e que aqui enumeramos, é necessário afrontar e resolver o grande problema da protologia, ou seja, da metafísica não-escrita de Platão. Devemos agora dedicar nossa atenção justamente a esse ponto.

34. *Timeu*, 68 d.

III. AS “DOUTRINAS NÃO-ESCRITAS” DOS PRIMEIROS E SUPREMOS PRINCÍPIOS E OS GRANDES CONCEITOS METAFÍSICOS A ELES CONEXOS

1. Os primeiros Princípios identificados com o Uno e com a Díade grande-e-pequeno

Chegou o momento de considerar o “postulado” supremo do qual fala a carta metafísica traçada por Platão no *Fédon* e que a *República* (considerando-o como vértice de todos os postulados) eleva acima dos próprios postulados[1], e que coincide com as “coisas de maior valor” das quais fala o *Fedro,* isto é, com os primeiros e supremos Princípios reservados à oralidade dialética. Muitas vezes já nos referimos a essas “Doutrinas não-escritas”; aqui deveremos traçar em síntese as suas linhas essenciais porque somente à sua luz a ontologia das Ideias (e, consequentemente, todo o pensamento de Platão) pode adquirir sentido pleno.

Um bom encaminhamento à compreensão preliminar do discurso protológico pode ser dado por uma observação geral com respeito a uma característica essencial do modo de pensar dos gregos. Toda a filosofia anterior a Platão é penetrada pela convicção básica de que *explicar significa unificar.* Esta convicção sustenta, em primeiro lugar, o discurso de todos os físicos, que procedem à explicação da multiplicidade dos fenômenos referentes ao cosmo reduzindo-a, justamente, à *unidade de um princípio* ou de *alguns princípios unitariamente concebidos.* Essa explicação atinge sua expressão extrema (mas, por isso mesmo, bastante instrutiva) nas doutrinas dos eleatas, os quais *resolvem na unidade a totalidade do ser*, desembocando num verdadeiro e próprio monismo radical. Mas tal convicção sustenta também o discurso socrático, todo inteiro apoiado na pergunta “o que é?” que implica, em geral, *a redução sistemática do que é objeto da discussão a uma unidade.* Em particular no âmbito da ética (à qual Sócrates dedicou seu interesse principal) torna-se muito evidente

---

1. *Fédon*, 101 e; *República,* VI, 510 b; 511 b.

o que estamos ilustrando: todas as complexas manifestações que caracterizam a vida moral e política eram reduzidas à *unidade da virtude*, por sua vez, reduzida à *ciência* (as *muitas* virtudes se explicavam com a redução a *uma única essência*, que consistia justamente na *unidade do verdadeiro conhecimento*).

Ora, a própria doutrina das Ideias de Platão, considerada no seu conjunto, nasceu exatamente de uma convicção análoga e de uma acentuação notável da importância da *visão sinótica*, na qual vai terminar a operação metódica da "unificação" do múltiplo que se pretende explicar. A pluralidade das coisas sensíveis se explica exatamente por meio da redução sinótica à *unidade da Ideia* correspondente. No entanto — como acima já indicamos —, a teoria das Ideias dá origem a uma ulterior pluralidade, embora situada no novo plano metafísico do inteligível. Com efeito, se os muitos homens sensíveis são unificados e explicados pela correspondente Ideia de homem, as muitas árvores pela Ideia de árvore, as muitas manifestações do belo pela Ideia do belo e se assim acontece para todas as realidades empíricas que indicamos com o mesmo nome, é evidente que a multiplicidade sensível resolve-se e simplifica-se nas Ideias inteligíveis; mas *a multiplicidade inteligível, por sua vez, não se resolve por si mesma.* Além disso, é preciso ter presente que Platão admite Ideias não somente para aquelas coisas que realmente chamamos substanciais (homens, animais, vegetais, etc...), mas também para todas as qualidades e para todos os aspectos das coisas que podem ser reunidos sinoticamente (belo, grande, duplo, e assim por diante), de tal sorte que *o pluralismo do mundo das Ideias* (ou seja, o pluralismo das realidades inteligíveis) mostra-se verdadeiramente notável, como já Aristóteles afirmava[2]. Vê-se que a teoria das Ideias *não poderia constituir o nível de explicação última.* De fato, o "múltiplo" sensível se explica com um "múltiplo" inteligível; mas este por sua vez, exatamente enquanto "múltiplo", exige uma explicação ulterior; em consequência, *impõe-se a necessidade da elevação a um segundo nível de fundamentação metafísica.* Ora, nos seus diálogos e para os leitores que se limitavam à leitura dos mesmos, Platão julgou que o primeiro nível de fundação metafísica fosse suficiente uma vez que, de posse da teoria

2. Cf. Aristóteles, *Metafísica*, M 4, 1078 b-1079 a.

das Ideias, as várias doutrinas que ele confiava aos escritos estavam suficientemente justificadas. Com os alunos porém, e no interior da Academia, tendo em vista resolver os problemas levantados pela teoria das Ideias, ele propôs como objeto de discussão, e de maneira assaz desenvolvida, justamente *o segundo nível de fundamentação.*

Realizava-se, assim, a última fase da "segunda navegação", concluída exatamente segundo o plano traçado na carta metafísica do *Fédon.* O esquema do raciocínio que sustenta a duplicidade de nível da fundamentação metafísica é o seguinte: como a esfera do múltiplo sensível depende da esfera das Ideias, analogamente, *a esfera da multiplicidade das Ideias depende de uma esfera ulterior de realidade da qual as Ideias derivam, e essa é a esfera primeira e suprema em sentido absoluto.* Essa esfera é constituída, portanto, pelos primeiros Princípios (que são o Uno e a Díade indefinida dos quais logo falaremos). Como sabemos, Platão os chamava expressamente τὰ ἄκρα καί πρῶτα[3], e é justamente por esse motivo que propomos denominar *protologia* (discurso em torno aos primeiros Princípios) a doutrina que deles se ocupa.

Essa doutrina contém a fundamentação última porque explica quais sejam os Princípios dos quais procedem as Ideias (que, por sua vez, explicam o resto das coisas) e fornece a explicação da totalidade das coisas que são. É claro, pois, em que sentido a ontologia das Ideias e a protologia ou teoria dos Princípios constituam *dois níveis distintos de fundamentação*, dois planos sucessivos da investigação metafísica, isto é, dois estágios da "segunda navegação".

Eis aqui três dos testemunhos fundamentais:

> Sendo, pois, as Formas [= Ideias] causa das outras coisas [*primeiro nível*], Platão admite que os elementos constitutivos das Formas sejam os elementos de todos os seres. Como elemento material das Formas [= Ideias] ele punha o Grande-e-pequeno e, como causa formal, o Uno [= *segundo nível*][4].

> Pode parecer que Platão, ao referir as coisas aos princípios, trate das coisas sensíveis ligando-as às Ideias [*primeiro nível*] e essas, por sua vez, aos

---

3. *Carta VII*, 344 d.
4. Aristóteles, *Metafísica*, A 6, 987 b 18-21 (Gaiser, *Test. Plat.*, 22 A = Krämer, 9).

números e desses suba aos princípios [*segundo nível*], descendo depois, através da geração, até as coisas das quais se falou[5].

De tudo o que se disse aparece claro que os princípios dos corpos que podem ser captados somente com o pensamento devam ser incorpóreos. Se há seres incorpóreos que existem anteriormente aos corpos, nem por isso são sem mais necessariamente elementos das coisas que existem e princípios primeiros. Por exemplo, consideremos como as Ideias que, segundo Platão, são incorpóreas, preexistem aos corpos e como cada coisa que nasce nasça fundada nas relações com elas [*primeiro nível*]. Ora, não obstante isso, *elas não resultam primeiros princípios das coisas desde que cada Ideia, considerada singularmente se diz que é una, ao passo que, considerada em conjunto com outra ou com muitas outras se diz duas, três, quatro, assim que deve existir alguma coisa que está ainda acima da realidade delas, a saber, o número, por participação ao qual o um, o dois, o três ou um número maior se predica das Ideias.*

[...] Os princípios dos seres são, portanto, dois, *a primeira unidade,* por participação à qual todas as unidades que se contam são pensadas justamente como unidades e a *dualidade indeterminada* por participação à qual todas as dualidades determinadas são justamente dualidades [*segundo nível*][6].

Para os gregos, o problema metafísico por excelência é o seguinte: "Por que há *os muitos*?", ou ainda, "por que e como do *Uno* derivam *os muitos?"*[7]. E a novidade que Platão traz no nível da protologia reside justamente nessa tentativa de *"justificação" radical e última da multiplicidade em geral em função dos Princípios do Uno e da Díade indefinida, e da sua estrutura bipolar.*

A "Díade" ou "Dualidade indeterminada" não é, obviamente, o número dois, assim como o Uno, no sentido de Princípio, não é o número um. Ambos esses princípios têm *estrutura metafísica* e são, pois, *metamatemáticos*. Em particular, observamos que a "Díade" é *Princípio e raiz da multiplicidade dos seres*. Ela é pensada como dualidade de grande-e-pequeno no sentido de que é infinita grandeza e infinita pequenez, enquanto tendência ao infinitamente grande e ao

---

5. Teofrasto, *Metafísica*, 6 b 11-16 (Gaiser, *Test. Plat.*, 30 = Krämer, 8).

6. Sexto Empírico, *Contra os Matemáticos*, X, 258 e 262 (Gaiser, *Test. Plat.*, 32 = Krämer, 12).

7. Heráclito, recordemo-lo, dizia justamente isso: "[...] de todas as coisas o *um* e do *um* todas as coisas" (Diels-Kranz, 22 B 11), e outras vezes apelou para o Uno.

infinitamente pequeno. É justamente em razão dessa duplicidade de direção (infinitamente grande e infinitamente pequeno) que é chamada "Díade infinita" ou "indefinida" e, por conseguinte, é também classificada como dualidade do muito-e-pouco, do mais-e-menos, do maior-e-menor, e como desigualdade estrutural. Com uma terminologia mais específica e técnica, mesmo que não tenha sido usada expressamente por Platão, podemos dizer que *a Díade é uma espécie de "matéria inteligível"*, ao menos nos níveis mais altos (isto é, com exclusão da esfera cosmológica, na qual a Díade torna-se matéria sensível, como veremos). Ela é uma multiplicidade indeterminada e indefinida que, desempenhando o papel de substrato à ação do Uno, produz a multiplicidade das coisas em todas as suas formas. Além de Princípio de pluralidade horizontal, é também Princípio da gradação hierárquica do real. O problema do qual partimos resolve-se desse modo: a pluralidade, a diferença, e a gradação dos entes nascem da *ação do Uno que determina o Princípio oposto da Díade*, que é uma multiplicidade indeterminada. Os dois Princípios são, pois, *igualmente originários*. O Uno não teria eficácia produtiva sem a Díade, mesmo sendo hierarquicamente superior à Díade. Atendendo à exatidão devemos dizer que seria em si mesmo inexato falar de *dois* Princípios se *dois* fosse compreendido em sentido aritmético. Com efeito, sendo os números posteriores aos Princípios e derivados deles, não podem ser aplicados aos Princípios senão em sentido metafórico. Deve-se falar de dois Princípios, entendendo o "dois" em sentido prototípico. *Nesse caso, seria mais exato falar não de dualismo, mas de "polarismo" ou de "bipolarismo", na medida em que um Princípio exige estruturalmente o outro.*

2. O ser como síntese (mistura) dos dois Princípios

A ação do Uno sobre a Díade é uma espécie de delimitação, determinação e definição do ilimitado, do indeterminado e do indefinido ou, como parece que Platão tenha dito, de equalização do desigual[8]. Os

8. Cf. Krämer, *Platone*..., pp. 155s. e os documentos na p. 156, nota 6.

entes que derivam da atividade do Uno sobre a Díade são uma espécie de síntese que se manifesta como *unidade-na-multiplicidade,* que é uma definição e determinação do indefinido e indeterminado. É esse o fulcro da protologia platônica: *o ser é produto de dois princípios originários e é uma síntese, um misto de unidade e multiplicidade, de determinante e indeterminado, de limitante e ilimitado.* Sobre esse tema Platão será levado a apresentar um esboço nos escritos, em particular no *Filebo.*

Sobre o *status* do Uno pensado como *acima* do ser é escassa a documentação da tradição indireta. Disso fala um testemunho, dizendo que o Uno é *"melius ente"*[9], mas Platão decidiu-se a darnos a mais notável amostra desse ponto justamente no maior dos seus escritos. Assim, sobre a significação do *status* metafísico do Uno (que coincide com o Bem) entendido como acima-do-ser voltaremos mais adiante interpretando as afirmações platônicas que se encontram na *República,* onde expressamente se define o Bem como ἐπέκεινα τῆς οὐσίας[10].

Ao invés, sobre o *status* da Díade como *não-ser*, ou seja, como estando abaixo do ser, é-nos dito:

> Tal coisa é chamada instável, informe, indefinida e *não-ser* em virtude da negação do ser. Com ela nada tem a ver nem o princípio, nem a essência, mas move-se numa situação de desordem[11].

Mas sobre um ponto é necessário que insistamos. Essa concepção dos dois Princípios supremos, ligados pelo *nexo bipolar* e a consequente concepção do ser (em todos os níveis, do mais alto ao mais baixo) como uma "mistura" de estrutura sempre bipolar refletem de maneira perfeita, na dimensão metafísica, a característica típica do modo de pensar dos gregos em todos os níveis, em particular nos níveis *teológico, filosófico e moral.*

Se se examina a expressão mais acabada da teologia grega tal como contida na *Teogonia* de Hesíodo, notar-se-á que, desde a origem, os Deuses e as forças cósmicas se dividiam em *duas esferas*

---

9. Proclo, *In Plat. Parm.*, pp. 38ss. Klibansky-Labowsky, parte que nos chegou apenas na tradução de Guilherme de Moerbeke (Gaiser, *Test. Plat.*, 50).

10. *República*, VI, 509 b.

11. Simplício, *In Arist. Phys.*, p. 248, 13-16 Diels (Gaiser, *Test. Plat.*, 31 = Krämer, 13).

opostas, encabeçadas pelo Caos e por Gaia e tendo respectivamente, como foi bem observado, as características da "amorfidade" e da "forma" as quais, justamente com essa oposição, resumem a totalidade do real. Também a segunda fase da teogonia, ou seja com o advento do reino de Zeus e dos Deuses olímpicos, essa concepção fundamental se mostra bem evidente. Os Titãs, derrotados por Zeus, são precipitados no Tártaro que é o "contramundo, oposto polarmente" ao Olimpo. Mas há mais. Cada um dos Deuses se mostra como um *misto de forças com um caráter polarmente oposto*. Apolo, por exemplo, tem mesmo como símbolos típicos a doce lira e o arco com as flechas cruéis; Artemis é virgem e, juntamente, protetora das parturientes, e assim por diante. Além disso, toda divindade tem *uma outra divindade polarmente contraposta* como, por exemplo, Apolo tem polarmente contraposto Dionísio; Artemis tem como polarmente contraposta Afrodite, e assim por diante[12].

Por isso Paula Philippson afirmou justamente que *"a forma polar" é a estrutura de base da teogonia grega e, em geral, do modo grego de pensar*. Leiamos suas conclusões sobre esse tema, que se ajustam de maneira perfeita à ordem de pensamentos que estamos desenvolvendo e comprovam de modo eloquente, segundo nos parece, a tese que estamos defendendo. "A forma polar do pensamento vê, concebe, modela e organiza o mundo, como unidade, em pares de contrários. São esses a forma com a qual o mundo se apresenta ao espírito grego e com a qual ele transforma e concebe em ordenamentos e como ordenamentos a multiplicidade do mundo. Esses pares de contrários da forma polar de pensamento são fundamentalmente diferentes dos pares de contrários da forma de pensamento monística ou da dualista, no âmbito das quais os pares se excluem ou então, combatendo-se reciprocamente, se destroem ou, finalmente, reconciliando-se, cessam de existir como contrários [...]. Ao contrário, na forma polar de pensamento, os contrários de um par não somente estão entre si indissoluvelmente unidos, como os polos do eixo de uma esfera, mas são, na sua mais íntima existência lógica, isto é, exatamente

---

12. Ver P. Philippson, *Untersuchungen über den griechischen Mythos*, Zurique 1944; trad. ital. com o título *Origini e forme del mito greco*, Boringhieri, Turim 1983, *passim*.

polar, condicionados pela sua oposição: perdendo o polo oposto eles perderiam seu próprio sentido. Esse sentido consiste exatamente no fato de eles, como contrários — do mesmo modo que o eixo que os separa e, no entanto, os une — serem parte de uma unidade maior que não pode ser definida exclusivamente a partir deles: para exprimir-se em termos geométricos, eles são pontos de uma esfera perfeita em si mesma. Essa forma polar do pensamento informa necessariamente toda objetivização do pensamento grego. Por isso, foi no seu seio que se formou a visão grega do divino"[13].

A concepção polar da qual estamos falando constitui, na verdade, um eixo de sustentação do pensamento grego, como Aristóteles reconheceu da maneira mais explícita e justamente com relação ao pensamento filosófico:

> Além disso, uma das duas séries dos contrários é privação, e todos os contrários se podem reduzir ao *ser e ao não-ser, ao uno e aos muitos;* por exemplo, o repouso ao uno e o movimento ao múltiplo. Ora, quase todos os filósofos estão de acordo em admitir que os seres e a substância são *constituídos por contrários;* com efeito, todos põem como princípios os contrários. Alguns põem como princípios ímpar e par, quente e frio, outros ainda limite e i-limite, outros, enfim, amizade e discórdia. E também *todos os outros contrários se reduzem manifestamente ao uno e aos muitos* (pressupomos essa redução já por nós levada a cabo em outro lugar); portanto também os princípios dos outros filósofos se reduzem inteiramente a esses dois gêneros[14].

Além do pensamento filosófico, poderíamos também chamar a atenção naturalmente para o *pensamento moral* dos gregos, sobretudo tal como era expresso nos Sete Sábios e nos poetas gnômicos, nos quais essa polaridade e síntese estrutural dos princípios opostos se mostra evidente. As máximas "usa com medida", "nada em demasia", "o melhor está no meio", "a medida é a melhor coisa" pressupõem de maneira exata e essencial um "limite" oposto a um "i-limite" (esse último constituído pelo excesso e pelo defeito), ou seja, *uma visão sintética polarmente conotada.* Tese essa da qual Aristóteles se servirá amplamente na sua célebre doutrina das "virtudes éticas".

---

13. Philippson, *Origini...*, pp. 65s.

14. Aristóteles, *Metafísica*, Γ 1, 1004 b 27-1005 a 2.

Para concluir: a teoria platônica dos Princípios, justamente com as características que acima ilustramos, representa, na verdade, *a doutrina filosófica mais elevada e o modo mais típico e profundo do pensar em geral dos gregos e igualmente do seu imaginar e sentir, exprimindo verdadeiramente o símbolo supremo da espiritualidade da cultura grega.*

3. A divisão categorial do real

Dos dois Princípios supremos derivam os Números ideais, bem como as Ideias, que têm estrutura numérica e, em consequência, todas as coisas. No entanto, Platão não se limitou a essa dedução e, a modo de comprovação, ou seja, como argumentação essencial de confirmação, apresentou também uma divisão categorial de toda a realidade *com o escopo de demonstrar como todos os seres devam ser efetivamente referidos aos dois Princípios enquanto derivam da sua mescla.* Trata-se de uma argumentação de extrema importância teorética e histórica porque, além de iluminar as linhas de fundo das "Doutrinas não-escritas", está também nos fundamentos da posterior doutrina das categorias de Aristóteles (que dela recebe uma inspiração fundamental, embora a oriente em diferente direção).

Essa divisão categorial é atestada por boas fontes[15] de modo bastante amplo e aparece também claramente nos próprios diálogos. Eis o esquema sinótico:

<table>
<tr><td rowspan="2">Os seres se subdividem em:</td><td>1) seres por si (ex.: homem, cavalo, terra, água, etc...)</td><td></td></tr>
<tr><td>2) seres que estão em relação com outro. Subdividem-se em:</td><td>2a) opostos contrários (ex.: igual-desigual, imóvel-movido, conveniente-inconveniente, etc...)
2b) correlativos (ex.: grande-pequeno, alto-baixo, direito-esquerdo, etc...)</td></tr>
</table>

15. Sobretudo por Sexto Empírico, *Contra os Matemáticos*, X, 263ss. (Gaiser, *Test. Plat.*, 32 = Krämer, 12); Simplício, *In Arist. Phys.*, pp. 247, 30s. Diels (Gaiser, *Test. Plat.*, 31 = Krämer, 13); várias passagens de *Divisiones Aristoteleae* (Gaiser, *Test. Plat.*, 43 e 44 = Krämer, 27-31).

À primeira vista pode surpreender a distinção entre contrários (2a) e correlativos (2b), dado que ambos são seres-em-relação-a-outro. Mas os primeiros distinguem-se nitidamente dos segundos: com efeito, os contrários não podem coexistir simultaneamente, e o desaparecimento de um dos contrários coincide com o produzir-se do outro (pensemos, por exemplo, na vida e na morte, no móvel e no imóvel); ao contrário, os correlativos são caracterizados pelo coexistir e pelo desaparecer juntamente (não há alto se não há baixo, não há direita se não há esquerda, e assim por diante). Além disso, os primeiros não admitem um meio termo (não há meio termo entre vivo e morto, entre móvel e imóvel); os segundos, ao contrário, o admitem (entre o grande e o pequeno há no meio o *igual,* entre o mais e o menos há no meio o *suficiente*, entre o agudo e o grave há no meio o *harmônico).* Enfim, deve-se notar que essa distinção categorial e, portanto, essas diversas categorias não são puras distinções lógicas e abstratas, mas sim *conhecimento da própria estrutura do ser.* E o mesmo vale, obviamente, para os opostos correlativos, seja em nível geral, seja em nível particular. Encontramo-nos, pois, em face de Ideias absolutamente gerais.

O proceder dessa distinção categorial dos seres fundamenta-se sobre um esquema de relações típico do mundo ideal, que sobe das espécies aos gêneros, isto é, sempre em direção ao mais universal, segundo a gradação seguinte:

1) Os "seres por si" (ou substanciais) caem sob o gênero da *Unidade*. Com efeito, os seres em si ou substanciais são seres perfeitamente *diferenciados, definidos e determinados*, e toda coisa é diferenciada, definida e determinada justamente na medida em que é una (ou seja, pela ação adequada do Uno).

2*a*) Os seres que estão entre si em relação de "oposição de contrariedade", ou seja, os contrários, entram nos gêneros do "igual" e do "desigual" (diverso). O primeiro dos membros dessa série não está submetido ao "mais ou menos", enquanto o segundo o está. Por exemplo, enquanto o imóvel não pode ser mais ou menos imóvel e, analogamente, o conveniente não pode ser mais ou menos conveniente, o que é movido pode ser mais ou menos movido, assim como o que é inconveniente pode ser mais ou menos inconveniente. Ulteriormente o "igual" refere-se ao Uno pela razão de que o Uno representa o igual a si mesmo de maneira primária. Ao contrário, o "desigual", enquanto implica o mais ou o menos, implica também o excesso e o defeito, devendo ser referido ao Princípio da Díade indefinida.

2*b*) Os seres que constituem pares de "correlativos" implicam uma referência ao "excesso" e ao "defeito", não estando a sua relação recíproca definida estruturalmente, enquanto cada um dos termos pode crescer ou decrescer e, portanto, tornar-se "mais" ou "menos". Por exemplo, no par "grande e pequeno" o primeiro termo pode ser "mais ou menos" de quanto é em determinado momento, e assim também o segundo. O mesmo vale para o "alto e baixo" e para os outros correlativos. Com efeito, esse tipo de relação funda-se na indeterminação dos dois termos. Esses seres são colocados sob o gênero do "excesso-e-defeito". E o "excesso-e-defeito" refere-se, como sabemos, ao Princípio da Díade indefinida.

É quase desnecessário observar que a redução aos Princípios acima exposta não implica que alguns seres dependam somente do primeiro princípio e que outros dependam somente do segundo, porque *tudo o que é posterior aos Princípios implica mistura e síntese de ambos*. Tal síntese implica, antes, que em alguns seres prevaleça a ação do primeiro Princípio (ou seja, do Uno), enquanto em outros entes prevaleça a ação do segundo (ou seja, da Dualidade indeterminada). Em todo caso, a *unidade* permanece o constitutivo ontológico fundamental, também no seu diferente grau de *prevalência* sobre o Princípio oposto[16].

---

16. O primeiro estudioso que explicou devidamente e reavaliou essa doutrina foi P. Wilpert, *Zwei aristotelische Frühschriften über die Ideenlehre*, Regensburg 1949. Ver, ademais, Krämer, *Arete...*, pp. 282-379; 438ss.; Krämer, *Platone...*, pp. 159s.; Gaiser, *Platons...*, pp. 24s.; 73-88; 177s.; Gaiser, *Quellenkritische Probleme der indirekten Platonüberlieferung*, in: AA.VV., *Idee und Zahl. Studien zur platonischen Philosophie*, Heidelberg 1968, pp. 31-84 e, especialmente, pp. 63ss.; Reale, *Platão...*, pp. 157-166.

4. Números ideais e estrutura numérica do real

Outro ponto que sempre representou grave obstáculo à compreensão da protologia platônica é constituído pela *doutrina dos números ideais* e pela típica *redução platônica das Ideias a Números,* ou seja, pela concepção das Ideias como Ideias-Números. Sabemos que essa conexão entre as Ideias e os Números ideais não coincidiu com a descoberta da teoria das Ideias, mas teve lugar depois dela[17]. É verossímil que tenha acontecido juntamente com a formulação sistemática e global da teoria dos Princípios, ou seja, quando Platão mostrou-se capaz de dotar a teoria das Ideias com a fundação protológica.

Um primeiro esclarecimento evitará uma série de confusões e equívocos. Os Números ideais dos quais nos ocupamos não são os números *matemáticos*, mas os *metafísicos:* isto é, são, por exemplo, o Dois como essência da dualidade, o Três como essência da trialidade, e assim por diante. Os Números são *as essências dos números matemáticos* e, como tais, são "não-operacionais", a saber, não podem submeter-se às operações aritméticas. Eles têm um *status* metafísico, diferente do que cabe aos números matemáticos, justamente pela razão de que não representam simplesmente números, mas constituem a essência dos números. Consequentemente, não tem sentido somar a essência do dois com a essência do três, ou subtrair a essência do dois da essência do três, e assim por diante. Os Números ideais constituem modelos ideais supremos. Além disso, os Números ideais são apresentados como "primeiros a serem gerados" porque (como foi bem observado pelos estudiosos) *eles representam em forma originária, isto é, paradigmática, a estrutura sintética de unidade-na-multiplicidade que caracteriza todos os diferentes planos do real e todos os seres em todos os níveis.* A essência do Número ideal consiste numa determinação e delimitação específica produzida pelo Uno sobre a Díade, que é uma multiplicidade indeterminada e ilimitada de grande-e-pequeno.

Uma vez explicado exatamente esse ponto, podemos esclarecer uma série de pontos-chave em vista da compreensão dessa difícil doutrina.

---

17. Cf. Aristóteles, *Metafísica*, M 7, 1078 b 7-12; cf. o que dissemos in *Platão...*, pp. 167-180.

a) Entre Ideias e Números, há uma conexão estreita, mas *não uma identificação ontológica total.*

b) Cada Ideia não se reduz a um Número exato. Platão não segue uma via de caráter aritmológico ou aritmosófico, e não se mostra condicionado por uma espécie de mística numérica. Tal doutrina é própria dos pitagóricos e, sobretudo, dos neopitagóricos, enquanto o caminho seguido por Platão apresenta um *caráter fortemente racionalista.*

c) Essa doutrina platônica não pode ser interpretada com base no conceito moderno de número *inteiro* que exprime determinada quantidade, ou ainda como pura abstração conceptual. O. Töplitz demonstrou que, para os gregos, o número é pensado sempre não tanto como número inteiro, ou seja, como uma espécie de grandeza compacta, e sim como uma *relação* articulada de grandezas e de frações de grandezas, de *logoi*, de *analoghiai.* Se assim é, o *logos* grego se mostra essencialmente vinculado à dimensão numérica e significa fundamentalmente "relação". Por conseguinte, para os gregos resulta perfeitamente natural *traduzir as "relações"* em *"números"* e indicar com números as relações, justamente por causa dessa conexão que vigora entre número e relação[18]. Com base nessas explicações, eis a solução do problema. Cada Ideia está numa posição exata no mundo inteligível, segundo sua maior ou menor universalidade e segundo a forma mais ou menos complexa das relações que mantém com outras Ideias (que estão acima ou abaixo dela). Essa *trama de relações* pode ser reconstruída e determinada mediante a dialética e, pelas razões já explicadas, pode ser expressa "numericamente" (dado que o número exprime justamente uma relação). *Portanto, na concepção do número como "proporção" (logos) reside a chave para se poder ler e compreender esse ponto verdadeiramente muito delicado das "Doutrinas não-escritas".*

d) Os números ideais não multiplicam os entes além do verossímil, sem uma razão adequada. Com efeito, Aristóteles nos diz expressa-

---

18. O. Töplitz, *Das Verhältniss von Mathematik und Ideenlehre bei Plato*, in "Quellen und Studien zur Geschichte der Mathematik, Astronomie und Physik", 1 (1929/31), pp. 3-33, agora na coletânea de vários estudos organizada por O. Becker, *Zur Geschichte der griechischen Mathematik*, Darmstadt 1965, pp. 45-75. Essa tese foi acolhida e difundida por J. Stenzel, P. Wilpert, e, também, por Gaiser e por Krämer.

mente que Platão, na geração dos números ideais, "avançava até a Década"[19]. Portanto, ele subordinava à Década e articulava com ela os processos dedutivos de todos os outros números. Provavelmente reduzia os números inteiros (mas esses também concebidos de modo articulado) à Década, e compreendia todos os outros números como *logoi* no sentido acima explicado.

Também essa doutrina, assim como a doutrina dos Princípios primeiros, longe de representar desvios do pensamento de Platão, ou mal-entendidos dos discípulos, representa um vértice metafísico que revela, na sua versão teorética, uma das cifras mais emblemáticas do espírito dos gregos.

Para explicar a teoria das Ideias e a dimensão "visual" que ela implica, Friedländer escreveu (como antes já lembramos) que "Platão possuía [...] o olhar plástico do heleno, um olhar de natureza igual à daquele com que Policleto viu o cânon [...] e também da mesma natureza daquele que o matemático grego dirigia às puras formas geométricas"[20]. Ora, segundo nos parece, tal consideração se aplica justamente, e com mais razão, à redução das Ideias a Números como a arte dos gregos no-lo demonstra de maneira perfeita. Com efeito, a arquitetura e a escultura fundavam-se, na Grécia, sobre um *"cânon"* (correspondente ao *nomos*, isto é, à lei que regulava a música) e que exprimia (contrariamente ao que vigorava no âmbito de outras civilizações) uma "regra de perfeição" essencial que os helenos indicavam por meio de uma proporção perfeita, que se podia exprimir de maneira exata com números. A *"forma (= Ideia)" que de várias maneiras é realizada nas artes plásticas, podia ser reduzida, para os gregos, a proporção numérica e a número.* Mais ainda, a perfeição da figura e da forma retratada na escultura era ligada não só às relações numéricas das partes entre si e das partes com o todo, *mas também com as figuras geométricas.*

Lembremos, por exemplo, a célebre representação que se tornou clássica, designada com a expressão *homo quadratus* (em grego ανηρ τετραγωνος) que incluía de modo perfeito o homem num quadrado e

19. Cf. Aristóteles, *Metafísica*, M 8, 1084 a 12-b 2; XII, 8, 1073 a 18-22 (Gaiser, *Test. Plat.*, 61 e 62).

20. Friedländer, *Platon...*, p. 13 (trad. ital. p. 15).

esse num círculo, tendo como centro o umbigo. Também na arte da cerâmica dos vasos existiam *cânones* expressos em *proporções numéricas* que regulavam as relações entre altura e largura, e procediam do mais simples a outros mais complexos que espelhavam a proporção da seção áurea, amplamente utilizada também nas construções dos edifícios e das estátuas[21].

As conclusões às quais desejávamos chegar são as seguintes. *O olhar plástico dos gregos não via a Forma ou Figura (Ideia)* como algo de último; mas via, para além *dela algo ulterior, a saber, o número e a relação numérica.* Procure-se, agora, transferir tudo isso ao plano alcançado pela "segunda navegação" de Platão; desse modo se conseguirá a correspondência perfeita, em nível metafísico, daquilo que os artistas gregos exprimiram com as suas criações. *As Ideias que exprimem as formas espirituais e a essência das coisas não são a razão última das coisas, mas supõem algo ulterior que consiste, justamente, nos Números e nas relações numéricas e, portanto, nos Princípios supremos, dos quais derivam os números e as relações numéricas.*

5. As realidades matemáticas

Explicamos que os *Números ideais* (assim como as Ideias que, possuindo uma estrutura numérica, podem ser todas qualificadas como Ideias-números) *são muito diferentes dos números e dos objetos matemáticos em geral*, os quais ocupam um lugar ontologicamente "intermediário" (μεταξύ), isto é, um lugar que está *no meio* entre os entes ideais e os entes sensíveis.

Eis um importante testemunho de Aristóteles:

Além disso, Platão afirma que, juntamente com os sensíveis e com as Formas [= Ideias], existem os *entes matemáticos intermediários* (μεταξύ) *entre uns e outros*, os quais diferem dos sensíveis porque imóveis

21. Sobre esses temas, ver as excelentes páginas de W. Tatarkiewicz, *History of Aesthetics*, vol. I: *Ancient Aesthetics*, Haia-Paris-Varsóvia 1970 (trad. ital. Einaudi, Turim 1979), *passim*.

e eternos, e diferem das Formas porque deles há muitos exemplares, ao passo que cada Forma é somente uma e indivídua[22].

Eis uma doutrina que surpreende à primeira vista, mas que, de fato, entra perfeitamente no quadro geral do pensamento platônico. Estes seres matemáticos são "intermediários" na medida em que, de um lado, são *imóveis* e *eternos* como o são as Ideias (e os Números ideais) e, do outro, há deles *muitos da mesma espécie*. Têm portanto, ao mesmo tempo, um caráter fundamental das Ideias e um caráter típico das coisas sensíveis, e justamente por isso são "intermediários". Platão os introduziu pelos motivos seguintes. *a*) Os números sobre os quais a aritmética trabalha não são sensíveis, mas sim inteligíveis, como demonstram as ciências que se ocupam com eles. *b*) Por outro lado, os números e as grandezas com os quais se ocupam a aritmética e a geometria não podem ser os Números ideais nem as Grandezas ideais, porque as operações aritméticas implicam muitos números iguais e as operações e demonstrações geométricas implicam numerosas figuras iguais e múltiplas figuras que são variações da mesma essência (por exemplo, muitos triângulos iguais e muitos de todos os tipos dos quais se fala nas demonstrações), enquanto cada um dos Números ideais é único assim como é única cada uma das Figuras ideais.

Tendo-se presente isto ficam bem explicadas as conclusões platônicas acerca da existência de *entes matemáticos* que possuem características "intermediárias" entre o mundo inteligível e o mundo sensível. Os entes matemáticos são como as realidades inteligíveis, porque são imóveis e eternos, ao mesmo tempo que são análogos às realidades sensíveis porque deles há muitos da mesma espécie. A fonte teorética dessa doutrina deve buscar-se na convicção muito enraizada em Platão da correspondência estruturalmente perfeita entre conhecer e ser ("a mesma coisa é o conhecer e o ser"[23]) segundo a qual a determinado nível de conhecimento de determinado tipo deve necessariamente corresponder um determinado nível de ser.

Portanto, ao nível do conhecimento matemático, superior ao nível do conhecimento sensível, mas inferior ao nível do conhecimento

---

22. Aristóteles, *Metafísica*, A 6, 987 b 14-18 (Gaiser, *Test. Plat.*, 22 A = Krämer, 9).

23. É o famoso fragmento de Parmênides, Diels-Kranz, 28 B 3.

dialético, deve corresponder um plano que possua as respectivas conotações ontológicas (no nosso caso, trata-se dos *muitos números* semelhantes requeridos pelas operações, das *muitas figuras* semelhantes — os muitos quadrados, os muitos triângulos, e assim por diante — requeridos pelas operações e demonstrações geométricas).

Essa "Doutrina não-escrita" é essencial para compreender a estrutura gnosiológica platônica que se encontra nos Diálogos (em particular na *República*), já que ela constitui uma marca fundamental do sistema. Além disso, ela proporciona um ótimo encaminhamento para conhecer a própria realidade. E isso explica perfeitamente o importante papel cognoscitivo que Platão atribuía à matemática na Academia, com o fito de preparar a mentalidade dialética. Com toda razão, pois, Gaiser afirma o seguinte: "[...] justamente porque as realidades matemáticas em senso estrito estão no meio da estrutura do ser e aqui reúnem manifestamente em si as propriedades opostas do que é subordinado e do que é supraordenado, é possível ver igualmente no âmbito dos objetos matemáticos *um Modelo de toda a realidade*"[24]. Naturalmente trata-se de um "modelo" em sentido *analógico*, na medida em que matemática e metafísica permanecem bem distintas. Com efeito, "a estrutura do ser ele mesmo não é de modo especial de tipo matemático; consideradas no seu complexo, as leis matemáticas não têm seu fundamento no âmbito matemático, mas, em última instância, nos princípios gerais do ser"[25].

Em uma palavra: Platão não matematizou a metafísica, mas, ao contrário, fundou metafisicamente e, por conseguinte, utilizou metafisicamente, *em chave analógica, a matemática.*

24. Gaiser, *Platons...*, p. 89.
25. Gaiser, *Platons...*, p. 299.

IV. A METAFÍSICA DAS IDEIAS À LUZ DA PROTOLOGIA DAS "DOUTRINAS NÃO-ESCRITAS" E AS ALUSÕES DE PLATÃO À DOUTRINA DOS PRINCÍPIOS

1. Os juros pagos por Platão na "República" em torno ao Bem e a dívida deixada aberta

Na passagem de Hegel acima citada[1], diz-se (e com fundadas razões) que o filósofo não é dono dos próprios pensamentos como de coisas exteriores, mas, ao contrário, é possuído por eles e *não pode não exprimi-los*. Qualquer que seja o seu modo de manifestar-se, nele estão sempre contidos os conceitos fundamentais. Eis o que justamente se verificou por sua vez no caso de Platão: com efeito, também nos seus escritos (como igualmente na dimensão da oralidade), embora mantendo a determinação rigorosa de *calar algumas coisas* (ou ao menos de não exprimi-las *expressis verbis*), ele fez uma série de referências e alusões a elas e até de modo cada vez mais frequente, justamente *porque nenhum filósofo possui as verdades fundamentais como coisas exteriores, e nenhum filósofo pode pô-las à parte e escondê-las, por estar totalmente possuído por elas.*

Resta, no entanto, o fato de que hoje podemos entender essas vigorosas alusões e essas referências contínuas *unicamente* apoiados nos "socorros" trazidos pela tradição indireta. Konrad Gaiser cunhou uma imagem muito bela que exprime excelentemente o sentido e a estrutura do modo de falar e de exprimir-se por escrito de Platão: "O leitor [...] deve esforçar-se por captar a verdade nesses escritos não diversamente de como se esforça para entender as sentenças dos oráculos. Aos diálogos platônicos pode-se aplicar o que Heráclito disse do Deus de Delfos: 'Não afirma nem esconde, mas deixa entender por sinais' (οὔτε λέγει, οὔτε κρύπτει, ἀλλὰ σημαίνει). São textos cuja significação se manifesta ao leitor somente por meio da interpretação e de um esforço pessoal de assimilação"[2]. Naturalmente

---

1. Cf. *supra*, pp. 23-24.

2. Gaiser, *Platone come scrittore...*, p. 89; o fragmento citado de Heráclito está em Diels-Kranz, 22 B 93.

trata-se de um esforço pessoal não somente levado adiante sobre bases subjetivas, mas também sobre um fundamento *objetivo,* a saber, justamente à luz do que a tradição indireta nos transmitiu sobre as "Doutrinas não-escritas" e que muito nos ajuda a entender aquele "dizer" e "não dizer", mas "aludir" com uma série de referências que se tornam, assim, exemplares.

Comecemos pelo exemplo mais significativo constituído pela *República*, obra-prima que resume todas as conquistas de todos os escritos platônicos anteriores e lança as bases das que hão de vir.

Os livros centrais da *República* contêm um tratado *Sobre o Bem* que vai diretamente ao núcleo das temáticas reservadas, em vista da sua explicação completa, ao ciclo de lições ministradas por Platão no interior da Academia e, portanto, à dimensão da oralidade. A contiguidade entre o *escrito* e o *não-escrito* nesses livros mostra-se fundamental, e o jogo do não afirmar nem esconder, mas dizer por meio de uma série de alusões torna-se verdadeiramente paradigmático. Platão, com efeito, depois de ter explicado que, para compreender a fundo a natureza da justiça e da virtude é preciso alcançar *a justa medida* ou, mais exatamente, *a medida completa* (ou seja, a medida suprema) e que é necessário avançar além daquilo que ele expôs nos primeiros cinco livros, esclarece que esse justamente é o "conhecimento máximo" e para chegar até ele é necessário percorrer um "longo caminho", que implica um grande empenho e uma fadiga não desprezível. Esse "conhecimento máximo", a conquista do *máximo rigor e exatidão*, é o conhecimento da *Ideia do Bem, da qual a justiça e a virtude* (e, em geral, todas as coisas) derivam o seu ser *úteis e proveitosas*. Dela *deriva todo valor axiológico.* Consequentemente, os livros centrais da *República* deveriam concentrar-se justamente sobre a definição dessa Ideia, isto é, sobre a *definição da essência do Bem em si e por si.* Ao invés, Platão remete-o a outra ocasião e a um plano diferente. Em primeiro lugar, diz ao interlocutor que este "ouviu" dele a doutrina do Bem "não poucas vezes", ao contrário, "muitas vezes"; e como nenhum diálogo anterior à *República* fala da Ideia do Bem, as "muitas vezes" nas quais Platão falou dela referem-se obviamente à "oralidade" (ao tê-la "ouvido" justamente nessa dimensão).

Eis a passagem muito significativa:

— Lembra-te, disse eu, de que depois de ter distinguido as três formas da alma delas deduzimos, tratando da justiça, da temperança, da fortaleza e da sabedoria, o que seja cada uma dessas virtudes?

— Se não me lembrasse, disse ele, não seria digno de ouvir o resto.

— E também do que foi dito antes delas?

— O quê?

— Dizíamos a certa altura que, para poder vê-las do modo mais belo, dever-se-ia empreender uma volta maior, ao termo da qual elas nos apareceriam em toda a sua clareza, mas que também era possível articular as demonstrações seguintes ao que fora dito antes. E então respondestes que isto era o suficiente, e assim permaneceu o que naquela ocasião se disse, a meu parecer com pouca exatidão. Mas, se para vós foi suficiente, a vós cabe agora dizê-lo.

— Quanto a mim, ele disse, parece-me que foram ditas segundo a *medida justa* (μετρίως); e assim também pareceu aos outros.

— Mas, meu caro, disse eu, *uma medida* (μέτρον) *de coisas dessa natureza que deixe de fora uma parte qualquer do ser não é, na verdade, uma medida justa* (μετρίως): *com efeito, nada de imperfeito pode ser medida* (μέτρον) *do que quer que seja.* No entanto, algumas vezes parece a alguns que isto seja suficiente e que não se deva pesquisar mais adiante.

— De fato, disse ele, muitos assim procedem em razão da sua indolência.

— É justamente isso que deve evitar, respondi, mais que todos o guardião da cidade e das leis.

— Naturalmente, disse.

— Assim, companheiro, disse eu, ele deve andar pelo caminho mais longo e esforçar-se no aprender tanto quanto nos exercícios ginásticos; caso contrário, como acabamos de dizer, *jamais chegará ao termo dessa ciência que é a mais excelente e a que mais lhe convém* (τοῦ μεγίστου τε καί μάλιστα προσήκοντος μαθήματος).

— Mas esses não são os objetos mais altos (μέγιστα) ou há ainda algo superior à justiça e aos objetos sobre os quais discorremos?

— Sim, disse eu, existe algo mais alto e esses mesmos objetos não convém considerá-los apenas em esboço como fizemos agora e *transcurar a contemplação do quadro perfeito. Ou não seria ridículo esforçar-se em vista de coisas de pouco valor para que tenham toda a perfeição e nitidez possíveis e não entender que o que é excelente merece também uma exatidão perfeita?*

— Sem dúvida, disse ele, assim é; mas pensas que, a respeito desse conhecimento supremo e de tudo o que a ele diz respeito, haja alguém que te deixará ir adiante sem perguntar o que é?

— Certamente que não, respondi eu, mas cabe a ti perguntar. De qualquer maneira, *já o ouviste repetidas vezes*; mas agora, ou não refletes sobre isto, ou pretendes causar-me embaraço fazendo objeções. E acho que é esse o caso; *pois, que a Ideia do Bem* (ἡ τοῦ ἀγαθοῦ ἰδέα) *seja o conhecimento mais excelente* (μέγιστον μάθημα) *já o ouviste muitas vezes* e é servindo-se dela que a justiça e tudo o mais se tornam úteis e proveitosos. E também agora sabes bem que é isso mesmo que estou dizendo, acrescentando *que não conhecemos essa Ideia suficientemente*. E se não a conhecemos, mesmo que conhecêssemos tudo o mais fora dela da maneira mais perfeita, *sabes que daí não nos derivaria vantagem alguma, o mesmo acontecendo se possuíssemos qualquer outra coisa sem o Bem. Ou crês que é vantagem possuir qualquer coisa se essa posse não é boa? Ou conhecer tudo sem conhecer o Bem, não conhecendo nada de belo e bom?*

— Por Zeus, respondeu ele, eu não[3].

Evidentemente essa referência ao que é "ouvido" não é bastante, já que com o Bem se toca justamente o núcleo das doutrinas apresentadas na *República* e, por conseguinte, Platão deve revelar o suficiente, ao menos em certa medida, *para dar um sentido ao seu texto escrito, que tem como centro exatamente esse tema*. E o caminho escolhido por Platão foi verdadeiramente o mais belo. A doutrina completa e exaustiva *Em torno ao Bem* permanece como uma grande conta ou dívida a ser paga noutra oportunidade; aqui, nos livros centrais da *República* serão pagos somente os *juros*, mas em medida proporcional com respeito à dívida que será saldada de outra vez, noutra circunstância. Jogando mesmo, com grande habilidade artística, com a dupla significação do termo τόκος que quer dizer "juro" e "fruto", associa esse termo a ἔκγονος que quer dizer "descendente", ou seja "filho" e, portanto, "fruto" em sentido analógico, para dizer que *o que é aqui apresentado é justamente um juro-fruto do Bem* e, portanto, seu "filho" que reflete em proporções diminutas o pai, assim como o lucro é proporcional ao capital (para usar uma terminologia moderna).

Eis as palavras exatas de Platão:

— Por Zeus, Sócrates, disse Glauco, não te afastes agora que estás quase no fim. Com efeito, para nós bastará que trates igualmente do Bem, como trataste da justiça, da temperança e das outras virtudes.

---

3. *República*, VI, 504 a-505b.

— Também a mim, companheiro, bastaria e muito. *Mas temo não ser capaz disso e que meu zelo despropositado me torne ridículo. Mas, caríssimos, deixemos de lado por agora tratar do que seja o Bem em si; parece-me tarefa superior ao nosso esforço presente chegar até o que penso a respeito.* Mas, se é do vosso agrado, desejo falar do que me parece ser o filho (ἔκγονος) do Bem; se não, deixemo-lo de lado.

— Fala, disse ele; outra vez pagarás a explicação do que seja o pai.

— *Gostaria mesmo, disse eu, de poder pagá-la e de ser cobrado por vós e não limitar-me, como fazemos agora, somente aos juros* (τόκους). *Enquanto isso tomai para vós esses juros e esse filho* (τόκον τε καὶ ἔκγονον) *do Bem. Mas ficai atentos para que involuntariamente eu não vos engane prestando-vos uma conta errada dos juros.*

— Ficaremos, tanto quanto possível, atentos, disse ele; quanto a ti cabe apenas falar[4].

O "filho" do Bem (ou seja, o juro do capital original) é representado pelo Sol numa página que, sob muitos aspectos, tornou-se uma das mais famosas ou mesmo a mais famosa, porque apresenta a semelhança mais clara e mais bela que, por meio de imagens, revela tudo o que Platão quis confiar aos escritos acerca do Bem[5].

A comparação é constituída por Platão da maneira seguinte.

a) O Artesão dos sentidos (o Demiurgo dos sentidos) fabricou da maneira mais preciosa a faculdade de *ver* e a correspondente de *ser visível,* ao passo que, entre a visão e o visível, introduziu um *terceiro elemento* para reuni-los. Cada um dos outros sentidos se mostra diretamente acoplado ao seu objeto, enquanto a visão e o visível são unidos por um *vínculo de valor maior*, isto é, pela luz. Ora, a fonte da luz é o Sol. Mas a vista não é da mesma natureza do Sol; e, no entanto, entre os órgãos dos sentidos, ela é a mais semelhante ao Sol e recebe do Sol a própria capacidade e o próprio poder. Além disso, como o Sol produz a faculdade de ver própria da visão, assim ele é visto por ela. Portanto, a visão recebe a sua capacidade do Sol e, justamente por isso, ela pode ver também o Sol.

b) Ora, o Bem pode ser explicado por analogia com o Sol, que exatamente por essa razão foi apresentado como sendo o "filho" do Bem. Na esfera do inteligível, o Bem está em relação ao inteligível e

4. *República,* VI, 506 d-506 a.

5. *República,* VI, 507 a-509 c.

à inteligência em função e proporção análogas àquelas que o Sol, na esfera do sensível, exerce com relação à visão e ao visível. Quando os olhos veem as coisas na obscuridade da noite veem pouco ou nada; ao contrário, quando veem as coisas iluminadas pelo Sol, veem-nas com clareza e a vista assume o seu papel adequado. Assim sucede também com relação à alma a qual, quando fita o que está misturado com escuridão, ou seja, o que nasce e morre, é capaz apenas de opinar e fazer conjeturas e quase parece não ter inteligência, ao passo que, quando contempla o que é iluminado pela verdade e pelo ser, isto é, o inteligível puro, eleva-se à sua estatura e à sua função própria.

Isso posto, eis como, por analogia com o Sol (o "filho") o Bem (o "pai") cumpre a sua função própria essencial e eis o que dela deriva. A Ideia do Bem confere às coisas conhecidas *a verdade*, e a quem a conhece confere a *faculdade de conhecer a verdade das coisas;* enquanto tal, a Ideia do Bem é, ela mesma, cognoscível. E como a visão e o que é visto não são o Sol, mas são afins ao Sol, assim também o conhecimento e a verdade não são o Bem, mas afins ao Bem. Além disso, como o Sol está acima da visão e do que é visto, assim *o Bem está acima do conhecimento e da verdade.* O Bem vem a ser uma beleza extraordinária na medida em que *excede em beleza o conhecimento e a verdade.*

c) Mas a comparação com o Sol oferece ulteriores indicações. Como o Sol não somente dá às coisas a capacidade de serem vistas, mas causa igualmente sua geração, crescimento e nutrição, mesmo não estando ele próprio implicado na geração, de maneira análoga o Bem não somente causa a cognoscibilidade das coisas, mas *causa igualmente o ser e a essência, não sendo um "ser" ou uma "essência", e sim superior à essência em dignidade e poder.*

Eis, na sua parte conclusiva, o texto célebre entre todos:

— Portanto, disse eu, fica sabendo que esse é o que chamo filho do Bem, que o Bem gerou análogo a si mesmo: *o que é o Bem no mundo inteligível com relação à inteligência e aos inteligíveis, assim é o Sol no mundo visível com relação à vista e às coisas visíveis.*

— Como assim? disse ele; completa a tua explicação.

— Sabes que quando alguém não dirige a sua vista para aquelas coisas sobre cujas cores não se difunde a luz do dia, mas apenas os clarões noturnos, a vista fica ofuscada e parece cego, como se não tivesse uma vista pura.

— Isso mesmo, disse ele.

— Mas creio que quando a dirige para as coisas iluminadas pelo Sol, vê claramente e torna-se evidente que esses mesmos olhos têm a visão pura.

— E daí?

— Assim também pensa que seja a condição da alma. Quando volve seu olhar ao que é iluminado pela verdade e pelo ser, logo o conhece e se mostra dotada de inteligência; quando, ao contrário, se volta para o que está misturado com escuridão, o que nasce e morre, pode apenas emitir opiniões, tem a vista obtusa, balançando as opiniões daqui e dali, e é semelhante a quem não possui inteligência.

— De fato, é semelhante mesmo.

— *Portanto, deves dizer que é a Ideia do Bem que confere a verdade às coisas conhecidas e a faculdade de conhecimento ao sujeito cognoscente. E considera-a cognoscível, sendo ela a causa do conhecimento e da verdade.* E como tanto o conhecimento quanto a verdade são belos julgarás com justiça ao julgares a Ideia do Bem mais bela do que ambos. E do mesmo modo que é justo pensar que a visão e a luz são semelhantes ao Sol, mas não são o Sol, assim é justo admitir que o conhecimento e a verdade são semelhantes ao Bem, mas que não são o Bem, *pois a natureza do Bem é ainda superior.*

— Falas de uma beleza extraordinária, disse ele, pois ela proporciona ciência e verdade, mas, no que toca à beleza, está acima delas. Certamente não falas do prazer!

— Não digas isso, respondi eu. Mas considera a sua imagem da seguinte maneira.

— Qual?

— Penso que dirás que o Sol não apenas proporciona às coisas visíveis a capacidade de serem vistas, mas também a geração, o crescimento e o alimento, mesmo não sendo ele geração.

— E como o seria?

— *Assim, aos objetos cognoscíveis dirás que procede do Bem não apenas o ser cognoscíveis, mas dele igualmente recebem ser e a essência, não sendo ele uma essência, mas estando acima da essência* (ἐπέκεινα τῆς οὐσίας) *em dignidade e poder.*

— Então Glauco exclamou divertido: Apolo! que superioridade maravilhosa![6]

Eis em que sentido essas passagens de excepcional importância histórica contêm *somente* os "juros" do capital original, o "filho" e não o pai. Platão *recusa revelar a essência do Bem* que, no entanto,

6. *República,* VII, 508 b-509c.

diz ter em mente, ou seja, conhecer. Além disso, diz somente *que* o Bem é causa do ser e da verdade (e, portanto, do conhecimento da verdade) e também do valor de qualquer coisa, mas não revela o *porquê*. Diz, enfim, *que* o Bem está *acima* do ser, mas cala o *porquê*. Por conseguinte, revelar o "quê" significa revelar o "filho" e pagar os "juros"; revelar o "porquê" significaria revelar o pai e pagar a grande dívida *Em torno ao Bem*; mas, para fazer isto, seria necessário revelar a *essência do próprio Bem*[7].

Mas o "pai" e o capital original nós os conhecemos somente através da tradição indireta. *A essência do Bem é o Uno*, o qual delimita e determina em vários níveis o Princípio oposto da multiplicidade indeterminada, produzindo desse modo o *ser* (que é sempre uma determinação e uma delimitação do indeterminado), a *cognoscibilidade* de todas as coisas (é cognoscível sempre e tão somente o que é determinado e delimitado), a própria inteligência (que na sua natureza e função é unificante), e também o *valor* de qualquer coisa (dado que o valor é ordem, harmonização, proporção, unidade-na-multiplicidade). E o Uno é superior ao ser porque é a causa do ser (o ser é um "misto" que deriva do Uno como determinante de um Princípio oposto).

Todas essas respostas (conhecimento do *porquê)* concentram-se na definição do *Bem* como *Uno*. E Platão, alcançando nessa passagem um dos grandes vértices da sua habilidade de escritor, no-lo diz simbolicamente e por imagem (mas também o confirma de diversas maneiras), e justamente com aquele típico não revelar e não calar, mas *aludir* do oráculo. De fato, como nos é transmitido[8], os pitagóricos chamavam simbolicamente, com o nome de *Apolo* exatamente o "Uno", fundando-se sobre o alfa (α) privativo e sobre *pollon* (πολλόν, que quer dizer "muito") e, portanto entendendo o termo Apolo como "*privação*"-*dos*-"*muitos*", isto é, como "Uno" supremo. E Platão conclui sua grande passagem dizendo justamente:

APOLO! que maravilhosa superioridade!

---

7. Ver o mapa desses problemas que traçamos in *Platão...*, pp. 255ss. (com as respectivas soluções analíticas).

8. Plotino, *Enéadas*, V, 5, 6.

Expressão que significa:

UNO *(A-pollon)*! *que maravilhosa superioridade!*

E para ser compreendido naquilo que queria dizer com essa alusão verdadeiramente emblemática, Platão assinalou com uma série de referências ao Uno todos os pontos-chave do seu discurso.

Pode-se, então, entender o momento conclusivo da dialética que consiste no "definir" a Ideia do Bem com uma definição que a "abstrai" de todas as outras Ideias (apoiando-se justamente naquele característico não afirmar e não calar, mas *falar por meio de vigorosas alusões,* que pervade as duas passagens sobre o Bem que acabamos de ler): *o Bem é o Uno, e o Uno é a medida suprema de todas as coisas,* como a tradição indireta e também os diálogos sucessivos confirmam amplamente[9].

2. O "Parmênides" e a sua significação

Outro diálogo que recebe muita clareza com a nova interpretação de Platão é o *Parmênides*, um dos mais célebres e, ao mesmo tempo, o mais supervalorizado ou subvalorizado. Com efeito, foram apresentadas numerosas interpretações desse diálogo que vão desde aquelas que nele veem a *summa* mais notável da metafísica e da dialética de Platão até aquelas que, ao contrário, veem nele um simples exercício escolástico e até com um abundante "matagal lógico"; e quase todas caíram nos excessos do muito e do muito pouco[10].

O esquema correto para a releitura do *Parmênides* é o seguinte: nesse diálogo Platão avança muito ao discorrer sobre o que diz

---

9. Para um aprofundamento, ver H. Krämer, *Über den Zusammenhang von Prinzipienlehre und Dialektik bei Platon. Zur Definition des Dialektikers Politeia 534 b-c*, in "Philologus", 110 (1966), pp. 35-70 (agora no volume organizado por J. Wippern, *Das Problem der Ungeschriebenen Lehre Platons. Beiträge zur Verständnis der platonischen Prinzipienlehre*, Darmstadt 1972, pp. 394-448); H. Krämer, ΕΠΕΚΕΙΝΑ ΤΗΣ ΟΥΣΙΑΣ. *Zu Platon Politeia 509 b*, in "Archiv für Geschichte der Philosophie", 51 (1969), pp. 1-30; Krämer *Platone...*, pp. 184-198; Szlezák, *Platon...*, pp. 271-326; Reale, *Platão...*, pp. 241-274.

10. Ver a gama das interpretações que traçamos *in Platão...*, pp. 275-294.

respeito ao vértice da metafísica, isto é, aos Princípios, dos quais revela até mesmo a estrutura bipolar; todavia, *ele não revela de maneira alguma a dialética na sua inteireza e, sobretudo, não revela, a não ser muito parcialmente, a essência desses Princípios e os seus nexos fundacionais.* Em particular, Platão silencia até sobre os nexos fundacionais axiológicos (não fala absolutamente do Bem). E isto está em perfeita coerência com os personagens escolhidos (isto é, os eleatas) e com os seus interesses que não se voltavam para a problemática do Bem.

Se examinarmos atentamente o esquema teórico do diálogo e o reduzirmos às suas linhas essenciais, notaremos que ele retoma exatamente as linhas da carta metafísica do *Fédon*: do plano do sensível se deve passar ao plano do *inteligível,* conquistando primeiro a *doutrina das Ideias* e, depois, a *doutrina dos Princípios.*

1) Na primeira parte, que se tornou muito famosa, são expostos a interpretação e o quadro geral da dialética zenoniana. Em resumo, nela se explica como os célebres argumentos zenonianos pretendiam ser uma prova de reforço às teses de Parmênides. Este afirmava que o Todo é o Uno (ou seja, afirmava a *unidade* e *unicidade* do ser); e os adversários da afirmação "o Uno é" deduziam toda uma série de consequências absurdas, contrárias à tese de maneira sistemática e, portanto, próprias para destruí-la. Pois bem, no seu escrito, Zenão pagava na mesma moeda aos adversários de Parmênides, mostrando como a hipótese dos adversários que sustentavam ao contrário, que *"os muitos são"* (e, portanto, que o *Uno não é)* comportava consequências ainda mais absurdas do que a hipótese de Parmênides. Por conseguinte, a prova da impossibilidade da tese "pluralística", oposta à "monística" de Parmênides, tornava-se uma confirmação dialética do próprio monismo[11].

2) Na segunda parte, Sócrates apresenta a teoria das Ideias, estruturalmente múltiplas. Portanto, o diálogo defende a multiplicidade, mas *deslocando-se a um outro plano com respeito aos pluralistas, adversários dos eleatas.* Com efeito, esses últimos moviam-se no plano do sensível enquanto Platão, no nosso escrito, move-se no plano

11. *Parmênides*, 126 a-128e.

que foi alcançado com a "segunda navegação", isto é, o plano do inteligível. Ora, já o sabemos, todas as contradições do múltiplo sensível são resolvidas e superadas exatamente com a doutrina das Ideias. A participação das coisas às Ideias explica todas as contradições que acaso se encontrem no plano do múltiplo sensível. Seria bastante grave se as contradições assinaladas no âmbito do múltiplo sensível se reapresentassem na mesma forma ou em forma análoga no novo plano das Ideias, isto é, também no plano da pluralidade inteligível. É justamente sobre esse problema que Platão chama firmemente a atenção.

Esse desafio socrático provoca a intervenção do próprio Parmênides, o qual assume pessoalmente o ônus da confutação. Note-se que, nesse ponto, *a dialética eleática se desloca, com uma própria e verdadeira metábase, para o plano conquistado pela "segunda navegação" platônica.* Todavia, na primeira escaramuça, a dialética de Parmênides limita-se a salientar aporias, ou seja, dificuldades e contradições presentes na própria teoria das Ideias (enquanto na terceira parte se desdobrará em todo o seu poder e alcance, avançando até o nível dos Princípios supremos). As aporias levantadas por Parmênides contra a teoria das Ideias são sete, e algumas delas eram já evidentemente muito difundidas na época da composição do diálogo (algumas das principais retornam também na *Metafísica* de Aristóteles, e por isso tornaram-se muito famosas). Poder-se-ia dizer que essas críticas em geral, e justamente as que aparecem como as mais temerosas, nascem de um clamoroso erro de base: tratam das Ideias, introduzidas por Platão como "causas", da mesma maneira que as coisas das quais são causas, ou seja, rebaixando a causa ao mesmo nível dos causados, com todas as consequências que esse erro comporta, em particular com incompreensão total da transcendência das Ideias em sentido metafísico. A resposta de Platão está contida na terceira parte; mas já no fim da segunda parte ele adianta as seguintes observações: *a*) é preciso um espírito privilegiado para compreender a teoria das Ideias (o que quer dizer que essa está longe de ser conhecida por muitos) e é preciso um ainda mais privilegiado para saber ensiná-la e sabê-la comunicar aos outros; *b*) a teoria das Ideias faz surgir aporias, mas, se a eliminarmos, eliminaremos o próprio pensamento e a própria dialética; e com isso se daria cabo à filosofia[12].

3) Abre-se, assim, a terceira parte do diálogo (a mais longa e a mais complexa)[13]. Esta parte tem uma espécie de prólogo de caráter metodológico e programático, que revela uma grande parte dos fins perseguidos por Platão. No entanto é dito que o *exercício dialético* (aquele exercício de longa duração e de grande empenho que Platão prescrevia na Academia) é a condição para não cair nas aporias que examinamos e para resolvê-las. E não será certamente o velho exercício dialético realizado no plano físico pelos eleatas, mas um novo exercício realizado no plano conquistado por aquela que o *Fédon* chama "segunda navegação" e que já conhecemos bem, a saber a dialética no nível do mundo inteligível. É retomado, pois, em novo plano, o esquema dicotômico da dialética de Zenão operando uma autêntica metábase, conseguida já em parte com a teoria das Ideias. Deve-se pôr a hipótese da existência de uma Ideia, e ver em seguida quais são as consequências, considerando-a com relação a si mesma e com relação ao seu contrário; logo se deve pôr também a hipótese de que aquela Ideia não exista e se deve verificar analogamente quais são as consequências, considerando-a na sua relação a si mesma e na relação ao seu oposto. Isso deve ser feito não somente para o Uno e para os Muitos, mas, igualmente, para as Ideias de semelhante e dessemelhante, de movimento e de repouso, de ser e não-ser e assim por diante.

Depois de ter aceitado a discussão, Parmênides começa pela hipótese sobre a qual se funda a sua própria filosofia (que Platão entende em sentido rigorosamente monístico), ou seja, da hipótese "se o Uno é". Sobre o fundamento do esquema geral proposto, serão examinadas, a partir dessa hipótese, as consequências dialéticas referentes justamente ao *próprio Uno* e ao *Outro com respeito ao Uno*, e ainda as consequências que derivam para cada um deles, considerados seja em si, seja reciprocamente; em seguida será examinada a hipótese oposta, seguindo os mesmos passos lógicos. Assim serão

---

12. *Parmênides*, 128 e-135 c.
13. *Parmênides*, 135 c-166c.

obtidas oito hipóteses apresentadas como pontas antitéticas de quatro antinomias.

O exame dialético de cada uma dessas oito hipóteses conduz a resultados positivos e a resultados negativos que se alternam, ou seja, que do Uno *não se pode dizer nada e se pode dizer tudo;* também do Outro com respeito ao Uno analogamente não se pode dizer nada e se pode dizer tudo. Poderia parecer, a uma leitura superficial, que tão trabalhoso exercício deva concluir-se com um laboriosíssimo zero, isto é, de maneira totalmente negativa. Na verdade não é assim. Não se mantêm absolutamente as hipóteses que supõem uma contraposição e uma cisão radical do Uno e do Outro com respeito ao Uno, ou então que negam o Uno ou o Outro com relação ao Uno. Mantêm-se, sim, e dão origem a aporias superáveis, as hipóteses que supõem uma relação estrutural entre o Uno e o Outro com relação ao Uno (os muitos). Em particular, *Platão faz ver ao menos algumas das suas cartas mais significativas, falando do Uno que "participa" do Outro, entendido como multiplicidade infinita, e aludindo à função de limite do Uno.*

O núcleo teórico do diálogo acaba sendo o seguinte: a concepção monista dos eleatas não se sustenta porque cai em aporias insuperáveis; também não se sustenta uma posição simplesmente pluralista (como, por exemplo, a atomística). Entre monismo e pluralismo existe, porém, uma via média sintética, aquela que admite uma *estrutura polar*, ou melhor, *bipolar* do real, *estrutura que se refere a dois Princípios* — O Uno e o Múltiplo indefinito (Díade) —, de tal sorte que um não é sem o outro e vice-versa, ou seja, a dois Princípios que se mostram indissoluvelmente ligados. Em particular, tal concepção dos dois Princípios supremos e da sua participação estrutural lança uma luz completamente nova sobre a teoria das Ideias. *A relação entre as Ideias e as coisas sensíveis deve ser reexaminada à luz da estrutura bipolar da Unidade e da Multiplicidade. E com essa concepção o plano sobre o qual se fundam as aporias da segunda parte fica inteiramente modificado.*

Assim interpretado, o *Parmênides* — que sempre foi uma espécie de pomo de discórdia no que diz respeito à exegese de Platão, na medida em que, de fato, é um escrito repleto de elementos e tons esotéricos, em razão do seu conteúdo e dos próprios personagens que nele comparecem — torna-se grandemente significativo e verdadeiramente claro na sua mensagem fundamental.

3. A ontologia dos gêneros supremos no "Sofista" e a metáfora do "parricídio de Parmênides"

O *Sofista* tornou-se muito famoso na história da ontologia, não tanto pela sua temática de fundo, que diz respeito à natureza e à arte do "sofista" (diferenciada radicalmente da do filósofo) quanto pelo lugar "clássico" no qual se discute acerca do ser e de algumas Ideias supremas e se opera uma reviravolta numa tese fundamental do eleatismo, realizando um "parricídio" de Parmênides, como abaixo veremos.

Por essas razões, o diálogo foi supervalorizado, na medida em que se pensou que Platão tratasse aqui dos conceitos metafísicos últimos e supremos. Na verdade, o primeiro a induzir os intérpretes nesse erro foi Plotino, o qual, em páginas célebres das *Enéadas*, apresentou as Ideias tratadas no *Sofista* como uma lista exaustiva dos universais supremos e, portanto, como a tabela das categorias do mundo inteligível[14]. Ao invés, como resultou de estudos modernos mais cuidadosos, Platão diz claramente que escolhe somente "algumas" das Ideias dentre as que são consideradas as maiores. Por conseguinte, Platão realiza uma "escolha" exata das Ideias que lhe interessam com o fim de desenvolver o tema específico do "sofista"; assim a trama da totalidade das Ideias é deixada de fora do discurso.

Uma vez esclarecido esse ponto, vejamos qual seja o nexo dialético que liga esses gêneros generalíssimos (ou Metaideias) escolhidos no *Sofista* em vista do desenvolvimento do seu tema peculiar.

Platão parte das três Ideias seguintes: "Ser", "Repouso", "Movimento". Entre essas duas últimas subsiste uma relação negativa, porque uma não participa da outra. Ao contrário, a Ideia do Ser tem relações de participação positiva com as duas outras, na medida em que o Repouso "é" e o Movimento também "é". Mas essas três Ideias, justamente pelo fato de serem três, devem ser cada uma *diversa* da

14. Plotino, *Enéadas,* VI, 1-3.

outra e, ao mesmo tempo, cada uma *idêntica* a si mesma. Temos, assim, duas outras Ideias gerais, o "Idêntico" e o "Diverso".

Desta sorte, obtivemos cinco Ideias generalíssimas. E eis o nexo dialético que as liga e que Taylor enfatiza de maneira sintética: "Movimento não é repouso nem repouso é movimento. Mas ambos *são* e são *idênticos* a si mesmos e, portanto, '*participam'* [...] de ser e identidade e, também, já que cada um é diferente do outro, da *diferença*. Por conseguinte podemos dizer, por exemplo, que o movimento é: é movimento; mas também que *não é: não é repouso.* Mas, da mesma maneira, podemos dizer que o movimento 'participa' do ser e, portanto, *é*: há uma coisa que é o movimento; no entanto movimento não é idêntico a ser e, nesse sentido podemos dizer que ele *não* é, vale dizer, que é não-ser. Com o mesmo procedimento se demonstra que é possível afirmar o 'não-ser' de todas as cinco ideias acima referidas, e até do próprio ser, uma vez que cada uma delas é diferente das outras e, assim, *não* é nenhuma das outras"[15]. Descobriu-se, assim, o que se procurava. Falamos do "não-ser" em dois sentidos muito diferentes: *a*) ora o entendemos como contraditório do ser (ou seja, como negação do ser); *b*) ora, ao invés, o entendemos não como contrário, mas como diverso do ser. *a*) No primeiro sentido, o não-ser não pode existir (porque não pode existir o que é negação do ser); *b*) ao contrário, no segundo caso pode existir porque *possui uma sua natureza específica (a natureza da alteridade).*

Cumpre-se, desta maneira, o que o próprio Platão chamou o "parricídio" de Parmênides. Com efeito, nesse diálogo Platão se disfarça de Estrangeiro de Eleia (isto é, eleata), para depois transgredir o mandamento supremo de Parmênides, segundo o qual *o não-ser não é.* Ao contrário, diz textualmente Platão-Estrangeiro de Eleia: *o não-ser é, se entendido exatamente no sentido de "Diverso"*. Eis a página na qual Platão apresenta o "parricídio" de Parmênides:

> Estrangeiro — Mas faço-te ainda um pedido insistente.
> Teeteto — Qual?
> Estrangeiro — Que não penses ter-me eu tornado um parricida.
> Teeteto — Como assim?

---

15. A. E. Taylor, *Plato*, Londres 1949^{6}, p. 389 (trad. ital. de M. Corsi, La Nuova Italia, Florença 1968, p. 604).

Estrangeiro — *Porque, para defender-nos será necessário que submetamos a exame a tese de nosso pai Parmênides e que obriguemos o não-ser sob certo aspecto a ser e o ser, por sua vez, sob certo aspecto a não-ser.*

Teeteto — Parece-me que em torno desse ponto deveremos lutar no nosso discurso.

Estrangeiro — E como não seria isso evidente, como se costuma dizer, até para um cego? Com efeito, enquanto essas proposições não forem ou aprovadas ou refutadas, não poderemos falar de raciocínios falsos ou de opiniões, ou de imagens, de cópias, de imitações ou de simulacros ou de artes que se ocupam dessas coisas sem parecermos ridículos, pois seremos obrigados a falar de coisas que se contradizem a si mesmas.

Teeteto — É bem verdade.

Estrangeiro — Logo, por essas razões, *devemos ter a coragem de atacar agora a tese paterna; ou então devemos simplesmente deixar tudo de lado, se acaso algo nos coíbe a esse respeito.*

Teeteto — Mas nada absolutamente nos coíbe![16]

E eis a página (que se tornou verdadeiramente das mais célebres na história da ontologia) na qual acontece o "parricídio" de Parmênides exatamente no plano ontológico:

Estrangeiro — *Portanto, como parece, a mútua oposição de uma parte da natureza do outro e da natureza do ser não é, por assim dizer, menos ser que o próprio ser, pois não significa um contrário do ser, mas simplesmente algo diverso com relação a ele.*

Teeteto — É muito claro.

Estrangeiro — E como deveremos denominá-la?

Teeteto — *É evidente que se trata do não-ser que procurávamos a propósito do sofista.*

Estrangeiro — Assim, como disseste, o outro com respeito ao ser não é mais deficiente em ser do que qualquer outro gênero? *É preciso ousar dizer que o não-ser possui firmemente a sua própria natureza.* E como vimos que o grande é grande e o belo é belo, e o não-grande é não-grande e o não-belo é não-belo, *assim, pela mesma razão, também o não-ser era e é não-ser, a saber uma Ideia una que entra no número da multidão das Ideias?* Ou então, Teeteto, temos ainda alguma dúvida a respeito?

Teeteto — Nenhuma dúvida.

Estrangeiro — Sabes então, que *desafiando Parmênides fomos muito além dos limites da sua proibição?*

---

16. *Sofista*, 241 d-242 a.

Teeteto — Como assim?

Estrangeiro — Porque avançamos na nossa pesquisa muito além do que ele nos permitia e contra ele fizemos nossas demonstrações.

Teeteto — De que modo?

Estrangeiro — Porque em algum lugar ele diz:

"Tu não obrigarás nunca o não-ser a ser
Mas desse caminho afasta o teu pensamento"

Teeteto — É verdade que ele assim fala.

Estrangeiro — *Nós, ao contrário, não só mostramos que o não-ser é, mas mostramos também qual seja a forma do não-ser.* Com efeito, depois de ter mostrado que a natureza do não-ser é, e que se estende a todos os seres nas suas relações mútuas, *ousamos dizer que cada parte dessa natureza que é oposta ao ser é verdadeiramente o não-ser.*

Teeteto — Sem sombra de dúvida, estrangeiro, o que dissemos é muito verdadeiro.

Estrangeiro — Mas que não se venha dizer termos nós ousado afirmar que o não-ser é, quando dissemos que ele é o contrário do ser. Com efeito, há muito demos adeus a um contrário do ser, seja ele ou não seja, tenha algo de razão ou seja totalmente irracional. Quanto ao que acabamos de dizer, a saber, que o não-ser é, ou que alguém nos convença de que erramos e nos refute, ou então, enquanto não for capaz disso, que diga como nós dizemos, que *os gêneros se misturam entre si e que ser e outro penetram através de todos os gêneros e um no outro, e que o outro, participando do ser, é, mas não é, em razão dessa participação, aquilo do qual participa, mas é outro; e sendo outro com relação ao ser será necessariamente não-ser.* E sendo o ser, por sua vez, participante do outro, deverá ser outro com relação aos outros gêneros. E sendo outro com relação a todos eles não é nenhum deles nem é todos os outros juntos menos ele mesmo. *Logo, o ser, por sua vez, não é inumeráveis vezes, e assim todos os outros gêneros, cada um separadamente e todos juntos, sob muitos aspectos são e sob muitos aspectos não são.*

Teeteto — É verdade[17].

O "parricídio" de Parmênides não acontece, porém, somente na perspectiva ontológica, isto é, no campo da discussão dos conceitos de *ser* e *não-ser* e, em particular, por causa da aceitação desse último, como normalmente se pensa. Com efeito, Platão invoca a temática *henológica* do *Uno* e dos *Princípios primeiros* e indica igualmente a necessidade de admitir a *estrutura hierárquica do ser*. De resto, já no

17. *Sofista,* 258 a-259 b.

diálogo *Parmênides*, pondo nos lábios do grande eleata aquele notável exercício dialético que, como vimos, orienta-se para tornar evidente esse "polarismo", Platão obrigara Parmênides a se "matar", justamente com evidenciar tal "polarismo" que opera uma reviravolta radical no monismo eleático. Mas eis como, logo depois de ter falado do "parricídio" de Parmênides, Platão submete a um ataque as "conclusões" do pai. Ele não parte das discussões em torno ao não-ser, mas justamente da discussão em torno ao próprio ser e à sua estrutura e, em particular, à *impossibilidade de se sustentar a concepção do ser-uno no sentido monístico-eleático:*

> Estrangeiro — Parece-me que com muita desenvoltura Parmênides discorra conosco, e assim também quem quer que se abalance a definir *quantos são os seres e quais sejam*[18].

Eis as aporias das quais Parmênides não consegue sair identificando o Ser com o Uno e com o Todo.

a) *"Ser"* e *"Uno"* são dois nomes; mas, admitir dois nomes desde que se admita somente o Uno é contraditório. Mas será completamente absurdo admitir que um nome *seja* porque, se ele é diferente (enquanto nome) da coisa que exprime, com ela constituirá juntamente um *dois* (*uma coisa* é o nome, *uma segunda coisa* aquilo que o nome indica). Por conseguinte, o monismo absoluto, para ser coerente, deverá englobar na unidade também o nome.

b) Mas a posição dos eleatas implica ulteriores complicações na medida em que fazem coincidir o *Uno* com o *Todo*. Com efeito Parmênides, identificando o Todo com uma esfera, acaba atribuindo-lhe, por consequência necessária, um centro e os extremos e, portanto, "partes". Ora, o que possui partes pode participar do Uno, mas não pode ser por si o Uno; com efeito, o Uno enquanto tal é indivisível e, portanto, está acima das partes. Nem se pode, com Parmênides, identificar em geral *Ser, Uno e Todo*, porque cada um deles *tem uma natureza própria e distinta*: o Ser participa do Uno e, portanto não é o Uno; o Todo é algo mais do que o Uno, enquanto contém tanto o Ser quanto o Uno[19].

---

18. *Sofista*, 242 c.
19. Cf. *Sofista*, 242 d-245 d.

Esse texto *contém o "parricídio" de Parmênides no plano da henologia na nova dimensão alcançada por Platão e revela o seguinte.* *a*) O Uno em sentido primeiro é absolutamente indivisível e, portanto, absolutamente simples. *b*) O que tem partes pode ter unidade, mas somente por participação no Uno. *c*) O Ser participa do Uno, mas não coincide com o Uno (o Uno está acima do Ser e do Uno depende o Ser). *d*) O Inteiro não coincide nem com o Ser nem com o Uno, mas constitui, num certo sentido, o horizonte que os inclui. *e*) E já que o Ser não coincide com o Inteiro porque implica fora de si o Uno do qual participa, o Ser não é por si mesmo a completude e incluirá o Não-ser (entenda-se, no sentido explicado pelo nosso diálogo, ou seja, a diversidade); em particular, o Ser não é o Uno.

Trata-se, como se vê, de alguns *motivos protológicos de importância fundamental*, mesmo se Platão os dilui de várias maneiras com aquele tom "jocoso" que, para ele, o escrito enquanto tal exigia[20].

4. As grandes teses metafísicas do "Filebo": a estrutura bipolar do real, os quatro gêneros supremos e a Medida suprema como Absoluto

As indicações protológicas se ampliam de maneira considerável no *Filebo* como os antigos já haviam notado[21] e como faz tempo os estudiosos modernos mais atentos o reconheceram[22]. Três são as passagens protológicas mais significativas: em primeiro lugar, Platão põe em relevo a estrutura bipolar do real (Uno-Muitos) e, em conexão com este tema, voltado sobretudo para as Ideias, explica a estrutura numérica das próprias Ideias; em segundo lugar, amplia essa temática, estendendo-a a toda a esfera cosmológica e antropológica, realçando os quatro gêneros supremos do real; em terceiro lugar reitera, por meio de uma série de alusões muito claras e, em certa medida, nitidamente explícitas, a essência do Bem como Uno e como Medida suprema.

---

20. Para uma análise pormenorizada cf. Reale, *Platão...*, pp. 295-310.

21. Assim fizera Porfírio, como nos refere Simplício, *In Arist. Phys.*, pp. 453, 30s. Diels (Gaiser, *Test. Plat.*, 23 B = Krämer, 11).

22. J. Stenzel, *Studien zur Entwiklung der platonischen Dilaektik von Sokrates zu Aristoteles*, Darmstadt 1961[3] (a primeira edição é de 1917).

Comecemos pelo primeiro ponto[23].

Depois de ter reafirmado a importância da questão das relações do Uno e dos Muitos e de ter ulteriormente destacado que a identidade do Uno e dos Muitos estabelecida pelo raciocínio se encontra sempre e em todas as partes, em todas as coisas das quais se fala, Platão esclarece que esse conhecimento das relações do Uno e dos Muitos coincide substancialmente com uma "revelação divina" que nos foi transmitida pelos antigos, segundo a qual todas as coisas que são ditas "*ser*" são constituídas justamente pelo "*uno*" e pelos "*muitos*" e contêm em si o limite e o ilimitado. Em outros termos: a estrutura bipolar é o eixo de sustentação de toda a realidade e, portanto, também do pensamento.

Eis em que consiste mais exatamente essa revelação e esse "dom de Deus aos homens": *o ser enquanto tal contém em si o limite e o ilimitado (o "peras" e o "apeiron") que se mostram sempre componentes essenciais, igualmente necessários.* Essa afirmação vale para *todo e qualquer ser,* começando das *próprias Ideias.*

Quaisquer que sejam os objetos em discussão é necessário, para conhecê-los, que se encontre a *unidade da Ideia.* É necessário examinar atentamente essa Ideia para ver se, por sua vez, ela não contém *duas ou mais Ideias* e, depois, se cada uma dessas Ideias se subdivide em outras Ideias, até chegarmos às Ideias que não sejam ulteriormente divisíveis. Enquanto se permanece no âmbito das Ideias, o *número* das Ideias contidas numa Ideia dada é sempre *determinado.* Mas, no momento em que se atingem as Ideias que não são ulteriormente divisíveis, não é mais possível avançar na divisão dialética e passa-se, então, à *multiplicidade dos indivíduos empíricos,* do modo que será abaixo explicado.

Por conseguinte, a divisão das Ideias dá origem sempre a uma *quantidade limitada* de Ideias nela incluídas. Tarefa particular da dialética é justamente estabelecer *quais e quantas sejam essas Ideias.* E exatamente aqui reside a novidade mais notável do *Filebo,* bem esclarecida a partir de Stenzel, a saber, a conjunção da *estrutura diairética das Ideias com o número. Aqui aparece, como já observamos, a doutrina das Ideias-número no sentido que acima explicamos.*

---

23. *Filebo,* 16 c ss.

É possível estabelecer a estrutura de toda Ideia geral, descobrindo, pela divisão, as Ideias particulares nas quais se divide e, assim exprimir essa estrutura diairética num número (isso significa, com efeito, determinar quais e quantas sejam as Ideias contidas numa Ideia-gênero). Enfim, depois desse processo, será possível passar à multiplicidade indeterminada dos indivíduos. Isto significa que não é possível passar *imediatamente* de uma Ideia geral (unidade) à multiplicidade dos indivíduos empíricos, que são multiplicidade indeterminada, se não *por meio da divisão ontológica e lógica da Ideia nas várias Ideias das quais aparece constituída, e a determinação do seu número (a saber, quais e quantas sejam).* Somente uma vez alcançadas as Ideias indivisíveis será possível a passagem aos inumeráveis indivíduos empíricos correspondentes. Portanto, abaixo da Ideia ínfima, não mais ulteriormente divisível, está o *ápeiron sensível.* Por isso a Ideia exerce por sua vez, justamente em razão da sua estrutura numérica, uma função determinante de unidade com respeito aos sensíveis, como veremos melhor mais adiante, mas como o seguinte texto já no-lo diz com clareza:

> Sócrates — [...] Assim como, tomando-se um *uno* (ἕν) qualquer não se deve considerá-lo imediatamente, como dizemos, na sua relação com a *natureza do ilimitado* (ἐπ'ἀπείρου φύσιν), mas com referência a certo número (ἐπί τινα ἀριθμόν) assim, no caso contrário, quando seja necessário começar *do ilimitado*, não se deve pensá-lo imediatamente com referência ao *uno*, mas sim com referência a certo número dotado de certa *quantidade* e finalmente chegar ao *uno* tendo percorrido todo o conjunto[24].

Passemos ao segundo dos pontos acima indicados[25].

Platão retoma as argumentações metafísicas já desenvolvidas e tira delas algumas conclusões da máxima importância. Com efeito, os conceitos 1) de "*sem limite*" e 2) de "*limite*" são retomados com uma valência ontológico-cosmológica. Afirma-se que o que existe em geral implica, exatamente, de maneira sistemática, esses dois fatores. Mas, além desses dois gêneros é necessário acrescentar, para compreender a estrutura ontológica da realidade física, 3) a "*mistura*" de "*limite*" e "*ilimitado*" como sendo o terceiro gênero e, finalmente, muito importante, a ulterior "*causa da mistura*".

24. *Filebo*, 18 a-b.
25. *Filebo*, 28 c-31 a.

Esses quatro gêneros supremos são articulados com a protologia não-escrita de maneira absolutamente emblemática.

1) O *apeiron* (o "indeterminado", "indefinido" "ilimitado") consiste num "avançar sempre e não permanecer parado" nas duas direções opostas, como dá bem a entender o exemplo do quente e do frio adotado por Platão, que implica um *sempre mais* no quente e um *sempre mais* no frio em direções opostas. Mais ainda, a escolha do "mais e menos" como *sinal distintivo* da natureza do ilimitado é particularmente eloquente: Platão entende um avançar sempre no "mais" e um avançar sempre (em sentido oposto) no "menos", ou seja um *proceder ao infinito dos "dois" extremos opostos, em sentido diádico.* Portanto, é evidente a referência ao Princípio da Díade do grande-e-do-pequeno das "Doutrinas não-escritas" que exprime justamente uma ilimitação (Díade *indefinida*) no duplo sentido de avançar para uma infinita grandeza e para uma infinita pequenez. Ou melhor, Platão indica mesmo explicitamente *o maior e o menor* como exemplo ilustrativo conclusivo e paradigmático ou como referência evidente alusiva justamente a *Díade indefinida do maior-e-menor.*

2) O *peras* (ou "limite") implica tudo o que tem relação com as Ideias e, em particular, com a sua *estrutura numérica* e a capacidade de determinar o indeterminado justamente com a *mediação numérica.* Platão invoca as características de quantidade, de justa medida, de igualdade, de número com relação a número, de medida com relação a medida. Em particular, ele acentua que o *limite* é o que faz cessar as relações de oposição do indeterminado e do ilimitado, *introduzindo o número* e, desta maneira, comensurando e proporcionando, e insiste em que isso é o que elimina o excesso, produzindo justamente medida e proporção. Trata-se, evidentemente, dos vários modos com os quais o Uno, em vários níveis e de diversas maneiras exerce a sua função de princípio, determinante e último. E aqui Platão é levado mesmo a afirmar expressamente que o *limite* "é o Uno por natureza" (ἓν φύσει).

3) O *misto* de ilimitado e de limite mostra-se, pois, consequentemente, o que é comensurado e proporcionado (o efeito da ação do *peras* sobre o *apeiron)* como, por exemplo, a saúde, o vigor físico, a música, as estações do ano, todas as coisas belas e, particularmente, as que têm lugar nas nossas almas. E Platão esclarece ulteriormente

que o misto é um "caminhar para o ser" (γένεσις εἰς οὐσίαν), ou seja, um assumir o Uno da parte do múltiplo indeterminado e, portanto, é a *unidade* que deriva das medidas produzidas pelo *peras* sobre o *apeiron* e, portanto, *uma unidade-na-multiplicidade.*

4) Enquanto no mundo das Ideias essa "mistura" é eterna (acontece desde sempre e para sempre) na medida em que, no plano do mundo inteligível não é necessária, em razão da estrutura bipolar dos Princípios, uma causa ulterior que garanta a mistura estrutural do *limite* e do *ilimitado*, no mundo do vir-a-ser e em tudo aquilo que implica "geração" *é necessária uma causa eficiente produtora dessa "mistura"*, e essa é Inteligência em todos os seus níveis. Em particular, a *mistura* do cosmo físico em geral e das coisas nele contidas em particular implica uma Inteligência cósmica, ou seja, o Demiurgo (o Artífice) universal, assim como as artes e os produtos da atividade do homem implicam a inteligência do homem. Mas desse complexo e importante problema nos ocuparemos de modo específico no próximo capítulo.

Chegamos, assim, ao terceiro[26] dos pontos acima indicados, contido nas conclusões do diálogo. Depois de ter-nos dito (nas passagens que interpretamos) com uma série verdadeiramente impressionante de alusões que o *Bem é o Uno*, nesse trecho metafísico conclusivo Platão avança até explicar que no vértice de todos os valores está *a Medida* e que dela derivam todos os valores. Já Pohlenz observava muito bem a esse respeito: "[...] por Medida Platão entende, de fato, o Absoluto, e escolhe essa determinação porque o Absoluto inclui em si não apenas o Bem em sentido finalista, mas também o Belo e, portanto, um princípio de ordem e proporção e constitui a causa primeira do seu existir concreto e a norma da sua mistura exata"[27]. Ora, conhecemos pela tradição indireta que a Medida suprema é a própria natureza do Uno (em sentido metafísico), como vimos pelas alusões da *República*[28] e como no *Filebo* Platão volta a dizer por meio de alusões que chegam quase a revelações, *ao pôr a Medida* (μέτρον) *no vértice de todos os valores.*

---

26. *Filebo*, 64 a ss.

27. M. Pohlenz, *Der hellenische Mensch*, Göttingen 1947; trad. ital. de B. Proto, *L'uomo greco*, La Nuova Italia, Florença 1962, p. 422.

28. *República*, VI, 504 a-506 b.

Dessa maneira, confirma-se em todos os sentidos que Platão nos seus escritos, como o oráculo de Delfos, "não afirma nem esconde, mas se faz compreender por sinais"[29]. Mas a explicitação desses sinais (que é muito forte no *Filebo*) é ainda hoje possível para nós mediante a ajuda e o "socorro" fornecidos pela tradição indireta; e é possível senão totalmente, ao menos nos seus traços essenciais, de maneira verdadeiramente notável[30].

É esse justamente o modo mais significativo e mais construtivo para ler e compreender Platão, modo que desde já se impõe nos níveis mais elevados das pesquisas hoje em curso.

29. Diels-Kranz, 22 B 93.

30. Cf. Reale, *Platão...*, pp. 329-342, onde apresentamos a mais pormenorizada análise desses problemas.

V. A DOUTRINA DO DEMIURGO E A COSMOLOGIA

1. A posição do mundo físico no âmbito do real segundo Platão

O conceito de base que se deve ter presente para poder compreender a doutrina do Demiurgo e a cosmologia (um dos vértices do pensamento platônico) é o da estrutura hierárquica do real, que constitui um daqueles notáveis eixos de sustentação que garantem a unidade e a compreensão global correta do pensamento de Platão. Aos Princípios primeiros e supremos do Uno e da Díade seguem-se, segundo Platão, 1) o plano das Ideias, 2) o plano intermediário dos seres matemáticos, 3) enfim, o plano do mundo sensível. Cada um desses planos se articula em distinções ulteriores, ou seja, exatamente: 1) o plano das Ideias tem como vértice os Números e as Figuras Ideais, seguidas das Ideias mais universais (que algum estudioso propõe chamar justamente Metaideias) e depois as Ideias mais específicas e particulares; 2) o plano dos seres matemáticos inclui os seres geométricos planos e sólidos, os seres que pertencem à astronomia pura e à musicologia, e ainda as almas; 3) o plano do mundo físico inclui todas as realidades sensíveis.

Faz-se necessário lembrar que falamos de "planos" usando uma expressão física que, naturalmente, deve ser tomada como uma imagem para indicar uma estrutura metafísica, ou seja, um ordenamento hierárquico. Veja na página seguinte o esquema ilustrativo.

A relação subsistente entre os planos é de dependência ontológica *unilateral e não biunívoca*: o plano inferior não pode ser (e não pode ser pensado) sem o superior; mas não vice-versa. É esta a relação de "anterioridade" e "posterioridade" segundo a *natureza* e segundo a *substância* para usar uma expressão de Aristóteles, que escreve:

> Algumas coisas se dizem anteriores e posteriores segundo a *natureza* e segundo a *substância*: tais são *todas as coisas que podem existir independentemente de outras, ao passo que essas outras não podem existir independentemente delas: essa é uma distinção da qual Platão se servia*[1].

1. Aristóteles, *Metafísica*, Δ 11, 1019 a 1-4.

PRINCÍPIOS PRIMEIROS E SUPREMOS:
"UNO" E "DÍADE INDETERMINADA"

- plano das Ideias
  - Números e Figuras ideais
  - Ideias generalíssimas ou Meta-ideias
  - Ideias particulares

- plano dos entes matemáticos
  - objetos da aritmética
  - objetos da geometria plana
  - objetos da estereometria
  - objetos da astronomia pura
  - objetos da musicologia

a este plano se reportam também a Alma do mundo e as almas em geral

---

plano do mundo físico sensível

A fórmula platônica técnica era a seguinte: o que depende pode ser suprimido sem que seja suprimido, com isto, aquele do qual depende. Significa que nos encontramos diante de um tipo de dependência metafísica dos planos sucessivos do ser um com relação ao outro o que implica, por assim dizer, o adensamento, em cada fase sucessiva, do Princípio diádico que não é deduzido nem explicado sistematicamente, mas apresentado simplesmente como tal e, portanto, dado como originário. Nesse sentido, a causação que o plano superior exerce é *necessária*, mas *não suficiente,* porque explica apenas o aspecto metafisicamente formal do plano sucessivo (tudo o que se refere à sua ordem e à sua unitariedade), mas não a sua diferença (todos os seus aspectos de multiplicidade e pluralidade), que depende do Princípio diádico. Essa é uma observação de grande importância porque exclui claramente os esquemas e implicações do panteísmo e do imanentismo[2].

Alguma observação a mais esclarecerá melhor essa estrutura complexa da metafísica platônica.

1) Vimos acima como dos dois Princípios supremos derivem os Números ideais e, portanto, todas as Ideias (que, como sabemos, possuem uma estrutura numérica), por meio de um processo de delimitação (ou de igualização) da parte do *Uno* sobre a *multiplicidade indeterminada* da Díade.

2) O plano "intermediário" dos seres matemáticos era explicado por Platão da maneira seguinte. *a*) Os números matemáticos eram deduzidos de *mônadas* (unidades particulares) e da *pluralidade* de "muito e pouco". *b*) As figuras planas e estereométricas eram deduzidas de uma espécie particular de *ponto* que Platão denominava *"linha indivisível"* (ponto matemático dotado de uma posição) que servia de princípio formal, enquanto ele punha, como princípio material, o *"curto e longo"* para a linha, o *"largo e estreito"* para a superfície e o *"alto e baixo"* para o sólido. Trata-se, evidentemente, de diferenciações específicas do Princípio supremo da Dualidade originária de grande-e-pequeno, que contém sucessivamente um adensamento em materialidade (inteligível) e multiplicidade (sempre no nível inteligível).

3) Passando ao plano ontológico seguinte, assistimos ao nascimento do cosmo físico: aqui, o princípio material adquire um adensamento e uma força tais de sorte a produzir *a dimensão do sensível* e a gerar o mundo do vir-a-ser (como veremos mais adiante).

Mas — e esse é o ponto mais importante a ressaltar — também no plano do sensível mostra-se um "intermediário", a partir de uma ótica diferente. Com efeito, os seres matemáticos são "intermediários" *entre dois diferentes gêneros de ser*, ou seja, entre *um ser eterno*

---

2. Sobre esse problema ver Krämer, *Platone...*, pp. 164 e 176s.; Reale, *Platão...*, pp. 176-178.

que não vem-a-ser em nenhum sentido (não nasce, não morre, não cresce, não diminui, não muda) e *um ser que nasce e vem-ao-ser em todos os sentidos*. Como já explicamos acima, os seres matemáticos são múltiplos como os sensíveis; além disso, são *intermédios* também como *intermediários*, na medida em que tornam possível e explicam o modo de articular-se do inteligível no sensível (como mais adiante veremos). Ao invés, o mundo sensível é "intermédio" se for considerado em função de uma ótica que inclui também *o não-ser* entre os graus da escala hierárquica, como o seguinte esquema ilustra de maneira sintética e sinótica:

---

1) *Ser inteligível e eterno:* Ideias, seres matemáticos (ser em sentido pleno)

---

2) ser *que nasce, morre, vem-ao-ser* (ser em sentido apenas parcial e não pleno).

---

3) *não-ser*

É justamente nessa ótica que Platão, na *República*, qualifica o mundo físico, que é ser em devir, como "intermédio" entre *ser puro* e *não-ser*.

Porque falou Platão dessa maneira?

Parmênides não tinha dúvidas: o que é múltiplo e relativo, muda e devém, não é; não é no sentido forte do termo, ou seja, é nada. Em consequência, no não-ser e no nada tateia a "opinião" ou doxa, que é própria dos mortais e que, crendo no vir-a-ser do ser, *condena-o ao não-ser*. Mas, como já a propósito do mundo ideal (que, no entanto, fora identificado com o ser absoluto e interpretado como uma categoria de origem eleática), Platão modificara a palavra de Parmênides e introduzira um não-ser como "diverso" para poder explicar a multiplicidade ideal, assim também, a propósito do mundo sensível, ele foi obrigado a modificar (e não menos radicalmente) a palavra de Parmênides e a conceder aos fenômenos, para poder explicá-los, uma *realidade própria* e um *ser próprio*.

Vimos já como a tentativa de Parmênides de explicar os fenômenos se rompesse nas suas mãos porque, no mesmo instante em que tentava repor os fenômenos no leito do ser, não os salvava, mas inteiramente os destruía (aplicado aos fenômenos, o ser eleático os absolutizava, imobilizava e reduzia ao absolutamente idêntico). Platão, ao contrário (justamente em consequência da sua "segunda navegação") compreende que o ser do mundo sensível e fenomênico subsiste, mas é *outro estruturalmente* com relação ao "ser verdadeiro", ao "ser que é verdadeiramente". Para Platão, é claro que o ser do mundo sensível é um ser de alguma maneira partido, dividido, condicionado pelo não-ser; mas é do mesmo modo claro para ele que não se trata de maneira alguma do absoluto não-ser, ou seja, do nada, ou de algo totalmente privado da marca metafísica do ser. Igualmente claro para Platão é que, se o conhecimento verdadeiro (a verdade) diz respeito somente ao mundo ideal e ao ser verdadeiro, a opinião (doxa) gira em torno de alguma coisa que é de alguma maneira (na medida em que espelha algo da verdade) e que não pode referir-se ao não-ser em sentido absoluto, porque do não-ser não há conhecimento, mas ignorância[3].

Eis, pois, a resposta platônica ao problema: o ser do sensível é um "intermédio" (μεταξύ) entre o puro ser e o não-ser. O mundo sensível, mundo do vir-a-ser, não *é* ser (o ser verdadeiro e absoluto), mas *tem* ser e o tem pela sua *participação ao mundo das Ideias* (isto é, ao ser verdadeiro): tem, por assim dizer, um ser *tomado de empréstimo.*

Leiamos a passagem que exprime esta concepção e que é fundamental para se entender Platão corretamente. Depois de ter explicado, analisando as formas do conhecimento, como o opinar não possa referir-se nem ao ser nem ao não-ser (porque do ser há ciência e não opinião, e do não-ser há ignorância), mas diga respeito a algo de "intermédio", o filósofo escreve:

> — Fica-nos por encontrar, ao que parece, *o que participa de ambos, a saber do ser e do não-ser*, e que não se poderia chamar justamente com nenhum dos dois nomes. Assim, quando se apresente, poderemos dizer que é o opinável, atribuindo aos extremos os lugares extremos e aos intermédios os lugares intermédios. Ou acaso não é assim?

---

3. Cf. *República*, V, 477 a ss.

— Assim é.

— Posto isso, direi: diga-me e responda-me aquele bom homem que não crê num Belo em si e em nenhuma Ideia do Belo que permaneça sempre idêntica a si mesma, mas somente admite *muitas* coisas belas [= os muitos fenômenos empíricos]; responda-me aquele amante de espetáculos [*scil.*, meramente fenomênicos] que não suporta de maneira nenhuma que alguém diga que o Belo é *Uno*, e assim também o Justo e as outras coisas [= as outras Ideias]. A respeito dessas *muitas* coisas belas [fenomênicas] diremos: ó bom homem, acaso haverá alguma que não apareça também feia? E dentre as justas [fenomênicas] acaso haverá alguma que não apareça também injusta? E dentre as coisas santas [fenomênicas] haverá alguma que não apareça também ímpia?

— Não, disse ele, mas é necessário que essas coisas belas [fenomênicas] possam, de alguma maneira, parecer também feias, e assim das outras sobre as quais interrogas.

— E o que pensas das muitas coisas [fenomênicas] *duplas?* Acaso as coisas *duplas* não são tão *metades* quanto *duplas?*

— Sim.

— E assim as *grandes* e as *pequenas*, as leves e as pesadas, devem ser chamadas assim em vez do nome contrário?

— Não, disse; a cada uma convém igualmente os dois contrários.

— Mas então, cada uma dessas muitas coisas [fenomênicas] é ou não é aquilo que dizemos que é?

— Elas se parecem com essas frases com duplo sentido que se dizem nos banquetes ou então à adivinhação dos meninos sobre o eunuco que atira algo no morcego e na qual é preciso adivinhar com que o atinge e onde o atinge[4]; com efeito, também essas coisas podem ser entendidas em duplo sentido e não se pode pensar com certeza se é ou não é, nem que é ambas as coisas ou que não é nenhuma das duas.

— Então, disse eu, sabes como tratá-las ou colocá-las em posição melhor que *a intermediária entre o ser e o não-ser* (μεταξὺ οὐσίας τε καὶ τοῦ μὴ εἶναι)? Com efeito, elas não têm mais obscuridade que o nada porque não são o não-ser em grau superior, nem são mais claras do que o ser porque não são ser em grau maior.

---

4. A charada soava aproximadamente assim: há *um homem* que *não é homem* (= eunuco), que lança *uma pedra* que *não é pedra* (= pedra-pomes), a *um pássaro* que *não é um pássaro* (= morcego), sobre *uma planta* que *não é uma planta* (= cana). A evocação dessa charada sugere de maneira esplêndida a fundamental ambiguidade do μεταξύ, do sensível, que é, ao mesmo tempo, *ser* e *não-ser* e não é *nem ser* (puro) nem *não-ser*.

— É veríssimo, disse ele.

— Encontramos, portanto, ao que parece, que as muitas opiniões que a multidão tem em torno ao belo e ao resto giram *como intermédias entre o não-ser e o puro ser*[5].

2. O Demiurgo e o seu papel metafísico

Se entendermos bem o sentido da página que acabamos de ler, compreenderemos também as razões pelas quais Platão não pôde explicar o cosmo físico por simples *dedução* dos Princípios primeiros e supremos e do mundo das Ideias, mas julgou necessário introduzir a Inteligência divina como causa metafísica originária[6]. Com efeito, para ele o ser na dimensão do vir-a-ser implica a causa específica da Inteligência produtora e tudo o que ela postula. Eis como (no magnífico prelúdio teorético ao grande discurso cosmológico do *Timeu*[7]), Platão resume seu pensamento em quatro axiomas.

---

5. *República*, V, 478 e-479 d. É oportuno observar que o *não-ser*, do qual fala Platão nesta página, poderia parecer o *nada* (o não-ser em sentido absoluto). Todavia, o texto e o contexto levam a crer que Platão indica, antes, o Princípio material oposto (a Díade sensível), que, como sabemos, é assimilado ao *não-ser*, dado que, para o nosso filósofo, o ser é um "misto", que depende da determinação e delimitação do *indeterminado* e *ilimitado* (e tal é, ao invés, a Díade de grande-e-pequeno, que é, justamente, ilimitada). Deve-se notar, ademais, as alusões (que destacamos em *itálico*) ao *Uno* (que se explica nas Ideias) em oposição às coisas fenomênico-sensíveis, *duplas*, *grandes* e *pequenas* (alusão à Díade de grande-e-pequeno da qual participam); e deve-se prestar atenção também à afirmação inicial de que o ser sensível intermédio "participa de ambas", ou seja, "do ser e do não-ser"; mas é evidente que o "participar" ao não-ser só é possível se é algo (justamente o indeterminado e o ilimitado). Em conclusão, essa página resulta muito mais clara, se a "ser" e "não-ser" damos aqueles significados específicos, que Platão na sua metafísica lhes dá, e que refletem de maneira perfeita a sua protologia.

6. Sobre esse tema encontra-se um amplo tratamento in Reale, *Platão...*, pp. 440-446, ao qual nos referiremos outras vezes.

7. A rica bibliografia publicada nos últimos decênios sobre o *Timeu* (que foi por muito tempo o diálogo mais lido de Platão) encontra-se em H. Cherniss, *Plato (1950-1957)*, "Lustrum", 4 (1959), pp. 208-227; L. Brisson, *Platon 1958-1975*, "Lustrum", 20 (1977), pp. 286s.; L. Brisson, *Platon 1975-1980,* "Lustrum", 25 (1983), pp. 295ss. (com as relativas remissões). O mais amplo tratamento da base metafísica do diálogo encontra-se in Reale, *Platão...*, pp. 437-530; nas pp. 437ss. encontram-se outras importantes indicações bibliográficas.

1) *O ser que é sempre* (o ser inteligível) não está sujeito à geração e ao devir, porque permanece sempre nas mesmas condições; ele é captado pela inteligência por meio do raciocínio.

2) *O devir*, que continuamente se engendra não é nunca um verdadeiro ser justamente porque está em contínua mudança; ele é objeto de opinião, ou seja, é captado mediante a percepção sensorial, distinta da razão.

3) Tudo o que está sujeito ao processo da geração exige *uma causa* porque, para ser engendrada toda coisa tem necessidade de uma causa que produza a geração. Essa causa é um *Demiurgo*, um *Artífice,* vale dizer, uma *causa eficiente.*

4) O Demiurgo, ou seja, o Artífice produz sempre alguma coisa *contemplando previamente algo como ponto de referência*, ou seja, tomando-o como *modelo*. Mas o Artífice poderia referir-se a dois tipos de modelo: *a*) ao que existe sempre e da mesma maneira (ou seja, ao tipo de ser do qual se falou no primeiro axioma), *b*) ou a alguma coisa sujeita à geração (ou seja, ao tipo de realidade do qual se falou no segundo axioma). Se o Artífice toma como modelo o ser eterno, o que produz é belo; se, pelo contrário, toma como modelo algo que foi gerado, o que produz não é belo. Eis o texto:

> Segundo a minha opinião é preciso distinguir em primeiro lugar o seguinte:
>
> [1] O que é o que *é sempre* e não está sujeito à geração?
>
> [2] E o que é o que *sempre é engendrado* e nunca é ser?
>
> [1] O primeiro é apreendido pelo pensamento juntamente com o raciocínio, *porque permanece sempre idêntico.*
>
> [2] O segundo, ao contrário, é objeto da opinião juntamente com a sensação sem a razão, *porque é engendrado e perece e nunca é verdadeiramente ser.*
>
> [3] Ora, tudo o que é engendrado *é necessariamente engendrado por alguma causa.* Com efeito, é impossível que possa nascer sem uma causa.
>
> [4] E quando o Artífice (δημιουργός) de qualquer coisa, *contemplando sempre o que é idêntico*, serve-se dele como exemplar e realiza a sua ideia e a sua virtualidade, *tudo o que assim é produzido é necessariamente belo;* mas o que ele realizar utilizando um modelo sujeito à geração não será belo[8].

Sobre o fundamento desses quatro axiomas, Platão constrói o edifício metafísico e cosmo-ontológico de todo o tratado cosmológico

8. *Timeu*, 27 e-28b.

do *Timeu* e, ao mesmo tempo, fundamenta a estrutura gnosiológica e a justificação da metodologia adotada. Sendo o cosmo o objeto da discussão que se desenrola no *Timeu,* é necessário estabelecer, antes de tudo, se ele é um "ser que é sempre", ou seja, um ser do tipo do qual nos falou o primeiro axioma, ou se é uma "realidade engendrada", a saber, o tipo de realidade da qual fala o segundo axioma. Ora, todas as coisas que constituem este mundo são perceptíveis com os sentidos. Mas tudo o que é perceptível com os sentidos e é opinável, como se estabeleceu no segundo axioma, gerado em razão da sua natureza e sujeito ao vir-a-ser. Além disso, com fundamento no terceiro axioma, este mundo, enquanto é gerado, deve ser *gerado por uma causa.* No entanto, encontrar de maneira adequada essa causa do universo é difícil; e, uma vez encontrada, é também difícil fazê-la compreender por todos os homens (pelas razões acima explicadas). Finalmente, com fundamento no quarto axioma, podemos estabelecer perfeitamente o modelo para o qual olhou o Demiurgo que construiu este mundo. Com efeito, o axioma estabeleceu que, *se este mundo é belo,* o Demiurgo, ao construí-lo, contemplou necessariamente *um modelo eterno*; se, ao invés, não fosse belo (mas somente nesse caso), o Demiurgo teria usado um modelo engendrado. Ora, é demonstrável claramente que o mundo é belo; logo, justamente por isso, o Demiurgo olhou necessariamente para um modelo eterno. Mais ainda, sendo o mundo *a mais bela* das realidades engendradas, o seu Demiurgo é, consequentemente, *o melhor* dos artífices, ou seja, é, como veremos, o Artífice que imitou e realizou *o Bem no maior grau possível.* Eis as palavras de Platão:

— Ora, no que diz respeito ao céu na sua totalidade — ou ao mundo ou, se encontrarmos outro nome mais apropriado chamemo-lo assim — devemos considerar o que em primeiro lugar se considera a respeito de qualquer coisa: [1] se ele existiu sempre, não tendo nenhum princípio de geração, ou então: [2] se foi gerado, começando a partir de um princípio. [3] Ora, ele foi gerado. De fato, é visível e tangível e tem um corpo; mas todas as coisas desse tipo são sensíveis e o que é sensível é apreendido pela opinião por meio da sensação, é engendrado e está sujeito ao vir-a-ser. [4] Ora, dissemos que o que é gerado é necessariamente gerado por uma causa. No entanto, *é trabalhoso descobrir o autor e pai deste universo e é impossível falar dele a todos.* E a propósito do universo devemos ainda indagar a que tipo de modelo o seu autor olhou ao fabricá-lo: se ao modelo que está sempre da mesma maneira e é idêntico ou se ao modelo que é gerado. Mas, se este mundo é belo e *o Artífice é bom* (ἀγαθός), é evidente que ele *contemplou o modelo eterno*; se, ao contrário, o Artífice não é bom, o que não é permitido nem mesmo supor, ele olhou o modelo gerado. Ora, é evidente a todos que ele contemplou o modelo eterno: *com efeito, o universo é a mais bela dentre as coisas que foram geradas* (κάλλιστος τῶν γεγονότων), *e o Artífice é a melhor das causas* (ἄριστος τῶν αἰτίων)[9].

Portanto, existe um ser puro que só podemos captar com a inteligência e é justamente esse que o Demiurgo contempla como modelo para poder realizar o mundo sensível e sujeito ao devir. Assim, *o cosmo sensível é uma "imagem", realizada pelo Demiurgo, de uma realidade metassensível.*

Se, portanto, o Universo é assim gerado, foi realizado pelo Artífice olhando o que se compreende com a razão e com a inteligência, e que sempre permanece da mesma maneira. Mas, se é assim, é absolutamente necessário que este cosmo seja *imagem* de alguma coisa[10].

Essa concepção do puro ser como *"modelo"* e do vir-a-ser como *"imagem"* do modelo e *a necessidade de uma causa eficiente* (o Demiurgo ou Artífice) para fundar e justificar essa relação, constituem um fundamental *eixo de sustentação* da doutrina escrita de Platão, que encontra justamente no *Timeu* sua expressão mais amadurecida e mais completa. E é exatamente sobre essa estrutura metafísica que se apoia a estrutura gnosiológica de todo o tratado cosmológico: o *modelo originário*, enquanto puro ser, é objeto de ciência, que alcança verdades incontrovertíveis; a *imagem desse modelo* (e, portanto, o nosso cosmo físico que é justamente *"imagem"*) é objeto de opinião; essa pode ser bem fundamentada, mas não atinge certezas epistemológicas e, portanto, é "mito" no sentido de narração plausível, como acima explicamos.

3. O Princípio material do mundo sensível, seu papel metafísico e seus nexos com a Díade

A importante distinção metafísica entre ser *inteligível*, imutável e eterno das Ideias, entendido como *"paradigma"* ou *"modelo"*, e ser *sensível* em contínuo devir, entendido como imagem daquele exige,

9. *Timeu*, 28 b-29a.
10. *Timeu*, 29 a-b.

para ser justificada e fundada, um Princípio material que tenha a função de recipiente e de substrato da imagem.

Com efeito, Platão dissera no *Filebo*, com notável exatidão, que toda a realidade — em todos os níveis — é um "misto" que implica uma conjunção sintética bipolar de dois princípios opostos (limite/ilimitado); mas também explicara que, enquanto na esfera do inteligível o "misto" é estrutural e *ab aeterno*, na esfera do sensível o "misto" requer *uma causa que o realize* (exatamente a Inteligência demiúrgica). Evidentemente, o motivo da intervenção necessária da Inteligência demiúrgica depende do fato que, enquanto na esfera do inteligível os dois Princípios opostos que formam o "misto" são, ambos, de caráter inteligível, na esfera do sensível, ao contrário, não é assim. Com efeito, o Princípio material assume tal espessura de sorte a introduzir justamente a dimensão do sensível e, por conseguinte, surge uma natureza tal que, não obstante a tendência a reunir-se com o Princípio oposto e a disponibilidade a deixar-se dominar por ele em ampla medida, somente a intervenção da Inteligência demiúrgica pode levar a cabo a mediação. Além disso, e justamente em razão desse *plus* que a dimensão sensível comporta, o Princípio material que constitui o mundo sensível *não* pode ser reduzido *totalmente* à estrutura do Princípio ideal e exatamente por esse motivo dá origem a um *ser-em-devir* (a uma forma de ser *intermediária* entre *puro ser* e *não-ser*)[11].

Mas há ainda dois pontos importantes que devem ser bem assinalados para compreendermos essa complexa concepção de Platão.

a) O Princípio material participa de modo bastante complexo (por intermédio da Inteligência demiúrgica) do inteligível, pois que essa participação, que consiste na recepção da marca das imagens derivadas das Ideias, acontece de modo "inefável e maravilhoso" (τρόπον τινὰ δύσφραστον καί θαυμαστόν)[12], ou seja, por meio de uma complicada *mediação de caráter numérico e geométrico* como teremos ocasião de ver ao menos parcialmente.

b) Além disso, deve-se ter bem presente o que já implicitamente assinalamos, a saber: o que o Princípio material recebe e com o qual se "mistura" não são as próprias Ideias de modo direto, mas são as

11. Cf. *supra*, a nota 5.
12. *Timeu*, 50 c.

"imagens das realidades que sempre são", as "imitações dos seres eternos" e, portanto, imagens ou aparências de outras realidades[13], ou seja, *as imagens das Ideias obtidas pela mediação dos seres matemáticos.*

Mas, primeiramente, vejamos quais são as características essenciais do Princípio material sensível, e quais suas relações com a Díade das "Doutrinas não-escritas".

1) Platão sublinha, de maneira muito acentuada, que o gênero da realidade inteligível "que é sempre da mesma maneira, não gerado e imperecível" e que, como tal, exerce a função de *modelo*, justamente em razão da sua estrutura ontológica, não acolhe outra coisa que venha de fora, nem "passa numa outra coisa". E, ao contrário, insiste em que a realidade sensível, *cópia* ou *imagem* sensível do modelo inteligível, é gerada e está em movimento contínuo, "nasce *em qualquer lugar* e novamente *perece num lugar*". Consequentemente, é necessário admitir outro gênero de realidade: a "espacialidade" ou *chora* (χώρα), que forma o "*lugar*" (τόπος) ou a "*sede*" (ἕδρα) para todas as realidades que nascem e perecem, justamente porque o que nasce e perece nasce em algum lugar no qual e a partir do qual depois perece. Eis algumas afirmações:

> [1] É necessário admitir que há um gênero de realidade que é sempre da mesma maneira, não-gerada e não-perecível e que não recebe de fora outra realidade nem passa em outra realidade, não é visível nem perceptível pelos sentidos e que somente à inteligência cabe contemplar. [2] E é necessário admitir que, homônima àquela e a ela semelhante, há uma segunda forma de realidade que é sensível, engendrada, em movimento contínuo, que nasce em algum lugar (τόπος) e num lugar perece e que é compreendida pela opinião acompanhada de sensação. [3] É necessário enfim admitir que há um terceiro gênero, o do espaço (χώρα) que é sempre e não está sujeito à corrupção, que proporciona uma localização (ἕδρα) a tudo o que está sujeito à geração; e esse é apreendido sem os sentidos, com um raciocínio espúrio, e dificilmente pode-se crer nele[14].

---

13. Cf. *Timeu,* 50 c, 51 a, 52 c.

14. *Timeu,* 51 e-52b. Note-se como Platão, aqui, especifica o que na passagem da *República* lida acima era indicado como *ignorância*, ou seja, não-conhecimento do *não-ser* (que corresponde ao Princípio material aqui tratado). De fato, ele *a*) não é cognoscível pelos sentidos; *b*) é cognoscível somente com um *raciocínio espúrio*, ou

Ora, observa depois Platão, referindo-se justamente a essa realidade, nós temos a tendência a conferir-lhe um alcance superior à sua natureza, estendendo-a a todos os seres e a ela atribuímos erroneamente uma função onicompreensiva. De fato, sustentamos que uma coisa, para ser, deve encontrar-se justamente "em algum lugar" e "o que não está na terra e em algum lugar no céu não é nada"[15]. Mas a verdade, ao contrário, é a seguinte: as coisas que ocupam espaço são *somente as realidades geradas*, ou seja, as realidades sensíveis e *não as realidades inteligíveis em si e por si*. Assim, as coisas que ocupam espaço são somente *imitações* ou *imagens* das Ideias, não as próprias Ideias.

Por conseguinte, o *status* ontológico das imagens que se realizam no sensível (coincidindo perfeitamente com o do "misto" do qual fala o *Filebo*) implica *a*) o ser do qual é aparição ou manifestação e, portanto, imagem e ao qual se refere como a seu modelo (isto é, as Ideias), e *b*) um substrato, ou seja, *uma base sobre a qual se apoia*, justamente a *espacialidade* da qual falamos e que se torna necessária como *substrato do que nasce*. Por isso, enquanto tal, a *chora* "é sempre, e não sujeita à corrupção", já que é a condição necessária para que tudo o que é gerado possa existir (é aquilo que, se fosse removido, eliminaria toda forma de geração)[16].

2) Para caracterizar o princípio material sensível, Platão apresenta, além da conotação conceptual da "espacialidade" (χώρα), também a de *"receptáculo" de tudo o que é gerado* (ὑποδοχη, πανδεχές). O "receptáculo" é uma realidade que permanece sempre idêntica na sua estrutura amorfa. Recebe, com efeito, todas as coisas e é plasmável de várias maneiras justamente porque é uma *realidade amorfa* (carente de uma estrutura formal própria) e nunca assume definitivamente as formas que sucessivamente recebe e, por isso, pode continuar a receber continuamente outras. É comparável a um material que é plasmável

---

seja, "bastardo" (λογισμῷ τινι νόθῳ); *c*) é dificilmente acreditável. Com efeito, conhecemos (seja sensivelmente, seja racionalmente) o que é *determinado*, enquanto o Princípio material é *in-determinado*, pelo que só é cognoscível com "raciocínio bastardo".

15. *Timeu*, 52 b.

16. *Timeu*, 52 c; cf. Reale, *Platão...*, pp. 447-471.

cada vez em formas diferentes e aparece justamente sob aquelas formas. As coisas que entram e saem do receptáculo são imagens das realidades eternas (imitações dos paradigmas das Ideias) e nele entrando, o plasmam e nele imprimem uma marca como com um metal (por exemplo, o ouro) e o material é plasmado pelas formas que recebe.

Eis o texto:

> É necessário dizer que ela [a saber, a natureza que recebe todos os corpos] é sempre a mesma coisa porque nunca abandona a sua natureza. Pois ela *recebe sempre todas as coisas* e em nenhuma circunstância passou a ter uma forma semelhante às que nela entram. Com efeito, ela é, pela sua natureza, *como um material maleável*, é movida e modelada pelas coisas que nela entram e, por causa delas, aparece ora de uma maneira, ora de outra. E *as coisas que entram e saem são imitações das coisas que são sempre*, por elas marcadas de uma maneira maravilhosa e difícil de explicar[17].

Platão insiste na estrutura informe do receptáculo. O que recebe a marca, assim como a recebe justamente o receptáculo, só está adequadamente preparado para essa função *se estiver privado de qualquer forma*. Se possuísse uma forma qualquer, não poderia acolher e reproduzir de modo adequado as formas opostas às que ele teria como suas próprias. Em suma, para acolher convenientemente todas as formas, o receptáculo não deve possuir nenhuma.

3) Uma conotação conceptual ulterior e bastante interessante do Princípio material sensível é aquela que o indica como *fonte da geração*, ou seja, como uma realidade que se move e se agita de maneira irregular e desordenada, trazendo em si caracteres rudimentares e traços dos elementos (água, ar, terra e fogo) e implicando também forças e afeições sem ordem e sem equilíbrio, desconectadas entre si. Portanto, o Princípio material é como um *feixe de forças, agitação e movimentos desordenados e caóticos*.

Eis dois dos textos mais claros:

> Deus [...] tomando tudo o que era visível [i.é, sensível] e *não estava em repouso*, mas se encontrava de modo confuso e desordenado, levou-o da desordem à ordem [...][18].

17. *Timeu*, 50 b-c; cf. Reale, *Platão...*, pp. 454-459.
18. *Timeu*, 30 a.

E a *nutriz da geração* (τιθήνη γενέσεως) umedecida e abrasada, acolhendo em si as formas de terra e de ar, e recebendo todas as outras afecções que a essas se seguem, mostrava-se à vista extremamente diversificada. E sendo *cheia de forças nem semelhantes entre si nem em equilíbrio*, em parte alguma estava em equilíbrio, mas, *oscilando de todas as partes irregularmente era sacudida por elas e ao mover-se por sua vez as sacudia.* Ora, as coisas assim movidas separando-se continuamente eram levadas algumas de um lado, outras de outro assim como no joeirar o trigo quando, sacudidos e agitados por peneiras e outros instrumentos, os grãos mais densos e pesados vão para um lado, os mais leves e raros para outro. Assim, sendo aqueles quatro gêneros sacudidos pelo receptáculo que se movia como um instrumento de joeirar, acontecia que as partes mais desiguais separavam-se entre si o mais possível e as partes mais semelhantes se apertavam o mais possível no mesmo lugar e ocupavam desta sorte um lugar diverso umas das outras, e assim era antes que o universo formado por elas fosse ordenado. *E antes disso todas as coisas se encontravam sem razão e sem medida. Mas, quando Deus começou a ordenar o Universo, em primeiro lugar o fogo e também a terra, o ar e a água tinham, é verdade, alguns traços* (ἴχνη) *da sua forma, mas se encontravam na condição na qual é natural que se encontre qualquer coisa da qual Deus está ausente* [...][19].

4) Por último, observe-se que, justamente como primeira conotação do Princípio material (que, em certo sentido, engloba genericamente as três que acabamos de ilustrar) Platão faz apelo aos conceitos de "necessidade" (ἀνάγκη) e de "causa errante" (πλανωμένη αἰτία):

As coisas das quais falamos antes, à exceção de algumas poucas, dizem respeito às obras da *inteligência.* Ora, é preciso acrescentar à nossa exposição o que vem ao ser por *necessidade.* Com efeito, a geração deste cosmo foi produzida como *mistura constituída por uma combinação de necessidade e de inteligência.* E já que a inteligência dominava a necessidade persuadindo-a a orientar para o melhor as coisas que se produzem, desse modo e por tais razões, *por meio da necessidade, vencida pela persuasão inteligente, esse universo foi constituído desde o princípio.* Portanto, se alguém quisesse narrar efetivamente como o universo foi gerado, precisaria acrescentar também a forma da *causa errante,* segundo a natureza do seu movimento. Devemos, portanto, voltar atrás e começar com um novo princípio mais apropriado. Assim como fizemos para as coisas que até agora vimos, também para estas é preciso recomeçar desde o princípio[20].

19. *Timeu,* 52 d-53 b; cf. Reale, *Platão...*, pp. 461ss.
20. *Timeu,* 47 e-48 b; cf. Reale, *Platão...*, pp. 447ss.

Por "necessidade", Platão entende a *carência total de finalismo* (a mera disteleologia), isto é, algo indeterminado, anômalo, casual, a desordem em sentido global. Eis o que significa justamente "causa errante", ou seja, *causa que age ao acaso* e de modo *anômalo*.

E agora que explicamos o que Platão diz expressamente no *Timeu* ou na obra escrita, acerca do Princípio material, devemos interrogar qual seja o nexo que o prende à *Díade indefinida* da qual falam as "Doutrinas não-escritas" e à qual a tradição indireta o liga de maneira exata e explícita[21].

A expressão *Díade indefinida do grande-e-pequeno* exprime de maneira sintética a natureza do Princípio material, que consiste em tender de maneira indeterminada e ilimitada na dupla direção do grande e do pequeno de várias maneiras.

Esse tender *ao grande-e-pequeno,* ou seja, *ao mais e ao menos* em todos os sentidos, evidentemente ao infinito, vale para tudo o que, em todos os níveis, tende ao mais e ao menos, ao excesso e ao defeito, à desmesura nas direções opostas. Portanto, a *chora* do *Timeu* (e tudo o que o diálogo diz do Princípio material) representa apenas *uma parte da Díade*, ou melhor, um aspecto, ou, para falar de modo mais exato, o nível mais baixo dela (o nível sensível).

Portanto, a *chora* entra na Díade, mas não a esgota de maneira alguma. Evidentemente a teoria que lemos no *Timeu* devia ocupar um lugar importante também nas lições de Platão e talvez justamente com todas as quatro características que evocamos; todavia, ela se limitava apenas ao que diz respeito aos fenômenos sensíveis e deveria se apresentar somente como *uma parte da visão global.* De fato, a Díade enquanto tal abraça um quadro bem mais amplo, dado que entra *na explicação de toda a realidade em todos os níveis.*

Concluindo, podemos dizer que o que Platão nos refere em torno ao Princípio material no *Timeu* (e, em geral, nos vários diálogos) não é exaustivo e que, por conseguinte, é necessário subir aos vértices da

---

21. Cf. Aristóteles, *Física*, Δ 2, 209 b 11-17 (Gaiser, *Test. Plat.*, 54 A = Krämer, 4); Aristóteles, *Metafísica*, A 6, 987 b 1ss.; 988 a 10ss. (Gaiser, *Test. Plat.*, 22 A = Krämer, 9); Teofrasto, *Metafísica*, 6 a 23-b 5 (Gaiser, *Test. Plat.*, 30 = Krämer, 8); Simplício, *In Arist. Phys.*, p. 248, 5-15 Diels (Gaiser, *Test. Plat.*, 31 = Krämer, 13); Simplício, *In Arist. Phys.*, pp. 430, 34-431, 16 Diels (Gaiser, *Test. Plat.*, 55 B); cf. Reale, *Platão...*, pp. 463-471.

abstração metafísica alcançados nas "Doutrinas não-escritas", cujos traços essenciais nos foram conservados pela tradição indireta.

Evidentemente, o Princípio antitético ao *Bem-Uno* se diferencia nos diversos graus do ser e, em particular, nas três grandes esferas: 1) a *ideal*, 2) a *intermediária*, 3) a *sensível*. Na esfera ideal, o Princípio antitético produz especialmente a diferenciação e a graduação hierárquicas; a esfera intermediária produz também multiplicidade das mesmas realidades em sentido horizontal, mas sempre no nível inteligível; o *novum* porém que ele introduz na esfera do sensível consiste justamente em dar origem à própria dimensão do sensível, com todas as suas implicações com respeito às dimensões do inteligível.

O próprio Aristóteles na *Metafísica* menciona muitas vezes o problema da existência de uma *matéria inteligível* além da *matéria sensível*, ligando a questão da *matéria inteligível* justamente à problemática platônica das *Ideias* e dos *seres matemáticos*. Evidentemente, esse tema essencial das "Doutrinas não-escritas" exercera sobre ele um influxo verdadeiramente notável, tanto que se sentiu obrigado a discuti-lo mais de uma vez[22].

Devemos esclarecer um último ponto. A tradição indireta refere-nos que Platão atribuía ao Uno a causa do *Bem* e à Díade a do *Mal*. Todavia não nos diz expressamente que a Díade fosse considerada tal *em todos os níveis*. Com efeito, seria difícil explicar como, nos níveis inteligíveis, onde a Díade age como princípio de *diferença*, de *gradação* e de *multiplicidade*, ela possa ser causa do mal em sentido verdadeiro e próprio e, sobretudo, de que tipo de mal. Ou antes, a única perspectiva segundo a qual a Díade pode ser considerada causa do mal na esfera dos inteligíveis é uma perspectiva muito geral, na medida em que dela dependem as Ideias negativas das várias duplas de contrários. No nível inteligível, a Díade é causa do negativo (e, nesse sentido, do mal) somente em sentido paradigmático e abstrato. Ao invés, entende-se bem em que sentido a Díade sensível deva ser considerada

22. Cf. Aristóteles, *Metafísica*, Z 10, 1036 a 9-12; Z 11, 1037 a 5-13; H 6, 1045 a 33-35; K 1, 1059 b 14-21 e o nosso comentário à *Metafísica* nessas passagens. Ver em particular: H. Happ, *Hyle. Studien zum aristotelischen Materie-Begriff*, Berlim-Nova Iorque 1971, pp. 581-615.

causa dos males em sentido concreto; fica assim muito claro o que o nosso filósofo diz no *Teeteto*, isto é, que não é possível o mal ter lugar junto dos Deuses (ou seja, na esfera dos inteligíveis), mas que ele gira nesse mundo, em torno à natureza mortal[23].

Portanto, o Princípio antitético ao Uno-Bem é prevalentemente causa de mal (ao menos de maneira concreta e específica) no seu nível mais baixo: no nível sensível, a Díade *não é totalmente* dominada pelo inteligível e pelo racional e deixa falhas abertas a uma desordem e a uma desmesura de teor bem diverso daquele que se verifica na esfera dos inteligíveis. Nela, a Díade causa, em última análise, somente *antíteses, diferença, multiplicidade* e *rebaixamento de grau* somente em nível metafísico; ao passo que na esfera do sensível a Díade mantém abertas as consequências negativas do *vir-a-ser,* da *caducidade ontológica,* da *insuficiência gnosiológica,* e da *problematicidade axiológica*, em suma, todas as características ligadas à esfera do sensível.

4. O "Uno" como marca emblemática do agir e do operar do Demiurgo

Como opera exatamente o Demiurgo sobre esse princípio material, plasmando-o segundo o mundo das Ideias? O próprio Platão no-lo revelou claramente, explicando que o Demiurgo, enquanto é o "bom" em sumo grau (ou seja, o "ótimo"), opera atuando o Bem em sumo grau, ao levar a ordem ao seio da desordem:

> Ele era bom (ἀγαθός) e num ser bom não nasce inveja por coisa alguma. Estando, pois, longe da inveja, Ele quis que todas as coisas se tornassem semelhantes a si [...]. Com efeito, Deus, *querendo que todas as coisas fossem boas* (ἀγαθά) e que nada fosse mal na medida do possível, tomando tudo o que era visível e não estava em repouso, mas se movia confusa e desordenadamente, *levou-o da desordem* (ἐκ τῆς ἀταξίας) *à ordem* (εἰς τάξιν),

---

23. Cf. *Teeteto,* 176 a-b. O testemunho mais famoso das "Doutrinas não-escritas", no qual Platão liga a Díade de grande-e-pequeno com a "causa do mal" (τοῦ κακῶς αἰτία) é de Aristóteles, *Metafísica*, A 6, 988 a 14 (Gaiser, *Test. Plat.*, 22 A = Krämer, 9).

julgando esta de todo superior àquela. Com efeito, não é permitido ao que é ótimo (τῷ ἀρίστό) fazer senão o que é mais belo (τὸ κάλλιστον)[24].

Ao fazer essa obra, o Demiurgo apoiou-se no Uno (que, como sabemos, é para Platão a própria essência do Bem) e operou realizando a *unidade-na-multiplicidade,* nos modos mais variados e mais notáveis, por meio da *medida* e das *relações numéricas e geométricas.*

Com efeito, diz-nos Platão, sem a intervenção de Deus todas as coisas (todas as coisas no âmbito do Princípio material) jazem "sem ordem e sem medida" (ἀλόγως καὶ ἀμέτρως). E ordenar o universo consiste justamente em produzir os *logoi*, as relações numéricas, a medida e em plasmar e modelar "segundo formas e números" (εἴδεσι καὶ αριθμοῖς), e é justamente isso que produz coisas belíssimas e ótimas (κάλλιστα καὶ ἄριστα). Sendo assim, o que o Demiurgo produz é um bem que se infunde no Princípio material mediante a relação numérica (ἀναλογία) e pondo em proporção as coisas que estão em desordem segundo relações numéricas (συνηρμόσθαι ταῦτα ἀνὰ λόγον). Em outros termos, a atividade do Deus-Demiurgo consiste em levar as coisas que se encontram em condição desordenada (ἀτάκτως) a uma medida ou co-medida (συμμετρία) e introduzir nelas ordem e proporção geral e particular, de modo a conduzi-las a estar em relação adequada com a medida (ὅπῃ δυνατὸν ἦν ἀνάλογα καὶ σύμμετρα εἶναι). Algumas linhas antes dessas afirmações, Platão nos diz (numa passagem sobre a qual adiante voltaremos) que a ciência e a potência de Deus consistem justamente em misturar "*os muitos no uno*" (τὰ πολλὰ εἰς ἕν) e em dissolver as coisas "*do uno nos muitos*" (ἐξ ἑνὸς εἰς πολλά)[25].

Referindo-se exatamente ao *Uno* (*e aos vários modos nos quais o Uno se desdobra e realiza em vários níveis*), Platão caracterizou insistentemente em geral e em particular a atividade e as obras do Demiurgo, como dissemos. Podemos sintetizar essa insistência sobre o "Uno" como marca que caracteriza a atividade e a obra da Inteligência demiúrgica.

1) O mundo é perfeito porque é realizado como *Uno* (ἕν). E para ser perfeito deve ser uno, porque o modelo, enquanto tal é *uno*; e o cosmo é imagem desse modelo (imagem *una* de um modelo *único*)[26].

24. *Timeu,* 29 e-30 a.
25. *Timeu,* 53 a-b, 56 c, 68 d-69b.
26. *Timeu,* 30 b-31 a; cf. Reale, *Platão...*, pp. 480ss.

2) Além disso, a *unidade* do cosmo é garantida pelo liame particular que o Demiurgo estabeleceu entre os quatro elementos, que é um tipo de liame que faz das coisas ligadas um "*uno* em grau supremo" (ὅτι μάλιστα ἕν). Justamente sobre essa base da relação numérica (ἀναλογία) que leva todas as coisas à *unidade* (ἕν–πάντα) o Demiurgo funda a amizade (φιλία) ou seja, a comunhão de todas as coisas entre si[27].

3) Mais ainda, o cosmo é constituído como uno-todo, ou seja, como um "*uno*"-"*inteiro*" (ἕν–ὅλον) justamente porque tem como base um cálculo numérico, que engloba num *uno-inteiro* a *totalidade dos inteiros*, sem deixar nada fora[28].

4) Também a forma esférica do cosmo realiza perfeitamente a unidade, porque a esfera é uma forma que inclui em si todas as formas (σχῆμα τὸ περιειληφὸς ἐν αὑτῷ πάντα ὁπόσα σχήματα), realizando o máximo da semelhança. O mesmo se diga do movimento circular que lhe foi impresso, que é uma forma de movimento no mesmo lugar e em si mesmo do mesmo modo (sintetiza estabilidade e movimento). E isso vale igualmente para o ser autárquico pelo qual o mundo é *uno* sem que tenha necessidade de qualquer outra coisa[29].

5) Também o tempo, criado juntamente com o cosmo, realiza uma unidade no seu fluir, enquanto o tempo imita a eternidade que é um permanecer na unidade (ἐν ἑνί). E essa imitação da unidade da eternidade acontece por meio do número (κατ' ἀριθμόν)[30].

6) Mas justamente na criação (produção) dos quatro elementos materiais sensíveis o Demiurgo, realizando a imagem dos modelos ideais, desenvolve uma complexa articulação de formas e números (εἴδεσι καὶ ἀριθμοῖς) que de-limitam o Princípio material sensível, como haveremos de ver. E este é o modo perfeito de realizar a unidade-na-multiplicidade[31].

7) Enfim a própria alma, que a Inteligência demiúrgica criou com o fim de realizar perfeitamente o modelo do inteligível no sensível, é una (*uma* Ideia, μία ἰδέα) e, exatamente, *uma unidade* que é

27. *Timeu,* 31 b-32 c; cf. Reale, *Platão...*, pp. 482-484.
28. *Timeu,* 32 c-33 b; cf. Reale, *Platão...*, pp. 484s.
29. *Timeu,* 33 b- 34 a; cf. Reale, *Platão...*, pp. 485-489.
30. Cf. o parágrafo seguinte e as notas 35-37.
31. Cf. o parágrafo seguinte e as notas 38-39.

constituída com a *mistura de três realidades* (ἐκ τριῶν ἓν) e um "inteiro" (ὅλον) estruturado segundo dimensões geométricas e numéricas harmônicas que realizam o Bem, ou seja, a Unidade, a Medida, a Ordem de modo perfeito[32], como explicaremos melhor.

5. A atividade criacionista do Demiurgo platônico entendida na dimensão helênica

Nesse produzir a *unidade-na-multiplicidade* e no produzir o "misto"[33] do ser cosmológico e as estruturas que o tornam possível, desenvolve-se a atividade criadora do Demiurgo no mais alto grau possível na dimensão do pensamento dos gregos, que é uma forma de semicriacionismo (ainda que notável) comparada com a do Deus bíblico. Com efeito, enquanto a criação do Deus bíblico é absoluta, pois não pressupõe nada e é um produzir *ex nihilo*, a atividade criadora do Demiurgo platônico não é absoluta, pois *pressupõe*, justamente para produzir, *a existência de duas realidades* que têm entre si um nexo metafísico bipolar: a realidade do ser que é sempre do mesmo modo e que serve de *exemplar*, e a realidade do *Princípio material* sensível caracterizado pelo mais-e-menos, pelo desigual, pela desordem e pelo excesso. Levar essa realidade desordenada à ordem é justamente *levar o não-ser ao ser, ou seja, "criar" um ser gerado* que realize sensivelmente, da melhor maneira possível, o ser não-gerado (e justamente é esse o criacionismo no sentido helênico). Mas, para bem entender isto devemos ter presentes alguns conceitos já nossos conhecidos, e resumir de maneira sinótica, completando-o, tudo o que foi dito.

a) A mediação entre a esfera do ser eterno e a da realidade sensível e a "criação" (passagem do não-ser ao ser) implica, segundo Platão, *uma complexa articulação numérica porque, segundo a sua opinião, somente por meio dela é possível fazer descer o inteligível ao sensível.* Mas essa trama de articulações numéricas e geométricas

---

32. Cf. o parágrafo seguinte e as notas 40-43.

33. *Timeu,* 47 e-48 a, diz claramente que esse mundo nasceu exatamente da mistura de *necessidade* e de *inteligência:* μεμειγμένη γάρ οὖν ἡ τοῦδε τοῦ κόσμου γένεσις ἐξ ἀνάγκης τε καὶ νοῦ συστάσεως ἐγεννήθη.

será incompreensível se não tivermos bem presentes *a estrutura metafísico-numérica das Ideias* platônicas e os *nexos numéricos* (ἀριθμοί, λόγοι), que ligam em particular e em geral cada uma das Ideias com todas as outras, ou seja, a complexa questão das Ideias-Números que acima expusemos.

b) Essa complexa trama metafísico-numérica no puro nível ideal implica, além disso, uma *esfera intermediária mediadora.* Os *seres matemáticos*, com a trama numérica e geométrica que reproduzem, formam exatamente a *estrutura mediadora* (e justamente por isso são chamados "intermédios") entre os Números ideais, as Ideias ou Formas eternas de um lado, e as coisas sensíveis do outro. Com efeito, os "seres matemáticos" são a mediação necessária entre cada Forma ou Ideia que é *"una" ela somente* (ἓν ἕκαστον μόνον) e a multiplicação da mesma numa pluralidade. Justamente por isso os seres matemáticos intermediários são "imóveis e eternos" como as Formas; mas, deles, há "muitos semelhantes". Portanto, a passagem entre as Ideias e as coisas que lhes são correspondentes, sendo uma passagem que acontece entre *Uno* (ἕν) e *muitos* (πολλά) é explicada com a introdução de *muitos entes eternos semelhantes entre si* (ἀΐδια καὶ ἀκίνητα–πόλλ'ἄττα ὅμοια) de modo que, entre a *Forma-uno não-gerada e incorruptível* (de um lado) e os correspondentes *muitos seres semelhantes gerados e corruptíveis* (do outro lado) se situem como intermediários *os muitos seres semelhantes não-gerados e eternos*, que são justamente os "seres matemáticos"[34]. Eis o que, em consequência, explica bem o desdobrar-se da estrutura bipolar do real em geral e, em particular, os complicados nexos fundacionais que subsistem entre a transcendência do mundo das Ideias com respeito ao mundo sensível e a participação deste naquele, bem como a superação radical das objeções à teoria das Ideias e, em particular, das dificuldades que têm como alvo a sua transcendência.

Detenhamo-nos em três dos pontos que caracterizam da maneira mais perfeita a atividade criadora do Demiurgo, em sentido helênico, que consiste em *levar o Uno aos Muitos* mediante os seres matemáticos e a dimensão numérica: 1) a criação do *tempo,* 2) a criação dos *elementos*, e 3) a criação da *alma.*

34. Aristóteles, *Metafísica*, A 6, 987 b 14-18 (Gaiser, *Test. Plat.*, 22 A = Krämer, 9).

1) Comecemos com o exame da criação do *tempo*.

O exemplar ao qual o Demiurgo se refere na criação do cosmo é eterno (o Vivente eterno, ou seja, a Ideia global do cosmo que implica a essência da vida). Ora, o eterno é um permanecer na *unidade* (ἐν ἑνί). Sendo assim, como é possível imitar este *permanecer na unidade*, característica essencial da eternidade? É exatamente a *mediação do número* que torna possível a resposta. A imagem da eternidade é o fluir da mesma, ou seja, *o fluir da unidade segundo um ritmo numérico* que se realiza no dia e na noite, no mês e no ano e move-se ciclicamente *segundo o número*. Desse movimento cíclico *numericamente determinado* nascem o "era" e o "será" do tempo. Justamente por isso o "era" e o "será" não podem ser referidos corretamente aos seres eternos para os quais vale somente o "é", porque "era" e "será" são apenas *cópia* móvel numerada do "é" do eterno, que permanece no uno[35].

Eis o ponto mais significativo do texto:

> Ora, vimos que a natureza do Vivente é eterna e que não era possível adaptá-la perfeitamente ao que é gerado. Em consequência, ele pensou produzir uma imagem móvel da eternidade e, enquanto constitui a ordem do céu, faz uma imagem eterna que procede segundo o número (κατ' ἀριθμόν), da eternidade que permanece na unidade (ἐν ἑνί), justamente aquela que denominamos Tempo[36].

Para Platão, o tempo foi gerado juntamente "com o céu" e "segundo o modelo"[37], e assim, reproduzindo esse modelo segundo o ritmo e a trama numérica, o tempo e o céu, feitos juntamente, são e serão sempre (o tempo pereceria junto com o céu se, por hipótese, o céu perecesse; e, naturalmente, vice-versa).

Platão formula uma tese verdadeiramente inovadora, que os seus próprios discípulos não saberão receber de maneira adequada, entendendo-a sob o ângulo alegórico-didático ou refutando-a, como fez Aristóteles. A distinção entre o eterno e o tempo e o esclarecimento de que não é correto aplicar ao eterno "era" e "será", cortam

---

35. Cf. *Timeu*, 37 d-39 d.

36. *Timeu*, 37 d 3-7.

37. *Timeu*, 38 b 6-8: importante notar as fortes expressões: χρόνος ... μετ' οὐρανοῦ γέγονεν e, ademais, κατὰ τὸ παράδειγμα.

pela raiz toda uma série de dificuldades que, na história do pensamento ocidental, foram levantadas em vários níveis e em repetidas oportunidades.

2) Mais complexa e articulada mostra-se a operação produtora dos *quatro elementos: água, ar, terra e fogo.*

Como observamos, na origem, água, ar, terra e fogo possuíam somente "alguns traços da sua forma" no interior do plexo do Princípio material, ou seja, estavam em estado de total *desordem*. Deus produz esses elementos (ou os "cria" no sentido helênico) e os constitui de modo belo e bom, operando *por meio de formas e números* e produzindo um "misto" entre o Princípio material e aquilo que é realizável no Princípio material das Ideias dos quatro elementos por meio de formas geométricas e números.

Eis um texto exemplar, já lido parcialmente:

> Antes disso, todas as coisas se encontravam *sem razão* (ἀλόγως) e *sem medida* (ἀμέτρως). Mas, quando Deus começou a *ordenar o Universo*, o fogo em primeiro lugar, a terra, a água e o ar tinham, sim, algum traço da sua forma própria, mas encontravam-se na condição na qual é natural que se encontre tudo aquilo do qual Deus está ausente. Portanto, essas coisas que se encontravam então naquele estado, *ele as modelou em primeiro lugar com formas e com números* (εἴδεσί τε καὶ ἀριθμοῖς). Fique também isto firme, como sendo dito uma vez por todas, a saber, que Deus tenha constituído essas coisas *da maneira mais bela e melhor possível, partindo do estado em que elas se encontravam e que sem dúvida não era esse*[38].

Ao constituir os quatro elementos, o Demiurgo se inspira nas duas formas mais belas de *triângulos*: no *triângulo retângulo isósceles* e no triângulo que se obtém *dividindo em duas partes o triângulo equilátero com uma perpendicular* (ou então dividindo o mesmo triângulo em seis triângulos, traçando uma perpendicular de cada vértice com relação ao lado oposto). Com base no *triângulo isósceles*, o Demiurgo formou cada um dos quatro elementos da maneira seguinte: coordenando quatro triângulos isósceles com os ângulos retos reunidos em torno de um centro se obtém um *quadrado*, e combinando seis *quadrados* de maneira adequada obtém-se um *cubo*; e este constitui

38. *Timeu*, 53 a-b.

a estrutura atômica que configura o elemento *terra*. Combinando, por sua vez, seis *triângulos* do segundo tipo, obtém-se um *triângulo equilátero* que adequadamente multiplicado e combinado de maneira exata (que Platão indica, mas aqui não podemos pormenorizar para não alongar demasiadamente a exposição) dá origem: *a*) ao *tetraedro* (pirâmide regular de base equilátera), que constitui a estrutura do *fogo*; *b*) ao *octaedro,* que constitui a estrutura do *ar*; *c*) ao *icosaedro,* que constitui a estrutura da *água*.

Evidentemente, esses sólidos regulares de estrutura geométrica que constituem os quatro elementos não são por si visíveis por causa da sua pequenez (sendo como átomos), ao passo que, reunindo-se em grande número, tornam-se visíveis.

Em conclusão, a criação e a racionalidade dos corpos sensíveis em geral dependem exatamente da *estrutura geométrica e matemática.* O corpóreo físico-sensível espelha a estrutura do corpóreo inteligível (geométrico), ou seja, é "a mistura de uma combinação de *necessidade* e *inteligência*"[39]. Ponto, linha, superfície, estrutura tridimensional, no plano dos seres intermediários e ideais, são puramente inteligíveis; mas, sinteticamente combinados ou "misturados" com o Princípio material sensível, dão origem aos corpos que vemos e tocamos, por meio de uma *penetração capilar* que "refreia" o Princípio material sensível, por si caótico, *até nos mínimos pormenores*, segundo a estrutura atomística e fundando-se nos sólidos geométricos regulares.

3) Mais complexa mostra-se a operação da criação da *alma do mundo* (e das almas em geral). Ela é produzida por meio de uma dúplice "mistura", uma, por assim dizer, em sentido *vertical,* e outra em sentido *horizontal.* Com a mistura em sentido vertical, o Demiurgo produz três intermediários desta maneira: *a*) um Ser intermediário entre o Ser indivisível e o Ser divisível, *b*) uma Identidade intermediária entre a Identidade indivisível e a Identidade divisível e *c*) uma Diferença intermediária entre a Diferença indivisível e a Diferença divisível. Por sua vez, com a mistura que chamamos horizontal o Demiurgo opera sobre três realidades intermediárias (Ser intermediário,

---

39. Cf. *supra*, a nota 34. Para um aprofundamento desse tema cf. Reale, *Platão...*, pp. 472ss.

Identidade intermediária, Diferença intermediária), de modo a formar uma *unidade* que deriva das três realidades (ἐκ τριῶν ἕν)[40].

Além disso, Platão insiste na *Estrutura geométrico-dimensional* da Alma do mundo (num sentido ideal de linha e superfície que plasmam a figura global do cosmo), a qual, a partir do centro do cosmo se estende para todas as partes e envolve circularmente desde fora o mundo. Além da estrutura *dimensional* da alma, ele insiste igualmente na estrutura *numérica*, mostrando como essa estrutura numérica coincida com a estrutura *musical* e como, justamente por isso, os movimentos que a alma imprime ao mundo sejam *harmônicos* (os movimentos que a alma imprime dessa maneira reproduzem, na ordem harmônica, os movimentos caóticos do Princípio material)[41].

Com a inteligência que lhe é infundida pelo Demiurgo, a Alma do mundo tem como função concretizar o grande desenho do Demiurgo. Assim, por meio do Demiurgo, ela participa do mundo ideal. Com a sua estrutura geométrica dimensional e matemática, ela proporciona um fundamento à passagem entre Ideias e mundo concreto sensível e resume analogicamente toda a realidade, constituindo o verdadeiro *vínculo entre o mundo metafísico e o mundo físico*[42].

Recordemos que o Demiurgo cria igualmente todas as estrelas e os astros como seres viventes divinos e eternos, com corpos esféricos feitos predominantemente de fogo e dotados todos de almas inteligentes, estritamente articuladas com a inteligência da Alma do mundo. Ele cria também, de maneira análoga, as almas dos homens. Na "mistura" com a qual cria estas almas utiliza o que sobra dos três elementos com os quais cria a alma do universo, misturando-os "mais ou menos do mesmo modo" e, dessa maneira, torna-as imortais[43].

Em todos os sentidos, o criacionismo do Demiurgo age como um *levar ordem na desordem em todas as partes, com exatidão segundo relações numéricas e geométricas perfeitamente proporcionadas;*

---

40. Cf. *Timeu,* 34 b-35 a; ver Reale, *Platão...*, pp. 489-499, com as indicações ulteriores que aí damos.

41. Cf. *Timeu,* 34 a-36 d.

42. A expressão *anima copula mundi*, cunhada pelos renascentistas, corresponde perfeitamente à concepção platônica.

43. Cf. *Timeu,* 40 a-b; 41 d-42 a.

e isso significa justamente levar o Uno-nos-muitos no melhor dos modos possível[44].

6. O Demiurgo (e não a Ideia do Bem) é o Deus de Platão

O Deus supremo, para Platão, é o Demiurgo (isto é, a Inteligência suprema) que, como diz o *Timeu*, é o "melhor dos seres inteligíveis" e a "melhor das causas"[45]. Por sua vez, a Ideia do Bem é "o Divino" (τὸ θεῖον). Em outras palavras, o Deus platônico é "aquele que é bom" em sentido *pessoal* enquanto a "Ideia do Bem" é o Bem no sentido *impessoal*[46].

Para entender isso destaquem-se dois pontos essenciais.

a) Deus, para os gregos, tem acima de si, do ponto de vista hierárquico, uma regra ou algumas regras supremas, às quais deve referir-se e que deve cumprir. Justamente nesse sentido o Deus platônico, a Inteligência suprema, tem acima de si hierarquicamente uma regra ou regras às quais deve ater-se e nas quais deve inspirar-se na sua atividade. Por conseguinte, nessa ótica, o Bem é a regra suprema (e o mundo das Ideias no seu complexo constitui como que a totalidade das regras) em que Deus se inspira e à qual se atém, a fim de atuá-la em todos os níveis; e justamente por isso Ele é o Bom e o Ótimo por excelência, ou seja, é o ser mais próximo do Bem, enquanto é a Inteligência que desdobra e atua o Bem em sentido universal.

b) Parmênides introduziu no pensamento grego a concepção segundo a qual a inteligência é possível somente se tem o ser como seu fundamento e se ela se exprime no ser e por meio do ser. Também uma Inteligência suprema, justamente enquanto inteligência, não

---

44. Por razões de completude, recordemos que o criacionismo do Demiurgo estende-se também às Ideias dos *artefacta*, ou seja, as Ideias dos objetos artificiais, como Platão nos diz no livro X da *República*. O Demiurgo pressupõe a existência das Ideias gerais e das Ideias das realidades naturais (às quais se refere e nas quais se inspira, como modelos, na construção do cosmo), mas "cria" (em sentido helênico) todas aquelas nas quais se inspiram os homens, como modelos, na produção de todos os objetos das suas artes. Para um aprofundamento do problema e para uma interpretação e um comentário dos textos relativos a isso cf. Reale, *Platão...*, pp. 385-396.

45. *Timeu*, 37 a, 29 a.

46. Cf. Reale, *Platão...*, pp. 517ss.

produz, para o grego, o próprio fundamento, mas o pressupõe. Exatamente nesse sentido também para Platão a Inteligência suprema implica como seu fundamento o Bem (e, em geral, o ser das Ideias e os Princípios primeiros e supremos).

Deus *é Bom por excelência* justamente porque opera em função da Ideia do *Bem,* ou seja, do *Uno* e da *Medida suprema*, atuando-os perfeitamente, na medida do possível. Desta sorte, Deus age da melhor maneira ordenando e comensurando a desordem que procede do Princípio material antitético ao Bem, segundo a ótica da estrutura bipolar que já conhecemos, ou seja, unificando o múltiplo.

E Deus *quis*[47] que todas as coisas se tornassem o mais possível semelhantes a Ele, que realizassem em grau supremo o Bem-Uno, e isso imprimindo-lhes justamente o Bem, a Medida e a Ordem.

Deus, pois, como Aquele que realiza a *Medida suprema*, é também o que realiza *a unidade-na-multiplicidade*, ou seja, que *liga o Uno e os Muitos e os Muitos e o Uno de maneira perfeita.* O *Timeu* no-lo diz continuamente; mas também conceptual e expressamente insiste nisso numa passagem à qual já acenamos e que é oportuno reproduzir aqui a modo de sigla conclusiva:

> Deus possui de maneira adequada *a ciência* e, ao mesmo tempo, a *potência* para misturar *muitas coisas na unidade* (τὰ πολλὰ εἰς ἕν) e de novo dissolvê-las *da unidade em muitas coisas* (ἐξ ἑνὸς εἰς πολλά). Mas não há nenhum dos homens que saiba fazer nem uma coisa nem outra, nem haverá no futuro[48].

Naturalmente não há nenhum homem que, por conta própria, ou seja, tomando a si mesmo como medida de todas as coisas (como dizia Protágoras) saiba ou possa fazer (ainda que de forma diferente), nem mesmo remotamente, aquilo que Deus faz. Se quer agir bem, o homem deve fazer o que Deus mesmo, depois de ter criado os Deuses, mostrou-lhe como modelo:, imitar a potência atuada por Ele na criação das coisas, vale dizer, realizar a unidade-na-multiplicidade e assim produzir ordem e harmonia. E é esse justamente o modo segundo o qual Platão entendeu a justiça e a virtude, a saber, como manifestações do *nexo metafísico que unifica toda a realidade.* Trata-se de

---

47. Cf. *Timeu*, 29 e, 41 b.
48. *Timeu*, 68 d.

uma interpretação *daquilo que liga todas as coisas* (da *amizade* e da *comunhão que fazem que o Todo seja uno*) proposta no seu mais alto grau na dimensão helênica[49].

49. Ver o discurso que o Demiurgo faz aos Deuses criados, in *Timeu*, 41 a-d. O seu "poder", que ele convida esses Deuses a imitar, consiste em traduzir o uno-nos-múltiplos. Já no *Górgias*, 507 e-508b, Platão dizia que céu, terra, Deuses e homens "são mantidos juntos pela *ordem*, pela sabedoria e pela retidão", e é justamente isso que faz do mundo um "cosmo" e não "desordem e desregramento". Exatamente neste sentido a tradição indireta concebia a atividade demiúrgica, dizendo que o Deus platônico "sempre geometriza" (Plutarco, *Quaest. conv.*, VIII, 2). E justamente nisso consiste o levar a *unidade-na-multiplicidade*.

VI. A GNOSIOLOGIA E A DIALÉTICA

1. A anamnese, raiz e condição do conhecimento no "Mênon"

Falamos do mundo do inteligível, da sua estrutura e do modo pelo qual ele se reflete no sensível. Fica agora por examinar de que maneira o homem pode ter acesso cognoscitivamente ao inteligível. Devemos responder aos seguintes problemas: como se dá e o que é o conhecimento? Em que difere o conhecimento do inteligível do conhecimento do sensível?

O problema do conhecimento fora levantado de algum modo por todos os filósofos precedentes, mas não se pode dizer que algum deles o houvesse formulado de maneira específica e definitiva. Platão foi o primeiro a abordá-lo em toda a sua clareza mesmo se, obviamente, as soluções propostas nos escritos se mostrem, como sempre, abertas, e somente as "Doutrinas não-escritas" alcançam o vértice supremo.

A primeira resposta ao problema do conhecimento se encontra no *Mênon*[1]. Os erísticos tentaram bloquear capciosamente a questão, sustentando que a pesquisa e o conhecimento são impossíveis: com efeito, não se pode procurar e conhecer o que não se conhece porque, mesmo encontrando-o, não se poderia reconhecê-lo; por outro lado, não tem sentido procurar o que já se conhece, justamente porque já é conhecido:

> E como procurarás, Sócrates, o que não sabes absolutamente o que seja? E das coisas que não conheces, qual te propões procurar? Ou ainda, se te acontecesse esbarrar justamente nela, como poderias saber que é ela mesma, pois não a conheces?[2]

É exatamente para superar essa aporia que Platão encontra um caminho inteiramente novo: o conhecimento é *anamnese*, isto é, uma

---

1. Para um comentário analítico do diálogo remetemos à nossa edição, La Scuola, Brescia 1986[11].

2. *Mênon*, 80 d.

forma de "recordação", um vir à tona do que já existe sempre no interior da nossa alma.

Tentemos explicar essa doutrina platônica tão frequentemente mal-entendida. Muitos estudiosos dizem, com efeito, que ela não é senão mito e de maneira nenhuma uma doutrina de caráter dialético e teorético; é pouco mais que uma fábula. Na realidade, a questão se apresenta bem longe de ser tão facilmente reduzida e eliminada.

O *Mênon* apresenta a doutrina de duas maneiras: uma *mítica* e outra *dialética* e é preciso examiná-las a ambas para não se correr o risco de trair o pensamento platônico.

A primeira maneira, de caráter mítico-religioso, inspira-se nas doutrinas órfico-pitagóricas dos sacerdotes segundo as quais, como sabemos, a alma é imortal e renasceu várias vezes: a morte não é senão o termo de uma das vidas da alma num corpo; o nascimento não é senão o recomeçar de uma nova vida que vem somar-se à série das vidas *precedentes*. A alma viu e conheceu toda a realidade na sua totalidade: a realidade do além e a realidade do aquém. Se assim é, conclui Platão, é fácil compreender como a alma possa *conhecer* e *aprender*: ela deve simplesmente tirar *de si mesma* a verdade que possui substancialmente, e possui desde *sempre*: e esse "tirar de si" é um "recordar". Eis o célebre passo do *Mênon*:

> Sendo a alma imortal e tendo renascido muitas vezes, e já que viu todas as coisas, as deste mundo e as do Hades, nada há que não tenha apreendido; assim sendo, não é surpreendente que ela seja capaz de recordar-se a respeito da virtude e a respeito das outras coisas que conhecia também precedentemente. E já que toda a natureza é congênere, e *já que a alma aprendeu tudo, nada impede que quem se recorde de uma coisa — o que os homens chamam aprender — possa descobrir também todas as outras*, desde que seja forte e não perca coragem na pesquisa: *com efeito, pesquisar e aprender são, em geral, um recordar.* Portanto, não é preciso aceitar aquele raciocínio erístico; ele nos tornaria indolentes e só é agradável aos ouvidos dos homens incapazes; nosso discurso, ao invés, nos torna operosos e estimula a pesquisa[3].

Na verdade, se Platão não houvesse dito mais do que isto, teriam perfeitamente razão quantos lamentam o caráter puramente mitológi-

---

3. *Mênon*, 81 c-d (cf. o nosso comentário, pp. 39ss.).

co e a não-validez no campo estritamente especulativo da "reminiscência": com efeito, o que é fundado sobre o mito — e a reminiscência assim formulada funda-se sobre um mito — não pode ter outro valor senão o de mito.

Logo depois, porém, no *Mênon*, as partes são exatamente invertidas: o que era conclusão torna-se interpretação especulativa de um dado de fato experimentado e comprovado, enquanto o que antes era pressuposto mitológico, com a função de fundamento, torna-se, ao invés, conclusão. Com efeito, depois da exposição mitológica, Platão faz uma "experiência maiêutica" que tem um extraordinário alcance demonstrativo. Interroga um escravo absolutamente ignorante de geometria e consegue fazê-lo resolver, apenas interrogando-o socraticamente com o método maiêutico, uma questão complexa de geometria (implicando, em substância, o conhecimento do teorema de Pitágoras). Portanto — assim Platão passa a argumentar — já que o escravo não havia aprendido geometria antes e já que ninguém ditou-lhe a solução, *desde o momento em que ele soube conquistá-la sozinho* (embora com o auxílio do método dialético) não resta senão concluir que ele *tirou-a de dentro de si mesmo, da própria alma, ou seja, "lembrou-se" dela*[4]. E aqui, como é claro, a base da argumentação, longe de ser um mito, *é uma constatação e uma prova de fato, ou seja, que o escravo, como todo homem em geral, pode tirar e extrair de si mesmo a verdade que antes não conhecia e que ninguém lhe tinha ensinado.*

Da existência da verdade na alma Platão deduz em seguida a imortalidade e perenidade da mesma: se a alma possui como suas próprias, verdades que não aprendeu antes na vida atual, que estão encobertas, mas podem ser desveladas à consciência, quer dizer que ela já as possuiu como próprias desde sempre, antes do nascimento do homem no qual agora se encontra: a alma é então imortal e, mais ainda, em certo sentido permanente no ser, assim como a verdade.

Eis a conclusão que Platão faz Sócrates deduzir depois de tornar claro a todos, por meio da experiência maiêutica, que o escravo inculto, guiado somente por perguntas oportunas, soubera resolver um difícil problema de geometria e alcançar a verdade:

---

4. Cf. *Mênon*, 82 b-86 c (ver o comentário e o aprofundamento desse ponto na nossa edição, pp. 45-60).

Sócrates — Por conseguinte, ele (o escravo) conhecerá sem que ninguém lhe ensine, mas somente o interrogue, tirando ele próprio a ciência de si mesmo.

Mênon — Sim.

Sócrates — E o tirar a ciência de dentro de si mesmo não é recordar?

Mênon — Certamente.

Sócrates — E a ciência que ele possui agora, ou aprendeu-a em algum tempo ou sempre a possuiu.

Mênon — Assim é.

Sócrates — Logo, se sempre a possuiu foi também sempre um cognoscente; se, ao contrário, ele a aprendeu em algum tempo, certamente não a aprendeu nesta vida. Ou acaso alguém lhe ensinou geometria? Mais ainda, ele procederá da mesma maneira para a geometria e para todas as outras ciências. Talvez haja alguém que lhe tenha ensinado tudo? Certamente deves sabê-lo, pois nasceu e foi criado na tua casa.

Mênon — Mas eu sei que ninguém nunca lhe ensinou nada.

Sócrates — Mas ele tem ou não tais conhecimentos?

Mênon — Incontestavelmente parece que os tem, Sócrates.

Sócrates — Então, se não os adquiriu na vida presente, não é evidente que os aprendeu e possuiu em outro tempo?

Mênon — Claro.

Sócrates — E não é acaso esse o tempo no qual ele não era homem?

Mênon — Sim.

Sócrates — Se pois, tanto no tempo em que é homem como no tempo em que não o é há nele opiniões verdadeiras as quais, despertadas por meio da interrogação, tornam-se conhecimentos, a alma dele não estará sempre e em todo o tempo de posse do saber? É evidente, com efeito, que, em todo o decurso do tempo, ora é homem e ora não o é.

Mênon — É claro.

Sócrates — Portanto, se a verdade dos seres reside sempre na nossa alma, a alma deverá ser sempre imortal. Assim sendo, é necessário entregar-se confiantemente a buscar e a recordar o que atualmente não se sabe (é disto, com efeito, que não há recordação)[5].

Os estudiosos repetiram com frequência que a doutrina da *anamnese* nasceu em Platão de influências órfico-pitagóricas; mas, depois de tudo o que explicamos é claro que na gênese da doutrina *a maiêutica socrática* teve uma importância equivalente. Com efeito, é evidente que para poder fazê-la surgir maieuticamente da alma, *a*

5. *Mênon*, 85 d-86 b.

verdade deve subsistir na alma. A doutrina da anamnese apresenta-se, assim, não só como um corolário da doutrina da metempsicose órfico-pitagórica, mas também como *a justificação e a comprovação* (ou seja, a fundação lógico-metafísica) *da própria possibilidade da maiêutica socrática.*

2. Confirmações da doutrina da anamnese nos diálogos posteriores

Platão ofereceu no *Fédon*[6] uma comprovação ulterior da anamnese, referindo-se sobretudo aos conhecimentos matemáticos (que tiveram importância muito grande no determinar a descoberta do inteligível)[7]. Em resumo, eis como argumenta Platão: averiguamos com os sentidos a existência *de coisas iguais, maiores e menores, quadradas e circulares e de outras análogas.* Mas, depois de atenta reflexão, descobrimos que os dados que a experiência nos fornece — todos os dados, sem nenhuma exceção — nunca se conformam, de modo perfeito, *às noções correspondentes que, no entanto, indiscutivelmente possuímos:* nenhuma coisa sensível é jamais "perfeitamente" igual a uma outra, nenhuma coisa sensível nunca é "perfeitamente" ou "absolutamente" quadrada ou circular e, *não obstante, possuímos essas noções de igual, de quadrado, e de círculo, "absolutamente perfeitos".* É necessário concluir que, entre os dados da experiência e as noções e os conhecimentos que temos, existe um *desnível:* estas contêm *algo mais* com relação àquelas.

E de onde poderá derivar esse *plus?* Se, como se viu, não deriva e não pode estruturalmente provir dos sentidos, isto é, de fora, não resta concluir senão que *provém de dentro de nós.*

Ora, não pode provir de dentro de nós como criação do sujeito pensante: o sujeito pensante não cria esse *plus*, ele o "encontra" e o "descobre"; mais ainda, o *plus* se impõe *absolutamente* ao próprio sujeito. Os sentidos só nos dão conhecimentos imperfeitos; a nossa

---

6. Cf. *Fédon*, 73 c ss.

7. Remetemos, para este ponto, às luminosas páginas de J. Moreau, *Le sens du platonisme*, Paris 1967, pp. 115ss.

mente (a nossa inteligência, o nosso espírito), tomando ocasião desses dados, aprofundando-se e como recolhendo-se dentro de si ou interiorizando-se, encontra os conhecimentos perfeitos correspondentes. E já que os não produz, não resta senão a conclusão de que *ela os encontre em si e os extraia de si como uma "possessão originária", "recordando-os"*.

Desta maneira, a matemática revela que a nossa alma está de posse de *conhecimentos perfeitos*, que não derivam das coisas sensíveis e que, ao contrário, espelham modelos ou paradigmas aos quais tendem as coisas, mesmo sem alcançá-los, como sabemos pela exposição da doutrina ontológico-metafísica. Platão repete o mesmo raciocínio a propósito das doutrinas estéticas e éticas (*bom, belo, justo, santo, etc...*) que possuímos e das quais fazemos uso nos nossos juízos e que, manifestamente, *não* provêm para nós da experiência sensível porque são mais perfeitas do que os dados fornecidos pela experiência e contêm o *plus* que não se pode justificar senão da maneira já explicada, isto é, como brotando de uma originária e pura possessão *da nossa alma*, que é recuperada de maneira explícita como *reminiscência*.

Eis a passagem do *Fédon* que contém o momento conclusivo do raciocínio:

— E então, acrescentou Sócrates, a propósito daqueles iguais que encontramos nos pedaços de madeira e naquelas outras coisas iguais sobre as quais há pouco discorríamos, diz-me: parecem-te iguais como o igual em si, ou são, sob algum aspecto, deficientes, de modo a não poderem ser tais como o igual em si? Ou então não são sob nenhum aspecto deficientes?

— São deficientes e muito, respondeu ele.

— Estamos, pois, de acordo em que, quando alguém, vendo alguma coisa raciocina desse modo: "Essa coisa que agora eu vejo quer ser como uma outra, isto é, como um dos seres que são por si, mas é deficiente com respeito a ela, não consegue ser como ela e lhe é inferior"; estamos de acordo em que quem raciocina deste modo deve necessariamente ter visto aquilo ao qual a coisa se assemelha, porém, de modo defeituoso?

— Necessariamente.

— E então? Não é algo parecido que nos acontece a propósito das coisas iguais (empíricas) e do igual em si?

— Exatamente o mesmo.

— Portanto, é necessário que tenhamos visto o igual em si antes do momento em que, vendo pela primeira vez coisas iguais, pensamos que todas tendem a ser como o igual em si, mas são deficientes com respeito a ele.

— Assim é.

— Mas também estamos de acordo no seguinte: que, para o conhecimento do igual em si partimos e não podemos partir senão de um ver ou tocar ou de qualquer outra percepção sensorial, já que isso não faz diferença.

— De fato, não faz diferença, Sócrates, em vista do que queremos demonstrar.

— Assim é necessário que das sensações nasça em nós a ideia de que todas as coisas iguais que percebemos sensivelmente tendem a ser como o igual em si, mas são deficientes com respeito a ele. Ou então, que devemos dizer?

— Isso mesmo.

— Logo, antes que começássemos a ver, a ouvir e a empregar os outros sentidos tivemos de obter de alguma maneira a ciência do igual em si, do que ele é, para poder referir a ele as coisas iguais sensíveis e perceber que todas têm o desejo de ser como ele, mas permanecem sempre inferiores.

— É o que se conclui necessariamente do que foi dito, Sócrates.

— E acaso não é verdade que começamos logo a ver, ouvir e usar os outros sentidos apenas nascidos?

— Certamente.

— E também não dissemos que antes ainda de ter sensações era necessário que tivéssemos alcançado o conhecimento do igual em si?

— Sim.

— Parece, pois, que antes de nascer é necessário que já estivéssemos de posse daquele conhecimento.

— Assim parece.

— Pois bem, se tendo alcançado antes de nascermos aquele conhecimento, já nascemos possuindo-o, conhecíamos antes de nascer e logo depois de nascidos não somente o igual, o maior e o menor, mas também todas as outras realidades dessa espécie. Com efeito, o raciocínio que agora estamos fazendo não vale somente para o igual em si, mas também para o belo em si, para o bom em si, para o justo em si, para o santo em si e para cada um dos outros seres como eu digo, aos quais, perguntando nas nossas perguntas e respondendo nas nossas respostas, apomos o selo do "ser em si". Portanto, é necessário que tenhamos aprendido as noções de todas essas coisas antes de nascer[8].

A reminiscência supõe estruturalmente uma impressão na alma por parte da Ideia, uma "visão" metafísica originária do mundo ideal

8. *Fédon*, 74 d-75 d.

que permanece sempre, mesmo se velada, na alma de cada um de nós[9].

Platão manteve constantemente a teoria da reminiscência e a reiterou expressamente no *Fedro* (posterior à *República*), assim como no tardio *Timeu*.

Lemos no *Fedro*:

É necessário que o homem conheça por meio do que chamamos Ideia, procedendo da multidão de sensações à unidade (εἰς ἕν) conquistada com o raciocínio: e essa é a reminiscência (ἀνάμνησις) das coisas que a nossa alma viu alguma vez, encontrando-se no séquito de um Deus, desprezando as coisas que agora chamamos ser e tendo a cabeça levantada para o que existe verdadeiramente[10].

Como, efetivamente, dissemos, toda alma humana pela sua própria natureza contemplou os seres pois, de outra maneira, não teria vindo a esta vida; mas não é fácil para todas as almas recordar-se (ἀναμιμνήσκεσθαι) nas coisas daqui das coisas lá do alto [...][11].

No *Timeu*, o Demiurgo, logo depois de ter criado as almas destinadas a encarnar-se em corpos humanos e depois de tê-las confiado aos astros (para que, por meio deles, passassem aos corpos), mostra-lhes a verdade originária: aquela verdade da qual a alma, ao entrar depois no corpo, se esquece, mas não inteiramente:

Depois de ter feito um todo [i.é, de quanto sobrara dos elementos com os quais constituíra a alma do universo], dividiu-o em almas, tantas quantas eram os astros e distribuiu cada uma em cada um dos astros, colocou-as dessa maneira como sobre um veículo, *mostrou-lhes a natureza do universo* (τὴν τοῦ παντὸς φύσιν ἔδειξεν) *e deu-lhes a conhecer as leis do destino*[12].

Assim como a expusemos e interpretamos, a doutrina platônica do conhecimento como *reminiscência das Ideias* torna-se algo muito menos fantasioso de quanto algumas interpretações menos avisadas deram a entender. Algum estudioso entreviu na reminiscência das

9. Sobre o significado da *anamnese* platônica ler-se-ão com proveito as páginas de M. F. Sciacca, inspiradas no *apriori* objetivo em sentido rosminiano, in: *Platone*, Milão 1967, vol. I, pp. 38ss.

10. *Fedro*, 249 b-c.

11. *Fedro*, 249 e-250 a.

12. *Timeu*, 41 d-e.

Ideias a *primeira descoberta ocidental do a priori.* Essa expressão, uma vez tornado claro que não é platônica, pode sem dúvida ser usada, desde que se entenda não o *a priori* de tipo kantiano e neo-kantiano ou, em geral, idealista[13], que é um *a priori* subjetivo (ainda que em sentido transcendental), mas um *a priori* objetivo, o *a priori* que o platônico Rosmini reivindicou contra Kant. Com efeito, as Ideias são realidades objetivas absolutas que, por meio da anamnese, se impõem como objeto da mente. E já que a mente, na reminiscência, *capta* e não *produz* as Ideias, e as *capta independentemente da experiência,* ainda que com o concurso da experiência (devemos ver as coisas sensíveis iguais para nos "recordarmos" do Igual-em-si, e assim por diante), podemos com razão falar da descoberta do *a priori*, ou seja, da primeira concepção do *a priori* na história da filosofia ocidental[14].

3. Os graus do conhecimento delineados na "República"

No entanto, é evidente que, mais do que o conhecimento, a anamnese explica a "raiz" ou a "possibilidade" do conhecimento, enquanto explica substancialmente apenas isto: o conhecer é possível porque temos na alma *uma intuição originária do verdadeiro.* Os estágios e os modos específicos do conhecer ficam por determinar ulteriormente, e Platão determinou-os na *República* e nos diálogos dialéticos.

Na *República,* parte do princípio, já nosso conhecido, de que o conhecimento é proporcional ao ser, de modo que *somente o que é plenamente ser é perfeitamente cognoscível, o não-ser é absolutamente incognoscível.*

Mas, sabendo que existe também uma *realidade intermediária* entre ser e não-ser, isto é, o sensível, que (como vimos acima) é um

---

13. Como pretende P. Natorp, *Platos Ideenlehre*, Leipzig 1903 (e a corrente de inspiração neokantiana, sobre a qual o leitor encontrará ampla informação e discussão in A. Levi, *Sulle interpretazioni immanentistiche della filosofia di Platone*, Turim s.d. [publicado em 1920]).

14. Ao leitor que queira aprofundar a questão da anamnese em todos os seus aspectos, indicamos a volumosa obra de C. E. Huber, *Anamnesis bei Plato*, Munique 1964.

misto de ser e não-ser, Platão conclui que desse ser intermediário há exatamente um conhecimento intermediário entre a ciência e a ignorância, um conhecimento que não é conhecimento próprio e verdadeiro e cujo nome é "opinião", *doxa*. Eis a passagem da *República* que exprime claramente esses conceitos:

— [...] Aquele que conhece conhece alguma coisa ou nada?
— Responderei que conhece alguma coisa, disse ele.
— Algo que é ou então que não é?
— Algo que é: como poderia ser conhecida uma coisa que não é?
— Sob qualquer ponto de vista que consideremos a questão, temos, pois, por suficientemente assegurado que *o que é totalmente ser é totalmente cognoscível e o que não é de modo algum é totalmente incognoscível?*
— Absolutamente assegurado.
— Muito bem; mas se alguma coisa fosse tal, de modo a ser e não-ser, não seria como *intermediária entre o que é puramente e o que não é de modo nenhum?*
— Seria *intermediária.*
— Portanto, se para o que é dizemos haver ciência, para o que não é necessariamente ignorância, *para o tal intermediário será necessário buscar algo de intermediário entre a ignorância e a ciência,* desde que ele exista mesmo.
— Certamente.
— Ora, não dizemos que a opinião é alguma coisa?
— Sem dúvida.
— Pertence a uma faculdade distinta da ciência ou à mesma?
— A uma faculdade distinta.
— Portanto, a opinião é ordenada a uma coisa e a ciência a outra, de acordo com a faculdade de cada uma?
— Assim é[15].

As formas do conhecimento são duas: a mais baixa é a *doxa* (δόξα), a mais alta é a *episteme* (ἐπιστήμη) ou ciência: a primeira tem por objeto o *sensível*, a segunda o *suprassensível.*

Todavia, a opinião, para Platão, é muitas vezes deficiente. Ela pode ser também *verdadeira* e *reta*, mas *não pode nunca ter em si a garantia da própria retidão e permanece sempre lábil como lábil é o sensível ao qual se refere.* Para fundamentar a opinião e torná-la

15. *República*, V, 476 e-477 b.

estável seria necessário, como Platão diz no *Mênon*, prendê-la com o *raciocínio causal*, isto é, fixá-la com o conhecimento da causa (da Ideia); mas então ela deixaria de ser opinião e se tornaria ciência ou *episteme*; haveria uma passagem do sensível ao suprassensível[16].

Mas Platão especifica ulteriormente tanto a *doxa* como a *episteme*, atribuindo a cada uma dois graus: a *doxa* divide-se em *imaginação* (εικασία) e em *crença* (πίστις), enquanto a ciência divide-se em uma forma de *conhecimento mediano* (διάνοια) e em *intelecção* pura (νόησις).

De acordo com o princípio acima ilustrado, cada grau e forma do conhecimento refere-se a um grau correspondente e a uma forma correspondente de realidade e de ser. A *eikasia* e a *pistis* correspondem a dois graus do sensível e referem-se, respectivamente, a primeira às sombras e às imagens sensíveis das coisas, a segunda às coisas e aos próprios objetos sensíveis. A *dianoia* e a *noesis* referem-se, por sua vez, a dois graus do inteligível: a *dianoia* é o conhecimento das realidades matemático-geométricas, a *noesis* é a dialética pura das Ideias.

A *dianoia* (conhecimento mediano, como alguém oportunamente traduz o termo) pode também ocupar-se com elementos visíveis (por exemplo, as figuras que se traçam nas demonstrações geométricas), mas se caracteriza sobretudo pelo conhecimento dos seres matemáticos que, como sabemos, são ontologicamente "intermediários". A *noesis* é o conhecimento, por meio da dialética, das Ideias e do Princípio supremo e absoluto (ou seja, da Ideia do Bem) com todos os seus nexos de fundamentação e participação[17].

Podemos esquematizar as formas e os graus do conhecimento e as respectivas formas e graus da realidade, conforme Platão mesmo indica[18], com a célebre comparação da linha, da maneira seguinte:

---

16. Cf. *Mênon*, 97 a ss.
17. Cf. o que dissemos nos parágrafos 4 e 5, *passim*.
18. Cf. *República*, VI, 509 c ss.

Plano do conhecer		Plano do ser	
δόξα (*doxa*) ou opinião	εἰκασία (*eikasia*) ou imaginação	imagens sensíveis	mundo sensível
	πίστις (*pistis*) ou crença	objetos sensíveis	
ἐπιστήμη (*episteme*) ou ciência	διάνοια (*dianoia*) ou conhecimento mediano	objetos matemáticos (os entes "interme-diários" das "Dou-trinas não-escritas")	mundo inteligível
	νόησις (*noesis*) ou intelecção	Ideias e Ideia do Bem	

4. A dialética

Naturalmente, o comum dos homens detém-se nos primeiros dois graus da primeira forma do conhecimento, isto é, na opinião; os matemáticos elevam-se à *dianoia;* só o filósofo ascende à *noesis* e à ciência suprema. O intelecto e a intelecção, deixadas as sensações e o sensível e qualquer elemento ligado ao sensível, captam, com um proceder que é ao mesmo tempo discursivo e intuitivo, as Ideias puras, seus nexos positivos e negativos, isto é, todos os liames de implicação e exclusão, e sobem de Ideia em Ideia até intuir a Ideia suprema (que é o primeiro e supremo Princípio, ou seja, o Bem/Uno), o Incondicionado. E esse proceder, pelo qual a inteligência passa do sensível ao inteligível e vai de Ideia em Ideia, é a "dialética", de modo que o filósofo é o "dialético". Entende-se, assim, como, da *República* em diante, Platão tenha buscado aprofundar de todos os modos esse conceito de dialética também nos seus escritos, além das suas lições (eis por que os diálogos posteriores à *República* são chamados *dialéticos).*

Haverá uma dialética *ascendente* que, livre dos sentidos e do sensível, conduz às Ideias e em seguida, de Ideia em Ideia, à Ideia suprema, com um procedimento *sinótico* (que passo a passo abraça a multiplicidade na unidade). Sobre esse aspecto da dialética detém-se particularmente a *República:*

> Portanto [...] somente o método dialético procede por este caminho, afastando as *hipóteses* (ὑποθέσεις) até alcançar o *Princípio* (ἐπ' αὐτὴν τὴν ἀρχήν) para conferir solidez, e levanta e eleva ao alto o olhar da alma, mergulhado num pântano bárbaro, usando as artes das quais temos tratado (i.é, as matemáticas) como coadjuvantes nessa conversão[19].

> — Além disso, não chamas *dialético a quem sabe dar razão da essência* de cada coisa, e quem não é capaz disso, na medida em que não sabe dar razão nem a si nem aos outros, não dirás por isso que esse tal não tem inteligência?
> — E como poderia dizer que tem?, disse ele.
> — Assim será igualmente com relação ao Bem: quem não *é capaz de definir a Ideia do Bem com o raciocínio, abstraindo-a de todas as outras*, e passando como num combate através de todas as objeções, desejando fundá-la em provas não segundo a opinião, mas segundo a essência, atravessando tudo isto com um raciocínio inatacável; não dirás que esse tal não conhece nem o Bem nem alguma coisa boa, mas que, se acaso apreende alguma imagem do Bem, apreende-a com a opinião e não com a ciência e sua vida aqui não é senão sono e sonho dos quais não acorda até que, descendo ao Hades, aí termina num sono completo?[20]

Haverá também uma dialética *descendente* que, seguindo o caminho oposto, parte da Ideia suprema ou de Ideias gerais e, procedendo por divisão (procedimento *diairético),* isto é, distinguindo passo a passo Ideias particulares contidas nas Ideias gerais e fundando-se nas articulações nas quais se desdobram, chega às Ideias que não incluem em si Ideias ulteriores e assim consegue estabelecer o lugar que uma Ideia dada ocupa na estrutura hierárquica do mundo ideal e, com isso, a compreender a trama complexa das relações numéricas que unem as partes e o todo.

19. *República*, VII, 533 c-d.
20. *República*, VII, 534 b-d.

Mas, a fim de compreender bem quanto acabamos de expor, ou seja, esses dois procedimentos da dialética e os seus nexos, necessitamos ainda de algumas explicações mais pormenorizadas.

5. A construção protológica da dialética fundada sobre o uno e sobre os muitos

Quanto expusemos não alcança ainda o fundamento e a construção protológica da dialética, ou seja, os nexos fundacionais e totalizantes que constituem a trama da própria dialética em geral e em particular.

Três pontos merecem ser especialmente salientados.

a) Primeiramente é necessário ter bem presente que o procedimento *sinótico* e o *diairético* se entrecuzam de várias maneiras e encadeadamente, de sorte que um só é compreensível em conexão com o outro e reciprocamente. *b*) Em segundo lugar, é preciso ter bem presente o fato de que os nexos fundacionais consistem exatamente nas relações Uno/muitos e que as gradações dos dois procedimentos dialéticos são as que levam passo a passo *a abraçar a multiplicidade na unidade, até chegar à unidade suprema*; e as que levam a decompor diaireticamente a unidade na multiplicidade, de modo a se compreender *como o uno se desdobre nos muitos*. *c*) Em suma, a dialética no seu sentido global leva à compreensão daquela coisa "admirável" da qual fala o *Filebo*, a saber, de como "os *muitos* sejam *um* e o *um* seja os *muitos*". No seu grau supremo, ela é exatamente o conhecimento que o Demiurgo (a Inteligência divina) possui de maneira perfeita, vale dizer:

> a ciência [...] para misturar *muitas* coisas na *unidade* e, novamente, dissolvê-las da *unidade* em *muitas*[21].

Eis três passagens fundamentais que trazem ao primeiro plano os três pontos que destacamos:

> Sócrates — Parece-me que nas outras coisas nós, de fato, apenas nos entregamos a um jogo; mas entre essas coisas ditas ao acaso há dois modos

21. *Timeu*, 68 d.

de proceder dos quais seria interessante, se possível, compreender tecnicamente a função.

Fedro — Quais são?

Sócrates — <O primeiro modo de proceder consiste em> *reconduzir a uma única Ideia, por meio de uma visão abrangente, as coisas dispersas e múltiplas, com a finalidade de tornar claro, ao se definir cada coisa, qual é aquela sobre a qual se pretende, em cada caso, ensinar algo* [...].

Fedro — E o que dizes, Sócrates, sobre o outro modo de proceder?

Sócrates — Ele consiste, ao contrário, *em saber dividir segundo as Ideias, fundando-se nas articulações que elas têm por natureza, e buscando não quebrar parte alguma,* como costuma fazer um mau açougueiro [...].

Fedro — Dizes coisas muito verdadeiras.

Sócrates — E dessas coisas, Fedro, eu sou, na verdade, um grande amante, isto é, das *divisões* e das *unificações*, a fim de ser capaz de falar e de pensar. E se julgar que alguém é capaz naturalmente de ver o uno nos muitos, correrei atrás de suas pegadas como das de um deus[22].

Estrangeiro — *Dividir por gêneros e não considerar diversa uma Ideia que é idêntica e não considerar idêntica uma Ideia que é diversa, não diremos acaso que seja isto próprio da ciência dialética?*

Teeteto — Assim o diremos.

Estrangeiro — Por conseguinte, quem é capaz de fazer isto percebe adequadamente [1a] *a ideia que se estende completamente através de muitas outras, das quais cada uma permanece isolada em si mesma e, além disso,* [1b] *muitas outras que, distintas entre si, são envolvidas do exterior por uma <Ideia> única;* [2a] *uma única Ideia que, concentrada embora na sua unidade, se estende por muitas unidades,* e, ademais, [2b] muitas <Ideias> *totalmente distintas.* E isso é saber comunicar por meio de gêneros e compreender de que modo cada um pode comunicar com o outro e de que modo não[23].

Afirmamos que a *identidade do uno e dos muitos,* estabelecida nos raciocínios, ocorre sempre e em todas as partes, em cada uma das coisas que se dizem agora e no passado. E isto não cessará nunca e não começou agora, mas algo assim, segundo me parece, é em nós uma propriedade dos próprios raciocínios, *imortal e imune de velhice*[24].

A definição das relações positivas e negativas subsistentes entre as Ideias se reduz, nas suas últimas instâncias, a essa individuação

22. *Fedro*, 265 c-266 b.
23. *Sofista*, 253 b-c.
24. *Filebo*, 15 d.

bastante complexa dos nexos Uno-muitos e muitos-Uno, e bem assim às determinações segundo as quais as Ideias comunicam entre si ou segundo as quais são entre si incomunicáveis. O *Sofista* apresenta um exemplo específico, com a escolha de *algumas* das Ideias supremas, e o próprio *Parmênides* apresenta apenas um escorço, ainda que muito importante, e um vértice sob determinado ângulo.

A carta global da dialética não foi apresentada por Platão nos seus escritos. A *República* apresentou somente amplas indicações de como se chega à essência do Bem (ou seja, do Uno), procedendo de Ideia em Ideia até aquelas hierarquicamente mais elevadas e aludindo (embora de maneira bastante insistente) a como se chega à Ideia do Bem (ao Uno), "abstraindo-a", isto é, separando-a de todas as outras (e, sobretudo, das supremas). Os diálogos dialéticos apresentaram *algumas* notáveis seções diairéticas e ilustraram certos nexos entre algumas Ideias fundamentais; mas, *somente na dimensão da oralidade Platão apresentou um quadro completo da dialética nas suas conexões essenciais, que em parte nos foi transmitido pela tradição indireta.*

A passagem do Uno aos Muitos — recordemo-lo — tem lugar sobre o fundamento de uma relação bipolar do Uno com relação à Díade (o Princípio oposto da multiplicidade indeterminada), por meio da ação determinante daquele sobre esta. *a*) O primeiro estágio, em sentido hierárquico, é assinalado pelos números ideais (que se reduzem à Década), os quais representam a Unidade-na-multiplicidade na maneira mais elevada e num sentido prototípico e paradigmático; *b*) dos Números ideais se passa às Ideias mais gerais *c*) e depois às Ideias particulares até se alcançar *d*) as Ideias não ulteriormente divisíveis, sob as quais estão *e*) os múltiplos sensíveis correspondentes.

Todas as Ideias estão articuladas aos Números no sentido que explicamos, ou seja, no sentido de que o Número (ἀριθμός) significa uma relação exata (λόγος); e, portanto, a trama complexa que liga cada Ideia com as outras, juntamente com os nexos que cada Ideia admite com as superiores e as inferiores, é determinável justamente no sentido grego de "número" (no sentido que podemos qualificar como *arithmós-logos*).

É, pois, a *estrutura bipolar* (Uno-Díade, limite-ilimitado) de todo ser que comporta a *estrutura metafísico-numérica de todo o real.*

Eis como, no *Filebo,* Platão nos oferece um esboço dos mais notáveis desses nexos dialéticos, apresentando-o mesmo como "um dom dos Deuses aos homens":

> Sócrates — Parece-me que de algum lugar divino foi lançado, por obra de algum Prometeu, um dom dos Deuses aos homens, juntamente com um fogo, o mais luminoso. Os antigos, que eram melhores do que nós e estavam mais perto dos deuses, transmitiram-nos este oráculo: que as coisas das quais se diz que sempre existem são constituídas de *uno* e de *muitos* e, pela sua natureza, têm em si o *limite* e a *ilimitação.* Portanto, já que as coisas assim estão dispostas, é necessário que, com relação a qualquer conjunto, busquemos sempre uma ideia — nós a encontraremos sempre presente. Tendo-a encontrado, depois dessa primeira devemos examinar se não há duas, ou três, ou qualquer outro número e novamente fazer o mesmo exame para cada uma, de sorte a que vejamos não somente que o primeiro *uno* é *uno* e *muitos* e *ilimitado*, mas também qual a sua exata *quantidade.* E não devemos aplicar a Ideia do ilimitado ao múltiplo, antes de ver qual seja o número deste, *e o que é intermediário entre o ilimitado e o uno;* só então podemos deixar cada unidade do conjunto dispersar-se no *ilimitado.* Portanto, como eu disse, os Deuses nos transmitiram esse modo de investigar, aprender e ensinar os outros. Mas os sábios de hoje tratam o *uno* de qualquer maneira, e os *muitos* mais rapidamente ou mais lentamente do que se deve, passando imediatamente do *uno* ao *ilimitado*, enquanto lhes escapam as coisas *intermediárias.* Ora, são essas coisas que distinguem entre nós os raciocínios efetuados de maneira dialética e de maneira erística[25].

Para concluir, resta chamar a atenção sobre um único ponto. Como o Uno determina e delimita o Princípio oposto (Díade ilimitada e indeterminada), desdobrando-se nos Números ideais e na trama numérica ideal, que são a mais perfeita e idealmente articulada *unidade-na-multiplicidade*, assim analogamente as Ideias e a trama do mundo ideal determinam a Díade sensível com a mediação dos seres matemáticos "intermediários" entre ser inteligível e ser sensível, levada a cabo pela Inteligência divina (Demiurgo) no modo que já vimos.

Com efeito, a Ideia pode *multiplicar-se* na sua "unidade" e *descer no sensível* justamente por meio dos seres matemáticos que são *eternos* como as Ideias, mas, cada um, *múltiplo* como os sensíveis; e

25. *Filebo*, 16 c-17 a.

desta maneira podem determinar o Princípio material de modo capilar, de sorte a espelhar tão bem quanto possível o mundo inteligível.

Por conseguinte, a cifra emblemática da dialética platônica torna-se bastante clara e, retomando o que já foi dito, podemos resumi-la da maneira seguinte: conduz do sensível ao inteligível (do plano físico ao metafísico) recolhendo a multiplicidade do sensível em vários níveis nas unidades do inteligível, ou seja, nas Ideias (primeiro nível da "segunda navegação"); em seguida, percorre em todos os sentidos a multiplicidade da estrutura piramidal dos inteligíveis, captando em todos os sentidos a unidade-na-multiplicidade (e, inversamente, o desdobrar-se também em todos os sentidos da unidade na multiplicidade), isto é, a estrutura de *arithmós-logos* do inteligível, até alcançar as Ideias supremas e, finalmente, a abstração última da Unidade absoluta.

Platão, evidentemente, levou às últimas consequências o pitagorismo, no plano metafísico por ele conquistado. Mas, assim como reconheceu em Parmênides um pai, com a metáfora emblemática do "parricídio de Parmênides" se, nos diálogos dialéticos, em vez da máscara de um "Estrangeiro de Eleia", ele tivesse assumido a máscara de um pitagórico, deveria, fazendo uso de uma metáfora igualmente emblemática, levar a cabo um "parricídio de Pitágoras", na medida em que desloca o número do plano puramente quantitativo ao plano metafísico e axiológico, realizando uma metábase do plano puramente aritmético, ligado ainda ao ponto de vista dos físicos, para um plano metafísico inteiramente novo[26].

26. Cf. Reale, *Platão...*, *passim*.

VII. A CONCEPÇÃO DA ARTE E DA RETÓRICA

1. A arte como afastamento do ser e do verdadeiro

A problemática platônica da *arte* deve ser vista em conexão estreita com a temática metafísica e dialética, pois somente a partir de tal conexão torna-se plenamente inteligível. Com efeito, ao determinar a essência, a função, o papel e o valor da arte, Platão preocupa-se somente com o seguinte: estabelecer o valor de verdade que a arte possui, ou seja, 1) se, e em que medida, ela se aproxima do verdadeiro; 2) se faz o homem melhor; 3) se possui socialmente valor educativo ou não.

Como é sabido, suas respostas são totalmente negativas: 1) *a arte não desvela,* mas oculta o verdadeiro, *porque não conhece;* 2) *não melhora o homem*, mas o corrompe *porque é mentirosa;* 3) *não educa*, mas deseduca *porque se dirige às faculdades irracionais da alma,* que são nossas partes inferiores.

Tentemos compreender mais profundamente as razões dessa condenação que permaneceu quase sem apelação em todos os diálogos. Já nos primeiros escritos, Platão assume uma atitude negativa diante da poesia, considerando-a decididamente inferior à filosofia. O poeta nunca é tal *por ciência* ou por conhecimento, mas por intuição irracional. Quando compõe, o poeta é inspirado, está "fora de si", é "invadido" e, portanto, inconsciente: não sabe dar razão do que faz nem sabe ensiná-lo a outro. O poeta é poeta por θείᾳ μοίρᾳ, isto é, por sorte divina, não por virtude de conhecimento[1]. Eis a passagem do *Fedro* a mais significativa a esse respeito:

> [...] O terceiro é a invasão e o delírio vindo das Musas que, apoderando-se de uma alma pura e delicada, excitam-na e a arrastam fora de si na inspiração báquica, em cânticos e outras poesias e, revestindo de glória inúmeros feitos dos antigos, ensina aos pósteros. Mas quem chega às portas da poesia sem o delírio das Musas, julgando que poderá ser um poeta de valor

---

1. Cf. *Ion*, *passim*; *Mênon*, 99 d ss.; *Fedro*, 244 a ss. e, sobretudo, 245 a ss.

apenas pela habilidade artística, é um poeta incompleto, e a poesia de quem permanece no seu são juízo é obscurecida pela dos que estão possuídos pelo delírio[2].

Mais exatas e determinadas são as concepções da arte que Platão exprime no décimo livro da *República*. A arte em todas as suas expressões (isto é, seja como poesia, seja como arte pictórica e plástica) é, do ponto de vista ontológico, uma *mimesis*, vale dizer, uma "imitação" de coisas e acontecimentos sensíveis. Tanto a poesia como as artes figurativas em geral descrevem homens, fatos e acontecimentos de vários tipos, procurando reproduzi-los com palavras, cores, relevos plásticos. Ora, sabemos que as coisas sensíveis são, do ponto de vista ontológico, não o ser verdadeiro, mas a imitação do ser verdadeiro: são uma "imagem" do "paradigma" eterno das Ideias e, assim, *distam do verdadeiro na medida em que a cópia dista do original*. Ora, se a arte, por sua vez, é imitação das coisas sensíveis, segue-se então que ela acaba sendo uma *imitação de uma imitação*, uma cópia que reproduz uma cópia, estando mais distante do verdadeiro de quanto o estão as coisas sensíveis: ela está "três graus longe da verdade". Eis, a respeito, as cruas palavras de Platão:

> [...] Em vista de qual dos dois fins a pintura é feita em cada caso particular? Talvez com o fim de imitar o ser como ele é, ou então com o fim de imitar a aparência tal como aparece, sendo imitação da aparência ou da verdade?
>
> — Da aparência, disse ele.
>
> — Portanto, a arte imitativa está longe do verdadeiro e, ao que parece, realiza todas as coisas na medida em que não atinge senão uma pequena parte de cada uma e esta somente como uma imagem[3].

Logo, a arte figurativa imita a mera aparência e, assim, os poetas falam *sem saber e sem conhecer aquilo de que falam;* a sua fala, do ponto de vista do verdadeiro, é um jogo ou uma brincadeira.

> — Então, o imitador não terá nem ciência nem opinião reta daquilo que imita, no que diz respeito ao belo e ao feio.
>
> — Parece que não.

---

2. *Fedro*, 245 a.

3. *República*, X, 598 b.

— Portanto, será o imitador na poesia amável quanto à sabedoria das coisas que faz?

— Não muito!

— E, no entanto, ele imitará não conhecendo para cada coisa sob que aspectos é boa ou má; mas, ao que parece, desde que seja bela à maioria que não sabe nada, assim ele a imitará.

— E mais o quê?

— Pois bem, sobre este ponto estamos de acordo o suficiente, ou seja, que o imitador *nada sabe de válido sobre as coisas que imita*, e que a imitação é um jogo e não uma coisa séria, e que aqueles que compõem a poesia trágica em iambos e hexâmetros são imitadores no grau máximo em que se possa ser.

— É exatamente assim[4].

Por conseguinte, Platão está convencido de que a arte se dirija não à parte melhor, mas *à parte menos nobre* da nossa alma.

[...] A pintura e, em geral, a arte da imitação cumprem, por um lado a sua obra permanecendo longe da verdade, de outro se dirigem ao que é em nós mais afastado da inteligência, com ele se entretém e lhe são amigas e companheiras, não pretendendo nada de são e verdadeiro[5].

A arte é, pois, corruptora e é, em larga medida, exilada ou mesmo eliminada do Estado perfeito, a menos que se submeta às leis do bem e do verdadeiro[6].

Sobre essa concepção, muito se escreveu e muito se disse, e houve quem, chocado com a sua crueza, pensou devê-la moderar e redimensionar, invocando o fato de que Platão aprecia em grau sumo a beleza e a Ideia do Belo, à qual atribui mesmo o privilégio de ser, somente ela, "visível" entre todas as realidades inteligíveis. Muitas vezes foram citadas as passagens do *Banquete* e do *Fedro*, verdadeiros hinos à beleza. Na verdade, esse associar o problema da arte ao problema da beleza é *historicamente* pouco correto, ao menos no contexto platônico. Com efeito, nosso filósofo liga a *beleza* não tanto à *arte* quanto ao *eros* e à *erótica* que, como veremos, *têm outro sentido e função*. É inútil tentar, valendo-se das aquisições da estética

4. *República*, X, 602 a-b.
5. *República*, X, 603 a-b.
6. Cf. *República*, livros II e X.

moderna, encontrar em Platão o que nele não há, ou torcer suas afirmações noutro sentido.

A verdade é que a arte não tem, para Platão, uma esfera e um valor propriamente *autônomos*: ela vale somente e na medida em que possa ou saiba pôr-se a serviço da verdade[7].

É paradigmático, a esse propósito, o que Platão diz a respeito de alguns versos que inspiram o temor da morte e que ele propõe excluir da *Ilíada* e da *Odisseia* no projeto da sua Cidade perfeita:

> Rogaremos a Homero e aos outros poetas que não fiquem indignados se cancelarmos esses versos e todos os outros desse tipo: não certamente porque não sejam poéticos e agradáveis aos ouvidos da maioria, mas porque, quanto mais poéticos tanto menos devem ser ouvidos pelas crianças e pelos homens que devem ser livres [...][8].

É evidente que Platão não nega de modo algum à arte a magia e o poder que lhe são próprios, mas nega toda validez a esse poder quando abandonado a si mesmo de maneira autônoma e quando não submetido aos preceitos imutáveis do logos verdadeiro.

Em suma, Platão não negou o poder da arte, mas *negou que a arte devesse valer unicamente por si mesma:* ou a arte serve ao verdadeiro ou serve ao falso e *tertium non datur.* Se, do ponto de vista da verdade, a arte quiser "salvar-se", deve submeter-se à filosofia, única capaz de alcançar a verdade, e o poeta deve obedecer às regras e à dialética do filósofo.

Nós, modernos, que proclamamos a absoluta liberdade da arte e consideramos intangível o dogma da arte pela arte, poderemos aduzir contra Platão numerosas aquisições da estética e demonstrar o lado positivo que, sob vários aspectos, há na arte. Não obstante isso, não podemos dizer que nada de verdadeiro exista na posição platônica. É bem difícil negar que, ao libertar-se do verdadeiro metafísico e ético, a arte não tenha muitas vezes arriscado a tornar-se um jogo vazio;

---

7. Uma análise da Ideia de belo, considerada em si e por si, foi feita por Platão no *Hípias maior*; mas não se deu muita atenção a esse diálogo, julgado inautêntico. Ver, ao contrário, o que observa a nossa aluna, M. T. Liminta, no ensaio: *Il problema della bellezza. Autenticità e significato dell'Ippia maggiore di Platone*, Celux, Milão, 1974, a qual, entre outras coisas, explica pormenorizadamente as razões pelas quais Platão rejeitou a autonomia puramente estética do belo (e, portanto, da arte).

8. *República*, III, 387 b.

ou que, em certos casos, tenha acabado por dirigir-se ao que há de pior em nós e, muitas vezes, tenha contribuído, justamente como Platão advertiu, para nos deixar perdidos em meras aparências, como quando se deixou levar a excessos quase iconoclastas.

2. A retórica como mistificação do verdadeiro

Na antiguidade clássica, a retórica gozava de uma importância muito grande, como vimos ao tratar dos sofistas. Ela não era, como o é para nós modernos, algo relacionado ao artifício literário que se situa à margem da vida. Era uma *força civil e política* de primeiríssima ordem, tanto assim que os sofistas, pretendendo ser mestres e educadores ético-políticos das novas gerações, apresentaram-se como *retóricos* e *mestres de retórica.*

Bem cedo, Platão sentiu a necessidade de avaliar exatamente a retórica e de estabelecer qual fosse a sua essência e o seu valor de verdade. E foi muito clara a sua resposta: a retórica deve ser condenada por razões de todo análogas àquelas pelas quais a arte deve ser condenada.

A retórica (a arte dos políticos atenienses e dos seus mestres) é mera *bajulação,* é *lisonja,* é *adulação,* é *contrafação da verdade.*

Como a arte pretende retratar e imitar todas as coisas *sem ter delas verdadeiro conhecimento, mas imitando as suas puras aparências,* assim a retórica pretende persuadir e *convencer a todos acerca de tudo sem ter conhecimento algum.* Assim como a arte cria meros fantasmas, a retórica cria persuasões vãs e crenças ilusórias. O retórico é aquele que, embora não sabendo (e, no caso extremo, até vangloriando-se de não saber) possui, diante da maioria, a habilidade de ser *mais persuasivo* do que aquele que verdadeiramente sabe, porque joga com os sentimentos e as paixões, apoiando-se não na verdade, mas unicamente nas aparências da verdade.

A retórica (como a arte) dirige-se *à pior parte da alma,* à parte que é suscetível de emoção, sensível ao prazer e à lisonja do prazer, à parte crédula e instável[9]. O retórico, tanto quanto o artista, está

9. Cf. *Górgias,* 463 b ss.

longe do verdadeiro e até mais do que o artista porque deliberadamente confere aos fantasmas do verdadeiro as *aparências do verdadeiro*, e mostra assim uma malícia que o artista não possui ou possui somente em parte.

Assim como a *filosofia* deve substituir a poesia, a "política verdadeira" que, como veremos, coincide com a *filosofia*, deve substituir a retórica. Os poetas e os retóricos estão para o filósofo como as *aparências* estão para a *realidade* e como os *fantasmas* da verdade estão para a *verdade.*

Este áspero juízo sobre a retórica emitido no *Górgias*, é em parte atenuado no *Fedro,* onde à arte dos discursos, ou seja, à retórica, é reconhecido um direito à existência, com a condição de que se submeta à verdade e à filosofia:

> Sócrates — Mas, amigo, quem sabe não falamos mal da arte dos discursos mais do que o devido? Talvez ela possa dizer-nos: "Que pretendeis, gente admirável, com essa conversa vazia? Eu não obrigo ninguém que não conheça o verdadeiro a aprender a falar; mas, se meu conselho tem algum valor, que ele adquira a verdade antes de tomar-me nas mãos. Mas o que proclamo em alta voz é o seguinte: quem conhece a verdade não poderá, sem mim, persuadir ninguém segundo as regras da arte".
>
> Fedro — E quem fala assim não fala corretamente?
>
> Sócrates — Sim, se os discursos que se apresentam dão testemunho de que se trata de uma arte. Pois parece-me ouvir já alguns discursos que se apresentam em seguida para testemunhar que não se trata de uma arte, mas de uma rotina sem arte. *Uma arte autêntica de falar sem a verdade,* diz o Espartano, *não existe nem poderá existir no futuro*[10].

Para alcançar a verdade será necessário, naturalmente, aprender em primeiro lugar a doutrina das Ideias e a *dialética* (seja no seu momento ascendente que leva do múltiplo ao uno, seja no seu momento descendente e diairético que ensina a dividir as Ideias segundo as articulações que lhes são próprias)[11]. Em segundo lugar, será necessário conhecer a *alma,* porque a arte da persuasão se dirige à alma[12]. Somente conhecendo a *natureza das coisas* e a *natureza da*

10. *Fedro*, 260 d-e.
11. Cf. *Fedro*, 263 b ss.
12. Cf. *Fedro*, 270 b ss.

alma humana será possível construir uma retórica verdadeira, isto é, uma arte verdadeira de persuadir por discursos.

A "segunda navegação", pelo que vimos, com a descoberta da dimensão metafísica, revolucionou todo o mundo espiritual do homem grego que, antes de Platão, via no poeta e no retórico seus mestres de vida e de virtude.

Cabeça de Platão, conservada no *Museu Fitzwilliam*, de Cambridge.

TERCEIRA SEÇÃO

A COMPONENTE ÉTICO-RELIGIOSO-ASCÉTICA DO PENSAMENTO PLATÔNICO E OS SEUS NEXOS COM A PROTOLOGIA DAS "DOUTRINAS NÃO-ESCRITAS"

οὐ γάρ τοι θαυμάζοιμ' ἂν εἰ Εὐριπίδης ἀληθῆ ἐν τοῖσδε λέγει, λέγων τίς δ' οἶδεν, εἰ τὸ ζῆν μέν ἐστι κατθανεῖν, τὸ κατθανεῖν δέ ζῆν; καὶ ἡμεῖς τῷ ὄντι ἴσως τέθναμεν.

"Eu não ficaria maravilhado se fosse verdade o que Eurípedes afirma quando diz: Quem pode saber se viver não é morrer e morrer não é viver? e que nós, na verdade, estamos mortos".

Platão, *Górgias*, 492 e.

Cabeça de Platão, conservada nos Museus Vaticanos.

I. IMPORTÂNCIA DA COMPONENTE MÍSTICO-RELIGIOSO-ASCÉTICA DO PLATONISMO

Platão não é apenas o metafísico e o dialético: quem o interpretou exclusivamente sob esse aspecto reduziu-o simplesmente a um esqueleto.

Os antigos já haviam caído na conta de que a filosofia de Platão era totalmente impregnada por um espírito fortemente religioso, que constituía fonte inexaurível para os espíritos sedentos do divino. Alguns a entenderam mesmo como uma iniciação mística: muitos neoplatônicos chegaram a considerar os diálogos respostas de um oráculo, revelações divinas[1].

Mas, ainda que com linguagem diversa, o entusiasmo pelo místico Platão foi renovado (deixando de lado os medievais que não conheciam diretamente o nosso filósofo) pelos humanistas do círculo de Ficino e, depois, por muitos intérpretes e tradutores modernos e até contemporâneos: e não sem fundamento, como veremos a seguir.

A dimensão mística, latente nos primeiros diálogos e em alguns ausente quase de todo, patenteou-se pela primeira vez, por assim

---

1. Eis uma página sumamente eloquente de um neoplatônico, que diz perfeitamente bem como os últimos gregos entenderam o pensamento de Platão: "Eu considero [...] que, por um lado, a filosofia de Platão e o seu próprio princípio tenham sido acendidos pela bondosa vontade de Deuses superiores [...] e considero que essa filosofia, depois de alternados acontecimentos, tenha-se consumado, e depois, praticamente retirada em si mesma e tornada invisível aos muitos que fazem profissão de filósofos e pretendem empreender a caça ao verdadeiro, num momento sucessivo tenha novamente vindo à luz. Mas considero, por outra parte, que a arcana doutrina, particular aos mistérios divinos (doutrina assentada em trono santo por pureza, que teve eterna subsistência junto aos próprios Deuses), por obra de um único homem fez, desse divino reino, manifesta aparição a quem nos acontecimentos temporais é capaz de provar o seu gosto. E a minha afirmação não é, certamente, errada, quando chamo a este de guia e intérprete dos santíssimos mistérios; aquelas verdadeiras iniciações nas quais encontram consumação iniciática as almas separadas do espaço terreno; guia, portanto, e intérprete das completas e imóveis visões das quais participam almas repletas de desejo premente [...] existência beata e feliz. E considero ainda que de modo verdadeiramente augusto e envolto novamente no silêncio e no segredo, brilhou aquela luz de primeira filosofia, como em venerandos santuários, e como que, plenamente segura, estabelecida no mais íntimo de santíssimos lugares inacessíveis" (Proclo, *La teologia platonica*, cap. 1; trad. de E. Turolla, Bari 1957, pp. 3s.).

dizer, no grandioso afresco do *Górgias* e coincidiu com um momento de crise na vida de Platão, que o levou a meditar a fundo o sentido da "vida órfica" e da "vida pitagórica" e o impeliu não somente a aceitá-la, mas a aprofundá-la e a mostrar, aos poucos, todas as suas implicações e todas as suas consequências[2].

No *Górgias,* pela primeira vez, Platão afronta todos os problemas fundamentais relativos à vida do homem, que se lhe apresenta dramaticamente, como em nenhum dos escritos precedentes, em todas as suas mais gritantes e trágicas contradições: Sócrates, o justo, foi morto e, ao contrário, o injusto parece triunfar; o virtuoso e justo está à mercê do injusto e sofre todas as suas agressões; o vicioso e o injusto parecem, ao contrário, felizes e satisfeitos com as suas prepotências; o político justo sucumbe, o político sem escrúpulos se impõe; o bem é que deveria triunfar e, ao contrário, é o mal que parece prevalecer. De que lado está a verdade? Cálicles, um dos protagonistas do diálogo, que exprime as tendências mais extremistas amadurecidas naquela época (como vimos, falando dos epígonos dos sofistas), não hesita em proclamar, com a mais deslavada impudência, que a verdade está do lado do mais forte, isto é, daquele que sabe zombar de tudo e de todos, gozar de todos os prazeres, satisfazer a todas as paixões, saciar todo desejo, buscar todos os meios que servem a seus fins; a justiça é uma invenção dos fracos, a virtude uma estultície, a temperança um absurdo; quem se abstém dos prazeres, é moderado e governa suas paixões é um estulto, porque a vida que ele vive é, em realidade, igual a uma morte[3].

É justamente em resposta a essa visão extrema que Platão, avançando além de Sócrates, reencontra a verdade do ensinamento órfico-pitagórico. Cálicles e todos aqueles (pseudossofistas e homens políticos do tempo) dos quais Cálicles é símbolo dizem que a vida do virtuoso, que mortifica os instintos, é vida sem sentido e, portanto, morte[4]. Mas que é a vida? E que é a morte? Essa que chamamos *vida* não poderia acaso ser *morte* e, ao contrário, ser *verdadeira vida* aquela que começa com a morte?[5]

---

2. Especialmente no *Fédon*, mas depois também nos escritos sucessivos.
3. Cf. *Górgias*, 482 c ss.
4. Cf. *Górgias,* 492 d ss.
5. Cf. *Górgias*, 492 e ss.

É claro que, para Platão, torna-se fonte de solução justamente a resposta ao problema que Sócrates deliberadamente deixara sem solução, ou seja, o problema da *sorte escatológica da alma*. Se a alma fosse mortal e se, juntamente com a morte do corpo, também o espírito do homem se dissolvesse no nada, a doutrina de Sócrates não seria suficiente para refutar a de Cálicles. Para Platão, não basta dizer que o homem é a sua *psyché*, como Sócrates dizia, mas é preciso estabelecer ulteriormente se essa *psyché* é ou não *imortal*. Somente a resposta a esse problema passa a ser verdadeiramente decisiva[6].

Em consequência, a doutrina da imortalidade passa ao primeiro plano e dá nova feição à ética e à política.

Viver para o corpo (como faz a maior parte dos homens) significa viver para aquilo que está destinado a morrer; viver para a alma significa, ao contrário, viver para aquilo que está destinado a viver sempre, significa viver purificando a alma *por meio de um progressivo desapego do corpóreo*.

Se, nesta vida, o justo é vítima das opressões dos injustos, ao ponto de ser impunemente vítima de bofetadas, pois bem, ele sofre no corpo e pode, em caso extremo, perder o corpo; mas, perdendo o corpo, perde o que é mortal, ao passo que *salva a alma para a eternidade*[7].

Essa visão da vida não é uma simples retomada e uma, por assim dizer, reelaboração quantitativa de temas órfico-pitagóricos: ela alcança um novo significado depois da "segunda navegação", isto é, depois da descoberta do mundo inteligível. A existência de uma *alma imortal*, que unicamente pode dar sentido à visão da vida que descrevemos, não permanece mais mera crença nem somente fé e esperança, mas é racionalmente demonstrada. No orfismo tratava-se de uma simples doutrina misteriosófica; nos pré-socráticos que tinham aceitado a visão órfica, era um pressuposto em contraste com seus princípios físicos; *em Platão, ao contrário, está fundamentada e apoiada perfeitamente sobre a metafísica, isto é, sobre a doutrina do suprassensível, da qual se torna como que um corolário*: a alma é a dimensão

6. Cf. *Fédon*, 70 a ss.

7. Cf. *Górgias* e *Fédon*, *passim*.

inteligível e imaterial do homem, e eterna como é eterno o inteligível e imaterial.

É evidente que as *provas da imortalidade* da alma adquirem uma importância muito grande porque, com elas, Platão vai além do socratismo e do orfismo e estabelece uma mediação sintética entre as instâncias racionalistas do primeiro e as instâncias místicas do segundo. Começaremos pela análise dessas provas.

II. A IMORTALIDADE DA ALMA, OS SEUS DESTINOS ULTRATERRENOS E A SUA REENCARNAÇÃO

1. As provas da imortalidade da alma

O *Fédon* apresenta três provas em favor da imortalidade da alma[1]. Deixando de lado a primeira, à qual o próprio Platão atribui pouco valor e que, depois de ter feito recurso a categorias de caráter físico e, em particular, de procedência heraclitiana, apoia-se finalmente sobre a reminiscência (de modo análogo ao que já vimos a propósito do *Ménon*)[2], queremos examinar as outras duas das quais, uma ao menos, está entre as mais convincentes dentre as que a metafísica posterior tentou apresentar nesse campo.

A alma humana — diz Platão — é capaz (como acima se viu) *de conhecer as coisas imutáveis e eternas;* mas, para poder captar essas coisas ela dever ter, como *conditio sine qua non,* uma *natureza que lhes seja afim*; caso contrário tais coisas permaneceriam fora da sua capacidade; assim pois, sendo elas imutáveis e eternas, também a alma deve ser imutável e eterna. Em síntese, é essa a prova; mas sendo, a nosso parecer, a mais significativa, queremos determiná-la analiticamente. Existem dois planos de realidade: *a*) as realidades visíveis, isto é, perceptíveis e sensíveis e *b*) as realidades invisíveis e inteligíveis. As primeiras são as que nunca permanecem nas mesmas condições, as segundas, ao contrário, são as que permanecem imutáveis. Perguntemos agora a que tipo de realidade devem ser assemelhadas as duas partes ou as duas componentes que constituem o homem, a saber, o *corpo* e a *alma.* Não há dúvida de que o corpo é afim à realidade visível, a alma ao *invisível* e *inteligível;* e já que o

---

1. As provas no *Fédon* são três, como demonstrou de modo solidíssimo H. Bonitz, *Die im Phädon enthaltenen Beweise für die Unsterblichkeit der menschlichen Seele*, primeiro publicado in "Hermes" e agora in *Platonische Studien*, última edição Hildesheim 1968, pp. 293-323 (os estudiosos que falam de quatro ou mais provas no *Fédon* ignoram a documentação de Bonitz).

2. Pode-se vê-la brevemente exposta na Introdução à nossa tradução do *Fédon*, pp. XXXVIIIss.

visível é mutável e o inteligível imutável, a alma deve ser imutável. Com efeito, quando a alma se apoia sobre as percepções sensíveis, essas a fazem errar e confundir-se, porque são mutáveis como os objetos aos quais se referem; ao invés, quando se eleva sobre os sentidos e se recolhe somente em si, então não erra mais e encontra nas Ideias puras e no inteligível o seu objeto adequado e, justamente com conhecê-lo, descobre também ser-lhes afim e, pensando as coisas imutáveis, permanece imutável. (Uma confirmação ulterior disso consiste no seguinte: quando a alma e o corpo estão juntos, é a alma que domina e governa; ao passo que o corpo obedece e é dominado pela alma; ora, é característica do que é divino comandar; e do que é mortal ser comandado; logo — também desde esse ponto de vista — a alma é afim ao divino, enquanto o corpo é afim ao mortal[3].

Dada a importância dessa prova convém lê-la na sua formulação platônica literal:

— Se queres, acrescentou ele, estabeleçamos *duas espécies de seres: uma visível e outra invisível.*

— Estabeleçamos, respondeu.

— E que o invisível permaneça sempre na mesma condição e o visível nunca permaneça na mesma condição.

— Estabeleçamos também isso, disse.

— Ora, continuou Sócrates, que outra coisa há em nós senão de um lado o *corpo* e de outro a *alma?*

— Nenhuma outra coisa.

— E a qual das duas espécies de coisas diremos que o corpo é mais afim?

— É evidente a qualquer um que é mais semelhante e afim à espécie visível.

— Quanto à alma, é visível ou invisível?

— Ao menos para os homens, Sócrates, não é visível.

— Mas nós agora falamos de coisas visíveis e invisíveis à natureza humana ou tens em mente alguma outra natureza?

— A natureza humana.

— Sobre a alma, pois, que diremos? Que é visível ou invisível?

— Que não é visível.

— Então, é invisível.

— Sim.

3. Cf. o nosso comentário ao *Fédon*, pp. 85-92.

— A alma, portanto, é mais semelhante ao invisível, e não o corpo que, por sua vez, é mais semelhante ao visível.

— Assim é necessariamente, Sócrates.

— E há pouco não dizíamos acaso o seguinte: que, quando a alma usa o seu corpo para fazer alguma investigação, ora servindo-se da visão, ora do ouvido ou de outra percepção dos sentidos (com efeito, investigar por meio do corpo significa investigar por meio dos sentidos) então ela é arrastada pelo corpo para as coisas que nunca permanecem idênticas, erra e se confunde e balança como embriagada, porque assim são as coisas com as quais tem contato?

— Sem dúvida.

— Mas quando a alma, permanecendo só em si e para si, conduz sua investigação, então se eleva ao que é puro, eterno, imortal e imutável, e tendo sua natureza a ele afim, é junto dele que permanece todas as vezes que consegue ser somente em si e para si; ela cessa então de errar daqui e dali e permanece, em relação àquelas coisas sempre da mesma maneira porque tais são os objetos com os quais está em contato. E não é inteligência que se chama esse estado da alma?

— Exatamente, disse ele. O que dizes, Sócrates, é verdadeiro e belo.

— Ora, dentre as coisas de que falamos antes, e dentre as que agora mencionamos, a qual delas parece-te que a alma seja mais semelhante e mais conatural?

— Parece-me, Sócrates, respondeu ele, que qualquer um, mesmo o mais obtuso de mente deva admitir, seguindo esse caminho, que a alma é mais semelhante ao que é imutável do que ao que é mutável.

— E quanto ao corpo?

— O contrário.

— Considera agora a questão de outro ponto de vista. Quando a alma e o corpo estão juntos, a natureza impõe ao corpo o servir e deixar-se governar e à alma o dominar e o governar. Também desde esse ponto de vista qual dos dois te parece mais semelhante ao que é divino e qual ao que é mortal? Ou acaso não te parece que o que é divino deva governar e mandar e o que é mortal deva ser governado e servir?

— Parece-me.

— A qual dos dois, portanto, a alma se assemelha?

— É claro, Sócrates, que a alma assemelha-se ao que é divino e o corpo se assemelha ao que é mortal.

— Observa agora, Cebes, se de tudo o que dissemos não se segue que a alma seja semelhante em grau sumo ao que é divino, imortal, inteligível, uniforme, indissolúvel e sempre idêntico a si mesmo, enquanto o corpo é semelhante em sumo grau ao que é humano, mortal, multiforme, ininteligível, dissolúvel e jamais idêntico a si mesmo. Temos algo a objetar contra essas conclusões, Cebes? Ou não é assim?

— Não, nada temos a objetar[4].

A última prova que o *Fédon* apresenta é derivada de algumas características estruturais das Ideias. As Ideias contrárias não podem combinar-se entre si e permanecer juntas porque, justamente enquanto contrárias, mutuamente se excluem. Mas, como consequência, também não podem combinar-se e estar juntas as coisas sensíveis que participam essencialmente de tais Ideias. Se assim é, quando uma Ideia entra em determinada coisa, a Ideia contrária que estava em tal coisa desaparece e cede o lugar (não só a Ideia de grande e a de pequeno não podem combinar entre si e claramente se excluem entre si quando consideradas em si e por si, mas também o grande e o pequeno que estão nas coisas mutuamente se excluem; sobrevindo um, o outro desaparece e cede o lugar). O mesmo se verifica não somente para os contrários em si, mas também para todas aquelas Ideias e coisas que, mesmo não sendo contrárias entre si, têm em si os contrários como seus atributos essenciais: não somente o quente e o frio se excluem da maneira que acaba de ser dita, mas também *fogo* e *frio*, *neve* e *quente*. O fogo nunca admitirá em si a Ideia do frio e a neve nunca admitirá em si a Ideia do quente; ao sobrevir do quente, a neve deve dissolver-se e ceder o lugar, e ao sobrevir do frio o fogo deve apagar-se e ceder o lugar. Apliquemos agora à alma quanto acaba de ser estabelecido. A alma tem como marca essencial *a vida* e a *Ideia da vida*; é ela, com efeito, que traz a vida ao corpo e o mantém vivo (e isto — convém tê-lo presente — é ainda mais óbvio para um grego do que para nós já que, de um ponto de vista estritamente linguístico, *psyché* lembra a noção de vida e, em muitos contextos, significa simplesmente vida). E sendo a morte o contrário da vida, em força do princípio já estabelecido, a alma, que tem como marca essencial a vida, não poderá estruturalmente acolher em si a morte e será imortal. Logo, ao sobrevir a morte, o corpo se corromperá e a alma se retirará para outro lugar. Em conclusão: a alma, que pela sua essência implica a vida, justamente por essa razão de caráter estrutural, não pode acolher a morte, porque Ideia de vida e Ideia de morte totalmente se excluem: a expressão "alma

4. *Fédon,* 79 a-80 b.

morta" é um puro absurdo, uma contradição em termos, como "neve-quente" "fogo-frio". Portanto, alma = Ideia de vida = o que por sua natureza é e dá a vida = incorruptível = imortal = eterna[5].

Platão deixou-nos na *República* uma prova ulterior em favor da imortalidade da alma. O mal é o que corrompe e destrói (enquanto o bem é o que ajuda e acrescenta). E qualquer coisa tem um mal peculiar (assim como tem um bem peculiar), e é e pode ser destruída somente por esse mal que lhe é próprio e não pelo mal das outras coisas. Ora, se pudéssemos encontrar algo que tenha o mal que o torna mau, mas que, não obstante, não o pode dissolver nem destruir, deveremos concluir que tal realidade é estruturalmente indestrutível, já que, se não a pode destruir o seu próprio mal, *a fortiori* não a poderá destruir o mal das outras coisas. Pois bem, é esse exatamente o caso da alma. Ela tem o seu mal que é o *vício* (injustiça, insensatez, impiedade etc.); mas o vício, por maior que seja, não destrói a alma que continua a viver, mesmo se muito má, justamente o oposto do que acontece com o corpo que, ao ser estragado pelo seu mal, corrompe-se e morre. Portanto, se a alma não pode ser destruída pelo mal do corpo porque o mal do corpo (em força do princípio estabelecido) é alheio à alma e, como tal, não pode atingi-la; e se não pode nem mesmo ser destruída pelo seu próprio mal, por violento que seja, então ela é indestrutível. Eis as conclusões do raciocínio platônico:

> — [...] quando a corrupção que lhe é própria e o mal que lhe é próprio [*i.é,* a injustiça e o vício] não são capazes de matar e destruir a alma, dificilmente o mal que está ordenado para a destruição de outra coisa poderá destruir a alma ou outra coisa diferente daquela para a qual está ordenado.
> — Dificilmente, disse ele, como é natural.
> — Quando, pois, uma coisa não perece de mal algum, nem próprio nem estranho, é evidentemente necessário que tal coisa exista sempre; e se sempre existe, é imortal.
> — É necessário, disse ele[6].

Finalmente, no *Fedro,* a imortalidade da alma é deduzida do conceito de *psyché* entendida como *princípio do movimento* (dizer

---

5. *Fédon,* 102 b-107 b.
6. *República*, 610 e-611 a.

vida significa dizer movimento; portanto, o conceito de alma como princípio do movimento não é senão uma derivação, a modo de corolário, do conceito de alma como princípio de vida): e o princípio do movimento, enquanto é tal, nunca pode cessar. Eis a página do *Fedro* na qual se desenvolve essa demonstração:

> Toda alma é imortal. Com efeito, o que se move a si mesmo é imortal; mas o que move um outro e, por sua vez, é movido por outro, cessando o seu movimento cessa a sua vida. Somente o que se move a si mesmo nunca cessa o movimento, pois não pode abandonar a si mesmo e, antes, é fonte e princípio do movimento para as outras coisas enquanto são movidas. O princípio é a mesma coisa que o ingênito. É necessário que tudo o que é gerado o seja a partir do princípio, ao passo que ele não provém de nada. Pois, se o princípio fosse gerado de algo, não haveria geração a partir do princípio. Não sendo gerado, ele é necessariamente incorruptível. Com efeito, se o princípio perece, nem ele poderá vir à existência a partir de outra coisa, nem outra coisa poderá proceder dele, se é verdade que tudo deve originar-se de um princípio. Assim, pois, o princípio do movimento é o que se move a si mesmo. E este não pode nem perecer nem morrer, caso contrário todo o céu e todo o mundo da geração se precipitariam juntamente e parariam; e não haveria de onde pudessem retomar o movimento. Portanto, tendo-se manifestado imortal o que se move a si mesmo, ninguém tenha receio de dizer que é esta a essência da alma. De fato, todo corpo ao qual o movimento é comunicado de fora é um corpo sem alma, ao passo que todo corpo ao qual o movimento provém de dentro e a partir de si mesmo, é animado, como se essa fosse a essência da alma. Mas, se assim é — e assim é —, ou seja, que não há nada que se mova a si mesmo a não ser a alma, a alma será necessariamente ingênita e imortal[7].

Nos diálogos anteriores ao *Timeu,* as almas pareceriam ser sem origem, como eram sem termo. Ao invés, no *Timeu,* como já tivemos ocasião de dizer, as almas são geradas pelo Demiurgo: têm, portanto, um nascimento, mas, em força de exata disposição divina, não estão sujeitas à morte, assim como não está sujeito à morte tudo o que o Demiurgo diretamente produz[8].

Para além da formulação técnica das várias provas, que podem suscitar perplexidades e discussões numerosas e de diverso tipo, um ponto permanece estabelecido para quem crê na possibilidade da me-

---

7. *Fedro*, 245 c-246 a.
8. Cf. p. 304.

tafísica: *a existência e a imortalidade da alma só têm sentido se se admite um ser suprassensível, metaempírico, que Platão denominava mundo das Ideias, mas que significa, em última análise, apenas o seguinte: a alma é a dimensão inteligível, metaempírica, incorruptível do homem.* Com Platão, o homem descobriu ter duas dimensões. E esse ganho será irreversível porque mesmo aqueles que negarão uma das duas dimensões darão à dimensão física, que lhes parece deva ser mantida, uma significação inteiramente diversa da que lhe era atribuída quando a outra era ignorada.

A alma na qual Sócrates (superando a visão homérica e pré-socrática e os aspectos irracionais da visão órfica) acreditava residir o "homem verdadeiro", identificando-a com o ser consciente, inteligente e moral, recebe com Platão o seu adequado fundamento ontológico e metafísico e um lugar exato na visão geral da realidade.

2. Os destinos escatológicos da alma

A imortalidade da alma (é a tese que Platão estabelece no nível do logos), situa *o ulterior problema da sua sorte depois do seu separar-se do corpo.* Mas o logos *sozinho* não é capaz de responder a esse problema, e é nesse ponto que Platão vai pedir socorro aos mitos.

Notou-se frequentemente como os mitos escatológicos sejam diferentes e, segundo certos aspectos, entre si contraditórios. Na verdade, porém, eles são tais somente se lidos segundo a lógica do logos, e não segundo sua lógica peculiar que, como acima lembramos, leva-nos a crer, por meio de diferentes representações alusivas, uma única verdade fundamental, que é metalógica, mas não antilógica, não é redutível ao logos, mas, de alguma maneira, é sustentada pelo próprio logos.

A verdade fundamental que os mitos pretendem sugerir e levar a crer é uma espécie de "fé razoável", como vimos na seção introdutória. Em síntese, consiste no seguinte: o homem está sobre a terra como de passagem e a vida terrena é como uma provação. A verdadeira vida está no além, no Hades (o invisível). E no Hades a alma é "julgada" segundo unicamente o critério da justiça e da injustiça, da temperança e da devassidão, da virtude e do vício. Os juízes do além não se preocupam com outra coisa; e não pesa nada o fato de a alma ter sido a alma do Grande Rei ou a do mais humilde dos seus súditos; pesam tão somente os sinais da justiça e da injustiça que ela traz em si. A sorte que cabe às almas pode ser tríplice: *a*) se viveu em plena justiça receberá um prêmio (irá a lugares maravilhosos nas Ilhas dos Bem-aventurados, ou a lugares ainda superiores e indescritíveis), *b*) se viveu na injustiça plena, a ponto de ter-se tornado incurável, receberá um castigo eterno (será precipitada no Tártaro), *c*) se contraiu somente injustiças sanáveis, ou seja, viveu parte justamente e parte injustamente, arrependendo-se ademais das próprias injustiças, nesse caso será apenas *temporariamente punida* (depois, expiada a sua culpa, receberá o prêmio que merece).

Como se trata de um dos pontos mais delicados do pensamento de Platão que uma abundante crítica (racionalista, idealista ou positivista) tende a desvalorizar ou, mesmo, a eliminar, ao passo que, segundo as declarações expressas do nosso filósofo, traduz uma verdade essencial[9], julgamos oportuno ilustrá-lo pormenorizadamente, segundo o *Górgias* e o *Fédon*, que são os dois diálogos que mais amplamente tratam do assunto (a *República* e o *Fedro*, como veremos[10], confirmam a mesma verdade, mas ilustram outro aspecto).

Primeiramente devemos falar do "juízo" que decide acerca da sorte da alma no além. No tempo de Cronos, narra Platão, e também nos primeiros tempos do reino de Zeus, o juízo acontecia *antes* da morte e corria o risco de ser mal proferido: a beleza dos corpos, as riquezas, as honras, os testemunhos dos parentes poderiam, em certos casos, esconder a feiura das almas e enganar os juízes, que julgavam, estando eles também nos corpos e, portanto, com as almas condicionadas por eles. Eis a decisão suprema de Zeus:

> Em primeiro lugar, deverá ser *retirada dos homens a possibilidade de prever a própria morte*, sendo que agora a podem prever; por isso ordenei já a Prometeu que retire essa possibilidade dos homens. Além disso, depois da morte, deverão ser julgados *despojados de todos esses revestimentos*. E também o juiz deverá estar despojado de tudo: *o juízo deverá ser feito pela própria alma do juiz diretamente sobre a própria alma do que deve ser*

9. Cf. *Górgias*, 523 a; 527 a.
10. Cf. o parágrafo seguinte.

julgado, logo depois da sua morte: sem a companhia de todos os parentes e depois de ter deixado na terra todos aqueles outros ornamentos, a fim de que a sentença seja justa. Eu, tendo sabido isso antes de vós, *constitui juízes meus três filhos*: dois da Ásia, Minos e Radamante e um da Europa, Eaco. Quando os homens morrerem, eles os julgarão na planície de cujo trívio partirão dois caminhos: um dirigido para a Ilha dos Bem-aventurados, o outro dirigido ao Tártaro. Radamante julgará os da Ásia, Eaco os da Europa. A Minos darei o privilégio de ser o árbitro supremo, no caso em que os outros dois se encontrem em dúvida, de modo que o juízo sobre a destinação dos homens seja o mais justo[11].

Nessa passagem, duas afirmações impressionam de modo particular. Observe-se, em primeiro lugar, que o juízo supremo é proferido por uma alma despojada do corpo sobre uma alma igualmente despojada do corpo, ou seja, numa *dimensão puramente espiritual*; e na alma, como explica Platão logo depois, "tudo fica bem visível quando ela é despojada do corpo, as suas características de constituição e as afeições com que o homem a dotou mediante seu modo de comportar-se em cada circunstância": é, em suma, um juízo que incide inteiramente na interioridade. A outra afirmação que deve ser sublinhada é a de que Zeus *constitui juízes seus três filhos.* Não há quem não veja a surpreendente analogia com a a afirmação evangélica: "O Pai não julga ninguém, mas entrega o juízo ao Filho"[12].

O juízo, como já dissemos, dá aos justos (sobretudo aos filósofos que não se dispersaram nas vãs tarefas da vida, mas preocuparam-se somente com a virtude) o prêmio de uma vida feliz nas Ilhas dos Bem-aventurados e pune os maus com a pena do Hades.

Sobre essas penas eis quanto escreve Platão:

Acontece que todo homem que cumpra uma pena que lhe foi aplicada com razão torna-se melhor e lucra com isso e serve de exemplo aos outros, a fim de que, vendo-o sofrer o que sofre, sejam tomados de temor e tornem-se melhores. E aqueles que tiram proveito cumprindo a pena que lhes foi aplicada pelos Deuses e pelos homens são os que cometem culpas curáveis. *De qualquer maneira, o proveito lhes vem somente através de dores e sofrimentos, seja sobre a terra seja no Hades; com efeito, não se pode ficar livre da injustiça de outra maneira.* Mas aqueles que cometeram as injustiças

---

11. *Górgias*, 523 d-524 a.
12. João, 5, 22.

maiores e que, em razão dessas injustiças tornaram-se incuráveis, servem unicamente de exemplo aos outros; e enquanto para si mesmos não trazem nenhum proveito, justamente porque incuráveis, aproveitam no entanto aos outros, isto é, àqueles que os veem sofrer os castigos maiores, mais dolorosos e mais terríveis, por toda a eternidade, em razão das suas culpas: são verdadeiros e próprios exemplos suspensos no cárcere do Hades, espetáculo e advertência aos injustos que continuam chegando[13].

Essa passagem, para além de certas obscuridades, contém uma das mais poderosas intuições do nosso filósofo: a intuição da função purificadora da dor e do sofrimento.

E eis a página do *Fédon* que fornece a representação mais completa da sorte das almas no além:

Assim, pois, é feito o além. E depois que os mortos aí chegam, cada um conduzido pelo próprio *daimon*, primeiramente são julgados os que viveram bem e santamente e os malvados. Quanto aos que viveram uma mediania entre o bem e o mal, chegados às margens do Aqueronte, sobem em barcas que ali estão preparadas para eles e nelas chegam ao lago, onde permanecem para purificar-se seja expiando as próprias culpas se acaso as cometeram, seja recebendo a recompensa pelas suas boas ações segundo o mérito de cada um. Ao contrário, aqueles que foram reconhecidos incuráveis porque cometeram muitos e graves sacrilégios, homicídios numerosos injustos e fora da lei e outros crimes como esses, a sorte que lhes cabe é ser lançados ao Tártaro donde jamais sairão. Ao invés, aqueles que cometeram culpas passíveis de serem curadas, mesmo graves como, por exemplo, os que, sob o impulso da ira, cometeram ações violentas contra o pai ou contra a mãe e disso se arrependeram por toda a vida ou os que, de modo semelhante, tornaram-se culpados de homicídio, são lançados no Tártaro. Mas depois que foram precipitados e lá permaneceram um ano, a onda os rejeita para fora: os homicidas ao longo do Cocito, e os violentos contra o pai ou a mãe, ao longo do Piriflegon. Depois de arrastados pela corrente até o lago Aquerúsio, desde esse lugar gritam e chamam, uns aos que assassinaram, outros aqueles contra os quais cometeram violência e, invocando-os, suplicam e rogam que permitam-lhes sair do lago e os acolham; se conseguem convencê-los saem do rio e esse é o fim dos seus males; se não, são de novo levados para o Tártaro e, outra vez para os rios. Não cessam de sofrer esses castigos enquanto não convençam as suas vítimas: essa a pena que lhes foi imposta pelos juízes. Finalmente, os que viveram uma vida de grande santidade, logo libertados

13. *Górgias*, 525 b-c.

destes lugares subterrâneos e deles retirados como de um cárcere, elevam-se a uma habitação pura acima da terra. Entre esses, os que se purificaram adequadamente com o exercício da filosofia vivem completamente livres de todo o vínculo com o corpo por todo o tempo futuro, e vão para habitações ainda mais belas do que essas, e que não é fácil descrever[14].

Já falamos do valor de verdade de que esses mitos são portadores. E também nos referimos ao modo como Platão demitiza o seu aspecto fantástico no momento mesmo em que os constrói. No entanto, convém ler a passagem na qual o nosso filósofo adverte o leitor para não tomar ao pé da letra o mito e, ao mesmo tempo, reafirma a sua capacidade de alusão ao transcendente, porque essa passagem contém a única chave correta de leitura de toda a mitologia platônica:

> Sem dúvida, *sustentar que as coisas sejam de verdade assim como as descrevi não convém a um homem que tenha bom senso*; mas sustentar que isso ou algo semelhante deva acontecer às nossas almas e ao lugar para onde vão, uma vez que se afirma ser a alma imortal: pois bem, *isso me parece perfeitamente sensato, e vale a pena arriscar-se a crê-lo, pois o risco é belo!* E é necessário que com essas crenças façamos como um encantamento a nós mesmos: e é por isso que desde muito tempo me ocupo com este mito. Por esse motivo deve ter muita confiança com respeito à sua alma o homem que, durante a sua vida, renunciou aos prazeres e aos adornos do corpo considerando-os coisas que não lhe dizem respeito e pensando que só fazem mal; e, ao contrário, preocupou-se com as alegrias do aprender e, tendo ornado a sua alma não com ornamentos exóticos, mas com os ornamentos que lhe são próprios, isto é, de sabedoria, justiça, fortaleza, liberdade e verdade, assim espera a hora de tomar o caminho do Hades, pronto para partir quando o destino o chamar[15].

3. A metempsicose

Esta concepção do além, em si bastante clara e linear, entrelaça-se com a doutrina órfico-pitagórica da metempsicose, sem porém harmonizar-se perfeitamente com ela.

---

14. *Fédon,* 113 d-114 c.
15. *Fédon,* 114 d-115 a.

No entanto, é bom notar que a doutrina da reencarnação das almas em Platão assume duas formas e dois significados muito distintos entre si.

A primeira forma nos é apresentada de maneira mais pormenorizada no próprio *Fédon*. Aí se diz que as almas que viveram uma vida excessivamente ligada aos corpos, às paixões, aos amores e aos seus prazeres não conseguem, com a morte, separar-se inteiramente do corpóreo que se lhes tornou quase conatural. Essas almas, com medo do Hades, vagueiam por certo tempo em torno dos sepulcros como fantasmas até que, atraídas pelo desejo do corpóreo, ligam-se novamente aos corpos e não somente de homens, mas também de animais, segundo a baixeza do teor de vida moral que tenham tido na vida precedente. Eis a página célebre do *Fédon* na qual Platão manifesta essa crença:

— Mas certamente se separará, creio [i. é, a alma que viveu submetida ao corpóreo], inteiramente penetrada por aquele corpóreo que a frequentação e a convivência com o corpo, em razão da união e o contínuo preocupar-se com ele, tornou conatural para ela.

— Certamente.

— E é preciso acreditar, meu amigo, que esse corpóreo seja pesado, terreno e visível; a alma que a isso foi reduzida está como vergada sob o peso e volta a ser arrastada para o mundo visível *por medo do invisível e do Hades*, como se diz; ela vai vagueando em torno dos monumentos fúnebres e dos sepulcros, junto dos quais foram vistos espectros e sombras de almas. São fantasmas sob os quais se apresentam essas almas que não se libertaram e purificaram, participam ainda do visível e, por isso, são vistas.

— É verossímil, Sócrates.

— Claro que é verossímil, Cebes! E é também verossímil que essas almas não sejam as dos bons, mas as dos maus, que são obrigadas a andar errantes em torno desses lugares, *cumprindo a pena da sua malvada existência passada*. E assim vão errantes até o momento em que o desejo do corpóreo que nelas há não as prenda de novo a um corpo. E como é verossímil, ligam-se a corpos que têm os mesmos costumes que elas, na sua vida passada, praticaram.

— E quais são esses aos quais te referes, Sócrates?

— Eis: aqueles que se abandonaram aos prazeres do ventre, à violência e à embriaguez e não tiveram freio algum, é verossímil que se metam em formas de asnos e de outros animais parecidos. Não te parece?

— O que dizes é absolutamente verossímil.

— Ao invés, os que preferiram cometer injustiças, tiranias e rapinas é mais provável que entrem em formas de lobos, falcões ou milhafres. Ou em que espécie de animais diremos que essas almas devem entrar?

— Nessas certamente, disse Cebes.

— Também para as outras almas, acaso não é claro onde cada uma delas deva se meter conforme a semelhança dos hábitos que teve na sua vida?

— É claro, disse ele; como poderia ser de outra maneira?

— Nesse caso não serão os mais felizes e não irão ter aos melhores lugares aqueles que praticaram a virtude comum, a virtude do bom cidadão, a que chamam temperança e justiça, que nasce do costume e da exercitação, sem filosofia e sem lume de conhecimento?

— E de que modo esses serão mais felizes?

— Porque é provável que venham a um gênero de animais mansos e sociáveis como abelhas, vespas ou formigas ou então, se retornam ao gênero humano, deles nascerão homens honestos.

— Sim, é provável.

— Mas à estirpe dos deuses não é dado chegar a quem não tenha cultivado a filosofia e que não tenha deixado o corpo inteiramente puro; isso é concedido somente ao amante do saber[16].

Aqui se fala de um ciclo de vidas a ser percorrido pelas almas dos malvados *antes de chegarem ao Hades*? Ou então não se trata de um *modo diverso* de representar o destino escatológico (a punição) do malvado? É certo, porém, que Platão permaneceu fiel a essa crença, pois que a repete ainda no tardio *Timeu*.

Como sabemos, o Demiurgo compôs as almas destinadas a encarnar-se em corpos e tornar-se homens, e para elas traçou o seguinte destino:

Quem vivesse bem o tempo que lhe foi destinado, tendo voltado de novo à habitação do seu astro próprio, aí levaria a habitual vida feliz; mas quem falhasse nisso, no segundo nascimento passaria para uma natureza de mulher; e se nem assim cessasse a sua malvadeza, segundo o modo dos seus maus costumes, passaria cada vez para uma natureza de fera, segundo a semelhança das más inclinações que nele tivessem sido alimentadas; nem, mudando, acabaria seus trabalhos antes que, deixando prevalecer o período do mesmo e do semelhante que nele se desenrola, e superando com a razão o acumular-se nele produzido, ainda depois disso, de fogo e de água, de ar

16. *Fédon*, 81 c-82 c.

e de terra, tumultuoso e irracional, chegasse ao gênero da primeira e excelente índole[17].

Na *República,* Platão fala de um segundo gênero de reencarnação das almas notavelmente diferente deste. As almas são *em número limitado,* de modo que, se todas recebessem no além um prêmio ou castigo *eternos,* em determinado momento não restaria mais nenhuma sobre a terra. Por esse motivo evidente, Platão considera que o prêmio e o castigo ultraterrenos para uma vida vivida sobre a terra deve ter uma duração limitada e um termo fixo. E já que uma vida terrena dura, no máximo, cem anos, Platão, evidentemente influenciado pela mística pitagórica do número dez, considera que a vida ultraterrena deva ter uma duração de dez vezes cem anos, ou seja, de mil anos (para as almas que cometeram crimes muito grandes e incuráveis, a punição continua para além do milésimo ano). Transcorrido esse ciclo, as almas *devem voltar a encarnar-se.* No célebre mito de Er, com o qual se fecha a *República,* narra-se, em algumas páginas admiráveis, o retorno das almas à terra.

Terminada a sua viagem de mil anos, as almas concentram-se numa planície onde é decidido o seu futuro destino. A respeito, Platão opera uma autêntica revolução na crença tradicional grega segundo a qual os Deuses e a Necessidade é que decidem o futuro do homem. Os "paradigmas das vidas"[18], diz, ao contrário, Platão, estão no seio da Moira Laques, filha da Necessidade; mas eles não são impostos e sim propostos às almas, e *a escolha é inteiramente entregue à liberdade das próprias almas.* O homem não é livre para escolher entre viver e não viver, mas é livre para escolher *como* viver moralmente, ou seja, para viver segundo a virtude ou segundo o vício:

> Contou Er que, quando chegaram lá, tiveram de ir onde estava Laques; e que um hierofante as dispôs em ordem e tomando depois dos joelhos de Laques os destinos e os modelos das vidas, subindo sobre um alto púlpito, disse: Proclamação da virgem Laques, filha da Necessidade: almas efêmeras, ireis começar um novo período da vida que é um correr para a morte. *Não será o daimon que vos escolherá, mas vós que escolhereis o vosso próprio daimon.* O primeiro sorteado escolha por primeiro a vida à qual ficará depois

17. *Timeu,* 42 b-d.
18. *República,* X, 618 a.

necessariamente ligado. *A virtude não tem dono; conforme alguém a honre ou a despreze, possuirá mais ou menos dela. A culpa é daquele que escolhe, Deus não tem culpa*[19].

Tendo disto isto, o hierofante de Laques lança os números à sorte para estabelecer a ordem segundo a qual cada alma deve escolher: o número que lhe cabe é o que cai mais perto dela. Então o hierofante estende sobre a relva os paradigmas de vida (paradigmas de todo tipo de vida humana e também animal), em número muito superior ao das almas presentes. O primeiro a quem cabe a escolha tem à sua disposição um número muito maior de paradigmas do que o último. Mas isso não condiciona de maneira irreparável o problema da escolha. O hierofante de Laques observa expressamente:

> Mesmo ao último que se aproxime e escolha ajuizadamente e viva de acordo com sua escolha é proposta uma vida que o satisfaça. Não seja desatento aquele que começa a escolha nem desanime aquele que é o último[20].

A escolha feita pelas almas individualmente é depois ratificada pelas outras duas Moiras, Cloto e Átropos e, assim, torna-se irreversível. Depois, as almas bebem do esquecimento nas águas do rio Amelés e voltam aos corpos nos quais viverão a vida escolhida.

Dissemos que a escolha depende da *liberdade das almas*, mas seria mais exato dizer *do conhecimento ou da ciência da vida boa e da má, isto é, da filosofia*, que se torna, para Platão, a força que salva no aquém e no além, para sempre. O intelectualismo ético é levado aqui a consequências extremas:

> Com efeito, se alguém, vindo à vida do aquém, *se entrega à sã filosofia*, e se a sorte da escolha não o puser entre os últimos, há uma probabilidade para ele, segundo o que se conta daquele outro mundo, *não somente de ser feliz nesta terra, mas também de que a sua viagem daqui para lá e de novo para cá, não seja por áspero caminho subterrâneo, mas pelo plano caminho do céu*[21].

O valor que Platão dá a esse mito é exatamente o que dá aos mitos do *Fédon* e aos outros: o valor de um "encantamento" na dúvida

---

19. *República*, X, 617 d-e.
20. *República*, X, 619 b.
21. *República*, X, 619 d-e.

e de socorro à fé[22]. Soam, de resto, inequívocas, as palavras com as quais termina o mito:

> E assim, Glauco, salvou-se do esquecimento esse mito e não desapareceu. *E ele poderia salvar-nos também se quisermos acreditar nele:* assim passaremos felizmente o rio Lete e não contaminaremos nossas almas. Se consentirmos no que eu disse, julgando a alma imortal e capaz de suportar todos os bens e todos os males, guardaremos sempre o caminho que leva para o alto e, de toda maneira, praticaremos a justiça e a temperança, de sorte a sermos amigos de nós mesmos e dos Deuses, não somente enquanto permanecermos nessa terra como quando formos receber os prêmios como os que alcançam os vencedores nos jogos; assim seremos felizes aqui e na viagem de mil anos da qual falamos[23].

Finalmente, convém lembrar que Platão propôs no *Fedro* uma visão do além ainda mais complexa[24]. Provavelmente a razão reside no fato de que, em nenhum dos mitos até agora propostos ele explica *a causa da descida das almas nos corpos, as origens primigênias das próprias almas e as razões da sua afinidade com o divino.*

Originariamente a alma estava junto dos Deuses e vivia, no séquito dos Deuses, uma vida divina, e caiu num corpo sobre a terra em razão *de uma culpa.*

A alma é como um carro alado puxado por dois cavalos com o cocheiro. Enquanto os dois cavalos de Deus são igualmente bons, os dois cavalos das almas dos homens são de raça diversa: um é bom, o outro mau, e guiá-los torna-se difícil (o cocheiro significa a razão, os dois cavalos as partes alógicas da alma, das quais falaremos mais adiante). As almas avançam no séquito dos Deuses voando pelas estradas do céu e sua meta é a de chegar periodicamente, juntamente com os Deuses, ao mais alto dos céus para contemplar o que está para além do céu, o Hiperurânio (o mundo das Ideias) ou, como Platão também diz, a "planície da Verdade". Mas, à diferença do que se passa com os Deuses, é uma empresa árdua para as nossas almas poder *contemplar o Ser* que está para lá do céu e poder saciar-se na "planície da Verdade", sobretudo por causa do cavalo de raça má, que puxa sempre para baixo. Acontece, assim, que algumas almas conseguem

---

22. Cf. *supra*, nota 15.
23. *República*, X, 621 b-d.
24. Cf. *Fedro*, 246 a-249 d.

ver o Ser ou, ao menos, uma parte dele e, por isso, continuam a viver com os Deuses. Ao invés, outras almas não conseguem chegar à "planície da Verdade": ajuntam-se, atropelam-se, e não conseguindo subir o declive que leva ao alto do céu chocam-se e se pisam; origina-se daqui um conflito no qual as asas são quebradas e, tornando-se as almas pesadas em razão disso, precipitam-se sobre a terra:

> E esta é a lei de Adrasta: a alma que, encontrando-se no séquito de um Deus tenha visto alguma das verdades [i. é, as Ideias], *permanece incólume até o outro giro e se sempre puder fazer assim ficará ilesa para sempre.* Mas se, por falta de vigor intelectual não viu nada e se, em razão de algum acidente, encheu-se de esquecimento e de maldade e tornou-se pesada tendo, em razão do peso, perdido as asas e se precipitado sobre a terra, dispõe a lei que não entre em nenhuma natureza de animal durante a primeira geração [...][25].

Enquanto uma alma consegue ver o Ser e apascentar-se na "planície da Verdade", não cai num corpo sobre a Terra e, de ciclo em ciclo, continua a viver em companhia dos Deuses e dos *daímones*. (Platão não diz quanto dura o ciclo do giro do céu, talvez para sugerir que essa é a vida *fora do tempo*.) A vida humana, que se origina da queda da alma, é moralmente tanto mais perfeita quanto mais a alma tenha podido ver no Hiperurânio e tanto menos perfeita quanto menos tenha visto. Quando da morte do corpo a alma é julgada e por um milênio, como já sabemos pela *República*, gozará de prêmios ou sofrerá penas correspondentes aos méritos ou deméritos da vida terrena. Depois do milésimo ano voltará a reencarnar-se.

Mas, no *Fedro*, há uma novidade com respeito à *República*. Passados dez mil anos, *todas as almas readquirem as asas e voltam para junto dos Deuses*. As almas que, por três vidas consecutivas viveram segundo a filosofia, fazem exceção e gozam de uma sorte privilegiada, pois readquirem as asas depois de três mil anos. Portanto, é claro que, no *Fedro*, o lugar no qual as almas vivem com os Deuses (e para onde voltam depois de dez mil anos) é totalmente diferente do lugar no qual gozam do prêmio milenário correspondente a cada vida que viveram.

Eis a passagem do *Fedro* na qual Platão exprime essa complexa visão:

---

25. *Fedro*, 248 c.

Ao lugar de onde caiu [= o lugar onde vivia com os Deuses], cada alma não volta antes de dez mil anos; pois não readquire as asas antes daquele tempo, com exceção da que haja filosofado com toda a sinceridade e haja amado os jovens de acordo com a filosofia: essas almas, ao terceiro volver de mil anos, se por três vezes seguidas escolheram essa maneira de viver, readquirem as asas e levantam voo ao terceiro milésimo ano. As outras, quando terminam a primeira vida, comparecem em juízo e, uma vez julgadas, umas descem aos cárceres subterrâneos para aí pagar suas penas, as outras, tornadas leves em virtude da sentença judiciária, e elevadas a um lugar do céu [que não é o lugar originário do qual provêm as almas], aqui passam a vida de modo análogo àquele com o qual viveram a vida humana. No milésimo ano, umas e outras caminham para a designação e escolha de uma vida ulterior e cada uma escolhe a que quer; então uma alma de homem pode tomar vida de animal e aquele que já fora homem pode, de animal, voltar a ser homem. Pois a alma que nunca viu a verdade não poderá tomar essa figura[26].

Essas complicações simplificam-se no *Timeu* em razão da explicitação da figura do Demiurgo que, como vimos[27], cria diretamente as almas, coloca-as nas estrelas, mostra-lhes originariamente a verdade e confia aos "Deuses criados" a tarefa de revesti-las de corpos mortais. Mas a introdução dessa fundamental figura especulativa, bem como a afirmação do princípio de que o Demiurgo executa todas as suas obras *tendo em vista o bem,* devia fatalmente trazer consigo também uma modificação da afirmação de que a alma se encontra no corpo *por uma queda* e, portanto, em razão de um mal; deveria levar a interpretar *de modo positivo* também esse seu ser no corpo. Mas Platão não desenvolveu expressamente esse tema e apenas simplificou, como lemos na passagem do *Timeu* acima citada[28], a sua escatologia, mantendo o ciclo das reencarnações como expiação de uma vida moralmente má e pondo a volta à estrela, à qual originariamente o Demiurgo destinara a alma, como prêmio de uma vida boa.

De qualquer maneira permanece, inabalável do *Górgias* ao *Timeu*, mesmo com o flutuar das representações, este princípio fundamental: o que dá sentido a *esta vida* é o destino escatológico da alma, isto é, *a outra vida*; o aquém tem sentido somente se referido a um além.

---

26. *Fedro*, 248 e-249 b.
27. Cf., *supra*, pp. 148s.
28. Cf., *supra*, p. 197s.

III. A NOVA MORAL ASCÉTICA

1. O dualismo antropológico e a significação dos paradoxos com ele conexos

Explicamos, na seção precedente, como a relação das Ideias e das coisas não seja "dualista" no sentido em que é habitualmente entendido, já que as Ideias são a "verdadeira causa", isto é, o fundamento metafísico das coisas[1]. É, ao contrário, dualista (em certos diálogos em sentido total e radical) a concepção platônica das relações da *alma* e do *corpo*. Com efeito, na concepção das relações entre a alma e o corpo se introduz, além da componente metafísico-ontológica, a componente religiosa do orfismo, que transforma a distinção estrutural entre alma (= suprassensível) e corpo (= sensível) em *oposição estrutural*. Por esse motivo o corpo é compreendido não tanto como o receptáculo da alma que lhe dá a vida e as suas capacidades como um instrumento a serviço da alma segundo pensava Sócrates, quanto, ao invés, como "túmulo" e "cárcere" da alma e lugar de expiação.

Lemos no *Górgias*:

> Eu não ficaria admirado se Eurípedes afirmasse a verdade quando disse:
> Quem pode saber se viver não é morrer
> e morrer não é viver?
> e que nós, na realidade, talvez estejamos mortos. De fato, já ouvi também homens sábios dizerem que nós, agora, estamos mortos e que o corpo é um túmulo para nós [...][2].

Enquanto temos um corpo, estamos mortos porque somos, fundamentalmente, a nossa alma, e a alma, enquanto está no corpo, está como num túmulo, como morta; nosso morrer (com o corpo) é viver porque, com a morte do corpo, a alma liberta-se do cárcere. O corpo é raiz de todo mal, fonte de amores insanos, de paixões, inimizades, discórdia, ignorância e loucura: e é tudo isto o que traz a alma como

1. Cf., *supra*, pp. 75ss.
2. *Górgias*, 492 e.

morta. Essa concepção negativa do corpo atenua-se em parte nas últimas obras de Platão, sem desaparecer de todo.

Dito isto, é necessário observar que a ética platônica só em parte está condicionada por esse dualismo exasperado; com efeito, seus teoremas e corolários de fundo apoiam-se na distinção metafísica da alma (ser afim ao inteligível) e do corpo (ser sensível) muito mais do que sobre a transposição misteriosófica da alma (*daimon*) e do corpo (túmulo e cárcere). Dessa última procedem a formulação extrema e a exasperação paradoxal de alguns princípios, os quais, em todo caso, continuam válidos no plano ontológico. A "segunda navegação" permanece, em substância, o fundamento verdadeiro da ética platônica.

Assentado esse ponto, examinemos logo os dois paradoxos mais conhecidos da ética platônica, tantas vezes mal entendidos, porque se olhou mais para seu matiz exterior misteriosófico do que para sua substância metafísica: referimo-nos aos dois paradoxos da "fuga do corpo" e da "fuga do mundo".

O primeiro paradoxo é desenvolvido sobretudo no *Fédon*. A alma deve aplicar-se em fugir o mais possível do corpo e, por isso, *o verdadeiro filósofo deseja a morte, e a verdadeira filosofia é exercício de morrer.* O sentido desse paradoxo é muito claro. Se o corpo é obstáculo à alma com seu peso sensível, e se a morte não é outra coisa senão desligamento da alma com relação ao corpo, a morte constitui, de algum modo, a realização completa da libertação que o filósofo, na sua vida, persegue através do conhecimento. Em outras palavras: a morte é um episódio que, ontologicamente, diz respeito somente ao corpo; ela não somente não causa dano à alma, mas traz-lhe um grande benefício, permitindo-lhe viver uma vida mais verdadeira, uma vida toda recolhida em si mesma, sem obstáculos e véus, e inteiramente unida ao inteligível. Isso significa que a *morte do corpo* descobre a *vida verdadeira da alma.* O sentido do paradoxo não muda se mudarmos a sua formulação, ao contrário, aparece melhor: *o filósofo é aquele que deseja a vida verdadeira* (= morte do corpo) *e a filosofia é o exercício da vida verdadeira, da vida na dimensão pura do espírito.* A fuga do corpo é o reencontro do espírito. Eis como Platão, no *Fédon*, explica o sentido desse paradoxo numa página exemplar:

> Parece que há um caminho que nos leva, por meio do raciocínio, diretamente à seguinte consideração: enquanto possuirmos um corpo, e a nossa

alma permanecer penetrada por essa coisa má, não alcançaremos nunca de modo adequado aquilo que desejamos ardentemente, isto é, a verdade. Com efeito, o corpo nos traz preocupações sem-número em razão da necessidade de alimentá-lo. Além disso, as doenças, quando nos atingem, nos impedem a busca do ser. Mais ainda, ele nos enche de amores, de paixões, de medos, de imaginações de todo tipo e de vaidades, de modo que, como se diz, por sua culpa não nos é possível deter nosso pensamento sobre o que quer que seja. Efetivamente, guerras, tumultos e batalhas não se originam de outra coisa a não ser do corpo e das suas paixões. Todas as guerras nascem por cupidez de riquezas e nós devemos necessariamente procurar as riquezas por causa do corpo, estando nós a serviço das necessidades do corpo. Assim, por todas essas razões, somos desviados da filosofia. O pior de tudo é que, quando conseguimos obter do corpo um momento de trégua e conseguimos nos voltar para a pesquisa de alguma coisa, eis que improvisamente ele se lança no meio das nossas pesquisas e nos perturba, confunde e atrapalha de modo que, por culpa dele, não podemos ver a verdade. Mas está realmente provado que, se quisermos ver alguma coisa na sua pureza devemos desprender-nos do corpo e contemplar só com a alma as coisas em si mesmas. Somente então, como parece, nos será dado alcançar o que vivamente desejamos e do qual nos declaramos amantes, vem a ser, o conhecimento supremo: isto é, quando estivermos mortos como mostra o raciocínio, porque enquanto estamos vivos não é possível. Com efeito, se não é possível conhecer nada na sua pureza por meio do corpo, de duas uma: ou não é possível alcançar o saber, ou será possível somente quando estivermos mortos; pois então a alma estará só e por si mesma, separada do corpo, e antes não. E durante o tempo em que estamos em vida, estaremos, como parece, tanto mais próximos ao saber quanto menos teremos relação com o corpo e comunhão com ele, a não ser na medida estrita de uma necessidade inevitável; e não nos deixaremos contaminar pela natureza do corpo, mas nos manteremos puros do que é do corpo, até quando Deus mesmo não nos liberte dele. Assim, livres da estultície que provém do corpo, nos encontraremos, como é verossímil, com seres puros como nós e conheceremos, na pureza da nossa alma, tudo o que é puro: essa é, muito provavelmente, a verdade. Com efeito, "a quem é impuro não é permitido aproximar-se do que é puro"[3].

Também é claro o significado do segundo paradoxo, da "fuga do mundo". É Platão mesmo quem no-lo revela do modo mais explícito, explicando-nos que fugir do mundo significa *tornar-se virtuoso e procurar assemelhar-se a Deus.* Eis suas palavras:

3. *Fédon*, 66 b-67 b.

O mal não pode acabar, pois sempre haverá alguma coisa de oposto e contrário ao bem; nem pode ter lugar entre os Deuses, mas deve necessariamente circular nessa terra e em torno da nossa natureza mortal. *Eis por que convém empregar-nos em fugir daqui o mais depressa para ir ter lá no alto. E esse fugir é um assemelhar-se a Deus tanto quanto possível ao homem; e assemelhar-se a Deus é alcançar justiça e santidade e, juntamente, sapiência*[4].

Essa passagem pode ser ulteriormente explicada, se preciso, com uma passagem paralela das *Leis:*

Qual é a conduta amiga e obsequiosa a Deus? Somente uma e ela está fundada no ditado antigo, a saber, que *o semelhante ama seu semelhante*, desde que conserve a justa medida; onde as coisas saem fora da justa medida não se comprazem uma na outra nem amam aquelas que as conservam. Ora, *para nós a medida de todas as coisas é Deus acima de tudo;* muito mais do que o seja, como se afirma, homem algum. *Quem quiser ser amigo de tal ser é necessário que também ele procure tornar-se quanto possível tal qual é Deus.* De acordo com esse princípio, quem entre nós é temperante é caro a Deus porque é semelhante a ele; quem, ao contrário, é intemperante, é dessemelhante e discordante dele e é injusto; assim para as outras qualidades vale o mesmo princípio[5].

Como se vê, os dois paradoxos têm um significado idêntico: fugir do corpo quer dizer fugir do mal do corpo mediante a virtude e o conhecimento; fugir do mundo quer dizer fugir do mal do mundo sempre por meio da virtude e do conhecimento; seguir a virtude e o conhecimento quer dizer assemelhar-se a Deus, que é "medida" de todas as coisas.

2. A sistematização e fundamentação da nova tábua de valores

Já Sócrates, como vimos, operara uma revolução dos valores que, provavelmente, permanece a mais radical da antiguidade, tendo como fundamento a sua descoberta capital da *psyché* como essência do homem. Os verdadeiros e autênticos valores são *somente os da alma*, ou seja, virtude e conhecimento. Os valores do corpo e os

4. *Teeteto*, 176 a-b.
5. *Leis*, IV, 716 c.

valores exteriores passam para um segundo plano e perdem a importância que a tradição lhes atribuíra.

Ora, a nova estatura metafísica atribuída por Platão à alma confere um fundamento definitivo à tábua socrática dos valores.

Se, num primeiro momento, Platão polarizou quase toda a sua atenção sobre os valores da alma como se fossem os únicos valores, pouco a pouco, solicitado sobretudo por seus interesses políticos, atenuou a desvalorização dos outros valores e chegou à dedução de uma verdadeira e própria tábua de valores, a primeira sistemática e completa que nos foi transmitida pela antiguidade.

1) O primeiro e mais elevado lugar pertence aos Deuses e, portanto, aos valores que podemos denominar *religiosos*.

2) Logo após os Deuses vem a alma que é, no homem, a parte superior e melhor, com os valores que lhe são peculiares da virtude e do conhecimento, ou seja, com os valores *espirituais*.

3) Em terceiro lugar, vem o corpo com seus valores (os valores *vitais* como hoje se diria).

4) Em quarto lugar, vêm os bens da fortuna, as riquezas e os bens *exteriores* em geral.

Como é evidente à primeira leitura dessa tábua, o lugar que cada valor ocupa corresponde, exatamente, ao lugar que, na ontologia geral de Platão, ocupa cada um dos seres a que eles se referem. E como o sensível é inteiramente dependente do suprassensível, de tal modo que ele *é* somente em função do ser suprassensível, assim os valores ligados ao sensível são e valem somente em função dos valores metasensíveis. Note-se, em particular, que os valores que ocupam o terceiro e quarto lugares são tais somente se subordinados ao valor superior da alma. Se acaso forem antepostos ou de algum modo opostos aos valores da alma, tornam-se negativos e tornam-se contravalores.

Eis um passo pouco conhecido das *Leis* que merece ser meditado porque contém a última palavra de Platão sobre esse problema:

De todos os bens que alguém possui, o mais divino, depois dos Deuses, é a alma, que é o bem mais individual. Em todo homem, há duas partes: uma superior e melhor, que ordena; outra inferior e menos boa, que serve; ora, é necessário que cada um honre sempre a parte que nele ordena, de preferência àquela que serve. Assim, dizendo que cada um deve dar à sua alma o segundo lugar na sua estima, depois dos deuses que são nossos senhores e dos seres que a eles estão próximos, eu dou um preceito justo. Entre nós não há, por assim dizer, quem honre a própria alma como convém, mesmo acreditando o contrário [segue um elenco de ações que não honram a alma, entre as quais escolhemos os dois exemplos mais indicativos]. Certamente isso não acontece quando se prefere a beleza à virtude, pois então não se faz senão desonrar a alma da maneira mais real e mais absoluta: pois essa preferência equivale a dizer que o corpo é mais precioso do que a alma, o que é falso. Com efeito, nada do que é terrestre é mais precioso do que as coisas celestes; quem tem opinião diferente com respeito à alma ignora o quanto seja precioso esse bem que ele menospreza. Quando um homem gosta de adquirir riquezas de modo pouco louvável ou não sente repugnância em adquiri-las assim, certamente com tais dons não honra a sua alma; ao contrário, ele a enche de aflição pois que vende por pouco ouro ao mesmo tempo sua honra e sua beleza; ao passo que todo o ouro que há em cima e debaixo da terra não se pode comparar com a virtude [...].

Todos compreenderão que, *segundo a ordem natural,* o terceiro lugar compete ao corpo. Mas, quanto à estima do corpo é necessário examinar qual seja a verdadeira e qual a falsa; e essa é tarefa do legislador. Ora, parece-me que ele declare, a propósito disso, que o corpo é digno de estima não porque seja belo, forte ou dotado de velocidade ou grande ou nem mesmo são — ainda que assim pareça a muitos — e nem certamente pelas qualidades opostas; o que há de mais sábio é um justo meio entre essas qualidades e é também, de longe, o mais seguro; pois as primeiras tornam a alma cheia de si e orgulhosa, as outras a tornam pusilânime e vil [...].

O mesmo se diga da posse do dinheiro e de outros bens [que ocupa o último lugar] que deve ser avaliada segundo o mesmo critério. Com efeito, o excesso de dinheiro e de bens materiais é causa, tanto para os Estados como para os cidadãos, de sedições e inimizades; ao passo que a falta deles é, na maioria dos casos, causa de servidão[6].

3. O anti-hedonismo platônico

E o prazer? Acaso encontra seu lugar nessa tábua de valores ou nela não lhe cabe nenhum lugar? Sócrates, como vimos, negou ao prazer uma validez autônoma e Aristipo, fazendo do prazer o bem supremo, traiu Sócrates, ao passo que Antístenes, qualificando sem

6. *Leis,* V, 726 a-729 a; cf. também V, 743 e.

mais o prazer como mal, radicalizou em sentido cínico o pensamento de Sócrates.

Nesse ponto, a posição de Platão mostra uma evolução que vai de uma radicalização em sentido ascético da posição de Sócrates a uma recuperação aprofundada e ontologicamente elucidada da posição socrática.

Em diálogos como o *Górgias* e o *Fédon* (e, em parte, na própria *República*) — nos quais, além da distinção metafísica alma-corpo, também o dualismo misteriosófico desempenha um papel, e nos quais o corpo é visto também como cárcere da alma —, é claro que o prazer ligado aos sentidos não pode ser senão radicalmente desvalorizado e, em certo sentido, visto até como antítese do bem, na medida em que sujeita a alma ao sensível e a prende a ele. Em suma, o desprezo dualista do corpo traz consigo, como consequência, o desprezo de todos os prazeres e de todas as satisfações do corpo. Eis um dos textos mais significativos:

> A alma do verdadeiro filósofo, julgando que não deve opor-se a essa libertação [do corpo], abstém-se, o mais possível, de prazeres, de desejos e de medos, considerando que aquele que se deixa cativar além da medida pelos prazeres, ou pelos temores ou pelas dores e paixões, não recebe um mal tão grande como se ficasse enfermo ou gastasse parte das suas riquezas para satisfazer às suas paixões, mas recebe o mal maior que imaginar se possa e não cai na conta disso.
>
> — E qual é, Sócrates, esse mal? disse Cebes.
>
> — Consiste em que a alma do homem, experimentando um forte prazer ou uma dor forte em razão de alguma coisa, é levada a crer, por isso, que o que a faz experimentar essas afeições é concretíssimo e veríssimo, ao passo que não é assim. Ora, isto nos sucede particularmente com as coisas visíveis. Ou não?
>
> — Certamente.
>
> — E não é acaso sobretudo em razão dessas suas afeições que a alma está ligada ao corpo?
>
> — Por quê?
>
> — Porque todo prazer e toda dor, como se tivesse um cravo, crava e finca a alma no corpo e a faz tornar-se quase corpórea, fazendo-a acreditar ser verdadeiro o que o corpo diz ser verdadeiro. E com esse ter as mesmas opiniões do corpo e gozar dos mesmos prazeres do corpo penso que é obrigada também a adquirir os mesmos modos e as mesmas tendências do corpo e, portanto, a tornar-se tal que não pode chegar pura ao Hades; sairá do corpo toda cheia de desejos corporais de sorte que cairá logo de novo em outro corpo e, como se fosse uma semente, crescerá nele; por isso, nunca terá como sorte a participação no ser puro, divino, uniforme.

— É bem verdade, Sócrates, disse Cebes[7].

Uma perda da rigidez dessa concepção verifica-se já na *República* onde, com fundamento na distinção das várias funções ou partes da alma (sobre a qual voltaremos adiante de modo mais profundo), o prazer é entendido, embora com algumas oscilações, como prerrogativa da alma mais do que do corpo. E sendo três as partes da alma, a concupiscível, a irascível e a racional, haverá três espécies de prazer: os prazeres ligados às coisas materiais e às riquezas (próprios da alma concupiscível), os prazeres ligados à honra e à vitória (próprios da alma irascível) e os prazeres do conhecimento (próprios da alma racional). Os prazeres da terceira espécie são muito superiores, em primeiro lugar porque muito superior é a faculdade racional da alma à qual se referem, em segundo lugar porque os objetos que provocam os prazeres da razão são muito superiores aos que provocam o prazer das outras partes da alma. Mais ainda, somente os prazeres da terceira espécie são "autênticos", enquanto as outras duas espécies de prazer são "espúrias". Com efeito, o prazer é, em geral, como o "encher" e o "tornar repleto" algo vazio; mas nem o corpo e as partes inferiores da alma são capazes de reter o que recebem nem seus objetos são capazes de saciar, porque não são o ser verdadeiro, ao passo que a parte superior, tornando-se plena com o verdadeiro ser, experimenta em sumo grau o prazer:

— Portanto, o que se torna pleno de coisas que possuem mais ser, participando mais do ser torna-se verdadeiramente mais pleno do que aquele que, sendo menos ser, alimenta-se de coisas que também são menos ser.

— Como não?

— Assim, se é agradável tornar-se pleno do que mais convém por natureza, o que se torna mais realmente pleno do que verdadeiramente é, gozará de um prazer verdadeiro de maneira mais real e verdadeira; o que recebe o que é menos ficará menos verdadeira e firmemente pleno, e participará de um prazer menos seguro e menos verdadeiro.

— É absolutamente necessário, disse ele[8].

Todavia, também os prazeres "espúrios" das duas partes inferiores da alma, sendo condenáveis desde que tenham a primazia, são porém aceitáveis se forem refreados pela razão:

---

7. *Fédon*, 83 b-e.

8. *República*, IX, 585 d-e.

— Então? disse eu: teremos a coragem de afirmar que também todos os desejos da parte que ama o lucro [= a parte concupiscível da alma] e a vitória [= a parte irascível], seguindo a ciência e a razão e, com sua ajuda, procurando e alcançando os prazeres que a sabedoria aponta, alcançarão os mais verdadeiros e os que lhes são mais convenientes e podem alcançar prazeres verdadeiros, pois a verdade é que os guia; pois o que é melhor para cada um é também o que lhe é mais conforme?

— Isso mesmo, disse ele, é o que lhe é mais conforme.

— Se, portanto, toda a alma se deixa guiar pela faculdade que ama o saber e não se revolta contra ela, acontece que cada uma das suas partes executa o próprio ofício e se conserva na justiça e, assim, cada uma goza dos prazeres que lhe são próprios, os melhores e mais verdadeiros de que ela pode gozar[9].

Na Academia, porém, surgiu logo uma viva polêmica em torno à natureza do prazer que confrontou duas soluções opostas. De um lado, alguns acadêmicos negaram que o prazer pudesse de alguma maneira identificar-se com o bem; do outro, como veremos, Eudoxo revalorizou o prazer e até o identificou com o bem, aduzindo como prova da sua tese o fato de que tanto os homens como os animais tendem igualmente ao prazer e fogem da dor.

Platão interveio na discussão com o *Filebo*, tentando uma composição da polêmica. A solução mediana que ele propôs, se bem considerarmos, mais do que uma modificação dos pressupostos filosóficos da sua ética é, antes, uma eliminação dos excessos devidos ao dualismo misteriosófico de origem órfica e uma tentativa de tornar os corolários éticos mais coerentes com as premissas metafísicas.

Ao homem, que é uma alma num corpo, não convém uma vida de pura inteligência que é indubitavelmente a vida mais divina, mas, justamente porque é tal, é vida mais do que humana, é vida dos deuses eternos. Mas também não convém ao homem uma vida de puro prazer, que é uma vida puramente animal. Eis as conclusões do *Filebo*, que demonstram claramente como a ética do *Górgias* e do *Fédon* é redimensionada, mas de nenhum modo repudiada:

O primeiro [lugar], em verdade, [não o daremos ao prazer] mesmo que assim o façam todos os bois, todos os cavalos e todos os outros animais, com o próprio ato de buscar o prazer. A grande massa [dos homens] dando-lhes crédito como fazem os adivinhos com os pássaros, julga que os prazeres

9. *República*, IX, 586 d-e.

sejam mais úteis ao bem viver e acredita que os amores dos brutos animais sejam testemunhas de maior peso do que os raciocínios gerados no espírito da Musa filósofa[10].

Ao homem convém uma vida "mista" de inteligência e de prazer. Mas, em primeiro lugar, deve-se notar que os prazeres que Platão aceita na "vida mista" são somente os "prazeres puros", vale dizer, os prazeres das atividades espirituais e das percepções; em segundo lugar, deve-se também notar que a direção permanece inteiramente confiada à inteligência e somente a esta:

Sócrates — [...] Tendo presente o que se discutiu ainda há pouco e sendo contrário à tese [segundo a qual o prazer é o bem] que não é só de Filebo, mas de outros mil, afirmei que a inteligência é muito melhor e mais agradável do que o prazer para a vida humana.

Protarco — Assim o disseste.

Sócrates — Mas, suspeitando que existissem ainda muitos bens, acrescentei que se aparecesse algum outro eu teria lutado contra o prazer para dar à inteligência o segundo lugar; assim o prazer teria perdido também o segundo posto honorífico.

Protarco — Lembro-me de que disseste isto.

Sócrates — Em seguida, porém, pareceu-nos da maneira mais convincente que nem um nem outro era suficiente.

Protarco — É verdade.

Sócrates — Assim pois, já que nesse raciocínio o prazer e a inteligência se demonstraram sem capacidade para bastar a si mesmos e sem força suficiente e perfeita, concluiu-se que nem um nem outro é o bem.

Protarco — Muito justo.

Sócrates — Mas, tendo aparecido um terceiro melhor que cada um dos dois, observou-se *que a inteligência é mil vezes mais familiar e mais afim ao ideal do vencedor do que o prazer*[11].

Também nas *Leis,* onde Platão, com relação ao prazer, usa uma linguagem que, à primeira vista, pareceria até antecipar a linguagem de Epicuro, a sua doutrina não muda. No quinto livro lemos, com efeito, o seguinte:

Assim, com respeito à conduta que é necessário manter e às qualidades individuais que cada um deve ter, já antes expusemos rapidamente todos os preceitos que têm caráter divino; mas ainda não falamos daqueles que se revestem de um caráter humano. Ora, é preciso que o façamos, pois nos

---

10. *Filebo*, 67 b.

11. *Filebo*, 66 e-67 a.

dirigimos a homens e não a Deuses. Ora, *prazeres, dores, desejos são coisas profundamente humanas por sua natureza às quais todo mortal deve estar necessariamente apegado e como suspenso delas.* Assim sendo, ao fazer o elogio da *vida mais bela*, não basta mostrar que, com seu aspecto exterior, ela vale mais do que qualquer outra quanto à boa reputação, mas é preciso mostrar também que, se queremos gozá-la e não nos afastarmos dela na juventude, ela vale mais do que qualquer outra naquilo que todos procuramos, a saber, *gozar mais e sofrer menos durante toda a vida.* Que assim seja qualquer um pode percebê-lo imediatamente, desde que queira gozar corretamente dessa vida. Mas, para saber qual seja a maneira reta de gozar, *é preciso perguntá-lo à razão*, examinando se o que dissemos *é conforme à natureza ou a ela contrário.* É necessário, pois, considerar a vida mais agradável e a mais penosa, confrontando-as da seguinte maneira. Queremos o prazer, mas não preferimos nem queremos a dor; nem queremos um estado neutro em lugar do prazer, mas preferimo-lo à dor; queremos menos dor com maior prazer, mas não queremos menor prazer com maior dor; quanto ao estado em que prazer e dor se equivalem, não se pode afirmar claramente que o queremos. Em cada um desses casos influem na vontade, para determinar em cada um deles a escolha, tanto a abundância como a grandeza, a intensidade como a igualdade; e também as condições contrárias a essas. Sendo a ordem das coisas necessariamente assim, preferimos a vida na qual os prazeres e as dores são muitos, grandes e intensos, mas os prazeres prevalecem. Se, porém prazeres e dores se equilibram como acima dizíamos, é preciso pensar que queremos essa vida desde que prevaleça o que é agradável; mas, se prevalece o que não agrada, não a queremos. É necessário pensar ainda que todos os estados da nossa vida estão contidos, pela sua própria natureza, dentro desses limites e, ao mesmo tempo, considerar quais são os que naturalmente preferimos. Se acaso dissermos que queremos alguma coisa fora desses limites, falamos assim por ignorância ou inexperiência da vida real[12].

Mas logo depois de ter reconhecido isto (que, aliás, é reconhecimento motivado pela concepção popular das *Leis*), Platão conclui que a vida que garante maior prazer é *somente a vida virtuosa*, como em todos os diálogos precedentes:

Ora, nossa vontade de escolha não tem em vista os estados nos quais prevalece a dor: julgamos mais agradável, ao contrário, a vida na qual ela é menor. Ora, ainda que a vida temperante em comparação com a intemperante e, podemos acrescentar, a prudente em comparação com a insensata e a corajosa em comparação com a covarde, contenham prazeres e dores em menor número, menores e mais raros, no entanto, como umas prevalecem sobre as outras quanto a prazeres, e estas sobre aquelas quanto a dores,

12. *Leis*, V, 732 d-733 d.

resulta que a vida corajosa é superior à covarde, a prudente à insensata; de maneira que a vida temperante, a vida corajosa, a vida prudente e a vida sã são mais agradáveis do que a vida covarde, a vida insensata, a vida intemperante e a vida enferma; em suma, a vida que reúne as boas qualidades do corpo e da alma é mais agradável do que a vida que reúne más qualidades *e, além disso, é superior em tudo o mais, como beleza, retidão, boa fama; assim ela faz com que, quem a abraça, viva em tudo mais felizmente do que quem abraça a vida oposta*[13].

4. A purificação da alma, a virtude e o conhecimento

Sócrates tinha posto no "cuidado da alma" a suprema tarefa moral do homem. Platão reitera o mandamento socrático, mas a ele acrescenta um matiz místico, explicando que "cuidado da alma" significa "purificação da alma".

Essa purificação se realiza quando a alma, transcendendo os sentidos, toma posse do mundo do inteligível puro e do espiritual, unindo-se a ele como ao que lhe é congênito e conatural. *A purificação* aqui, diversamente das cerimônias iniciáticas dos órficos, *coincide com o processo de elevação ao conhecimento supremo do inteligível.* É necessário refletir justamente sobre esse valor de purificação reconhecido à *ciência* e ao *conhecimento* (valor que os antigos pitagóricos, como vimos, já haviam descoberto), para compreender a novidade do "misticismo" platônico: ele não é uma contemplação a-lógica e extática, mas um esforço catártico de pesquisa e de subida progressiva ao conhecimento. Assim se entende perfeitamente por que o processo do conhecimento racional seja, para Platão, processo de conversão moral: na medida em que o processo do conhecimento conduz-nos do sensível ao suprassensível, converte-nos de um mundo a outro e nos leva da falsa à verdadeira dimensão do ser. Portanto, *conhecendo,* a alma se cura, purifica-se, converte-se e se eleva. Nisso consiste a sua virtude.

Eis uma passagem significativa do *Fédon* na qual *virtude, saber* e *purificação* são identificados, e a filosofia coincide com a verdadeira iniciação aos mistérios:

---

13. *Leis*, V, 734 c-e.

Ó bem-aventurado Símias, acaso não será esta a troca correta no que diz respeito à virtude, qual seja a de trocar prazeres com prazeres, dores com dores, temores com temores, os maiores com os menores como se fossem moedas; talvez não haja senão uma moeda que tenha valor e pela qual se devam trocar todas essas coisas, e essa é o *saber.* Somente então o que se compra e vende a preço do saber e com o saber será verdadeiramente coragem, temperança, justiça e a virtude será somente a que vem acompanhada do saber, seja que se lhe acrescentem ou não prazeres, temores, e todas as outras paixões semelhantes a essas! *Quando essas coisas são separadas do saber e trocadas entre si, observa se a virtude que daí procede não seja uma aparência vã, uma virtude verdadeiramente servil que nada tem de bom e de genuíno*; e se a virtude verdadeira não seja senão uma *purificação de toda paixão*, e que a temperança, a justiça, a coragem *e o próprio saber não sejam senão uma espécie de purificação.* Certamente não foram tolos os que instituíram os mistérios: na verdade, já desde os tempos antigos revelaram-nos que quem chega ao Hades sem ter sido iniciado e sem ter sido purificado jazerá em meio à lama; ao contrário, quem foi iniciado e se purificou, lá chegando morará com os Deuses. Com efeito, os intérpretes dos mistérios dizem que "os portadores de tirso são muitos, mas poucos os bacantes". E esses, penso eu, não são senão os que praticaram corretamente a filosofia[14].

Não somente o *Fédon,* mas ainda os livros centrais da *República* insistem nessa tese: a dialética é conversão ao ser, é iniciação ao Bem supremo.

Ao expor a *República,* falaremos de cada uma das virtudes. Aqui observamos ainda como, nessa fusão de misticismo e racionalismo, Platão retoma plenamente o intelectualismo socrático. Com efeito, veremos que, se ele reserva um lugar na alma às forças alógicas, a fim de explicar mais adequadamente o comportamento humano, atribui indiscutivelmente a primazia à razão. E até nos dois últimos diálogos reitera o paradoxo socrático de que *ninguém peca voluntariamente*, reconhecendo assim ao conhecimento uma força onipotente[15].

---

14. *Fédon*, 69 a-d.

15. Cf. *Leis*, V, 731 c: "[...] antes de tudo, é preciso saber que o homem injusto *não é voluntariamente tal*"; ibidem, IX, 860 d-e: "[...] todos os maus *são, em todo caso, involuntariamente maus*; se isso é verdade, a consequência necessária que daí deriva é esta. [...] O homem injusto é mau, e o mau é tal *involuntariamente*; ora, é totalmente ilógico admitir que involuntariamente se cumpra um ato voluntário; quem, portanto, admite que a injustiça é involuntária, considerará que o injusto comete injustiça involuntariamente"; *Timeu*, 86 e: "[...] *ninguém é mau por sua vontade*, mas o mau torna-se mau por alguma depravada disposição do corpo e por um crescimento sem educação, e estas coisas são odiosas a cada um e *lhe acontecem contra a sua vontade*".

IV. A MÍSTICA DE *PHILÍA* E EROS

1. A amizade (*philía*) e o "Primeiro Amigo"

Vimos como Sócrates elevou a indagação sobre a amizade ao nível de problema filosófico. Platão retoma de Sócrates essa orientação do problema, mas, na solução, vai muito além de Sócrates, mais uma vez a partir dos resultados da "segunda navegação".

Geralmente as exposições platônicas sobre a amizade (*philía*) e sobre o amor (*eros*) são consideradas globalmente, mas isso não é certo pois os dois conceitos não coincidem, embora tendo muito em comum. Na *philía* grega, prevalece o elemento racional ou, ao menos, está ausente a paixão e a "divina mania" que são, ao invés, características peculiares do *eros* e é por essa razão que Platão estuda separadamente a amizade no *Lisis* e o amor no *Banquete* e, em parte, também no *Fedro*.

Para além das aporias dispersas no *Lisis*, podemos dele extrair com suficiente clareza o seguinte[1]:

A amizade não nasce nem entre semelhantes nem entre dessemelhantes; a amizade não nasce nem entre bom e bom nem entre mau e bom (ou entre bom e mau). É antes o *intermédio* (nem bom nem mau) que é amigo do bom. É amigo do bom por causa do mal que traz em si (naturalmente deve tratar-se de um mal que não o condicione inteiramente) e por causa do desejo do bem do qual é carente, mas que, de alguma maneira, é próprio dele, sendo ele intermédio (observe-se que o intermédio pode ser definido não só como o que não é *nem* bom *nem* mau, mas também como o que é juntamente bom *e* mau).

Mas a amizade, para Platão, não se desenvolve em sentido puramente horizontal, por assim dizer, mas eleva-se em sentido vertical, ou seja transcendente. O que buscamos nas amizades humanas remete sempre a alguma coisa de ulterior, e toda amizade tem um sentido *somente* em função de um "Primeiro Amigo" (πρῶτον φίλον).

---

1. Para uma acurada exegese do *Lisis*, remetemos ao trabalho de nossa aluna M. Lualdi, *Il problema della philia e il Liside platonico*, Celuc, Milão 1974.

Eis a passagem mais significativa do diálogo:

— Então é necessário que nossas forças se esgotem procedendo ao infinito [de coisa amiga em coisa amiga, de amizade em amizade]? Ou alcançaremos um princípio que não nos remeterá mais a outra coisa amiga mais além? *Mas aquele princípio não será nem mais nem menos do que o Primeiro Amigo, em vista do qual dizemos que todas as outras coisas são amigas.*
— É necessário que assim seja.
— Justamente por isso, continuei, todas as outras coisas que chamamos amigas tendo em vista aquele Primeiro nos são amigas e queridas e como imagens dele nos atraem enganosamente. Mas aquele Primeiro é que é verdadeiramente o Amigo[2].

No contexto do diálogo, torna-se claro que esse "Primeiro Amigo" não é senão o Bem primeiro e absoluto. A amizade que liga os homens entre si é autêntica para Platão *somente se se revela um meio para subir ao Bem.*

São análogas as conclusões a que chega Platão nas suas análises em torno do amor, das quais agora falaremos sinteticamente.

2. O "amor platônico"

Já vimos que a temática da beleza não está ligada, para Platão, à temática da arte (a qual é imitação de mera aparência, e não reveladora da beleza inteligível), mas à temática do eros e do amor, entendido esse como força mediadora entre o sensível e o suprassensível, uma força que dá asas e eleva, através dos diversos graus da beleza, à Beleza meta-empírica em si mesma. E já que o Belo, para o grego, coincide com o Bem ou, em todo o caso, é um aspecto do Bem, assim Eros é uma força que eleva ao Bem: *a erótica platônica, bem longe de se opor ao misticismo e ao ascetismo platônicos, é um aspecto fundamental e genuinamente helênico de ambos.*

A análise do Amor conta-se entre as mais esplêndidas entre as que Platão nos deixou[3]. O Amor não é belo nem bom, mas é sede de

2. *Lisis,* 219 c-d.

3. Sobre o tema do amor, pode-se ver, para eventuais aprofundamentos: G. Krüger, *Eisicht und Leidenschaft*, Frankfurt 1939 (1963[3]); G. Calogero, *Il Simposio di Platone*,

beleza e de bondade. O Amor não é um Deus (só Deus é sempre belo e bom), mas também não é um homem. Não é mortal, mas também não é imortal: é um daqueles seres demônicos "intermediários" entre o homem e Deus. Eis como esses seres demônicos são descritos:

> Eles interpretam e transmitem aos Deuses os desejos humanos; e assim também aos homens as vontades divinas. Da parte dos primeiros, preces e sacrifícios; da parte dos segundos, ordens e a retribuição dos sacrifícios. Em meio a um e outro mundo, enchem o vazio que há entre eles, unindo assim o Todo consigo mesmo. Por obra do ser demônico, desenvolve-se a arte de predizer o futuro; e também toda a arte dos sacerdotes em sacrifícios, iniciações e encantamentos; em suma, toda a arte profética e mágica. A divindade [...] não tem nunca uma relação direta com o gênero humano; somente por meio de demônios tem relação conosco; todo o seu falar com os homens, seja na vigília como no sono, acontece por meio deles. Por isso mesmo se diz que quem possui um seguro conhecimento disso é um homem em relação com poderes superiores, um homem demônico [...]. Estes demônios são muitos e de toda espécie. Um deles é o Amor[4].

O demônio Amor foi gerado por *Penia* (que quer dizer pobreza) e por *Poros* (que quer dizer expediente, recurso, aquisição), no dia do nascimento de Afrodite. Por isso, Amor tem uma *dupla natureza*:

> Pois que o Amor é filho de *Penia* e *Poros,* eis qual é a sua condição. É sempre pobre; não é de maneira alguma delicado e belo como geralmente se crê; mas sim duro, hirsuto, descalço, sem teto. Deita-se sempre por terra e não possui nada para cobrir-se; descansa dormindo ao ar livre sob as estrelas, nos caminhos e junto às portas. Enfim, mostra claramente a natureza da sua mãe, andando sempre acompanhado da pobreza. Ao invés, da parte do pai, o Amor está sempre à espreita dos belos de corpo e de alma, com sagazes ardis. É valoroso, audaz e constante. O Amor é um caçador temível, astucioso, sempre armando intrigas. Gosta de invenções e é cheio de expediente para consegui-las. É filósofo o tempo todo, encantador poderoso, fazedor de filtros, sofista. Sua natureza não é nem mortal nem imortal; no mesmo dia em um momento, quando tudo lhe sucede bem, floresce bem vivo e, no momento seguinte morre; mas depois retorna à vida graças à natureza paterna. Mas tudo o que consegue pouco a pouco sempre lhe foge das mãos. Numa palavra,

---

Bari 1946[2]; L. Robin, *La théorie platonicienne de l'amour*, Paris 1968[2], assim como Stenzel, *Platone educatore*, pp. 142ss. e Jaeger, *Paideia*, II, pp. 299ss. Cf. bibliografia no volume V.

4. *Banquete*, 202 e-203 a.

o Amor nunca é totalmente pobre nem totalmente rico. Ele está no meio entre a ignorância e a sapiência[5].

Portanto, o Amor é filósofo no sentido mais significativo do termo. A *sophía*, isto é, a sapiência, é possuída somente por Deus; a ignorância é própria daquele que está totalmente alienado da sapiência; ao contrário, a filosofia é própria de quem não é nem sábio nem ignorante, não possui o saber mas a ele aspira, está sempre procurando e o que encontra sempre lhe escapa e deve buscar mais além, justamente como faz o amante.

O que os homens chamam de amor não é senão uma pequena parte do verdadeiro amor: amor é desejo do *belo*, do *bem*, da *sapiência*, da *felicidade*, da *imortalidade*, do *Absoluto*. O Amor tem muitos caminhos que conduzem a vários degraus de bem (toda forma de amor é sempre desejo de possuir o bem); mas o *verdadeiro* amante é o que sabe percorrê-los todos até alcançar a visão suprema, a visão do que é absolutamente belo.

O degrau mais baixo na escala do amor é o amor físico, que é desejo de possuir o corpo belo, a fim de gerar na beleza um outro corpo; já esse amor físico é desejo de imortalidade e de eternidade,

> [...] porque a geração, mesmo sendo em criatura mortal, é perenidade e imortalidade[6].

Em seguida, há o grau dos amantes que são fecundos não nos corpos, mas na alma, que trazem sementes que nascem e crescem na dimensão do espírito. Entre os amantes na dimensão do espírito encontram-se, cada vez mais no alto, os amantes das almas, os amantes das artes, os amantes da justiça e das leis, os amantes da ciência pura.

Finalmente, no alto da escala do amor, há a visão fulgurante da Ideia do Belo, do Belo em si, do Absoluto.

Leiamos as páginas maravilhosas nas quais Platão descreve a escala do amor que leva do belo corpóreo à Ideia pura do Belo: estão entre as mais elevadas da literatura de todos os tempos:

> Também tu, Sócrates, poderás talvez ser iniciado a essa parte da doutrina do amor. Há, todavia, as iniciações perfeitas e supremas; há a visão final.

---

5. *Banquete*, 203 c-e.
6. *Banquete*, 206 e.

Todo esse prelúdio é feito tendo em vista aquela visão, desde que se siga o caminho direito. Não sei se serás capaz de chegar lá. Em todo caso, disse ela [Diotima] falarei e tudo tentarei. Esforça-te por seguir-me na medida das tuas forças.

Portanto, continuou ela, quem quer seguir nessa tarefa pelo reto caminho deve, quando ainda é jovenzinho, começar por andar atrás da beleza nos corpos belos. Primeiramente, se é bem conduzido, deve dirigir seu amor a um só corpo belo e a partir daí gerar belos discursos. Em seguida, refletindo, pensar que a beleza que está em tal corpo é irmã da que está em qualquer outro corpo; pensar que, se a meta a alcançar é a beleza na sua forma, seria rematada insensatez não considerar uma e a mesma a beleza em todos os corpos [...].

Pensando nisto, ficará enamorado da beleza em todos os corpos e deixará arrefecer o amor por um só, julgando ser ele de pouca valia.

Depois disso considerará mais preciosa a beleza das almas do que aquela que transparece nos corpos, de tal sorte que, se for bela e gentil uma alma em um corpo cuja beleza corporal quase não floresceu, ficará contente de amar essa alma e de gerar discursos parecidos com ela e procurar aqueles que tornarão melhores as almas jovens. Assim será forçado a contemplar a beleza que está nos costumes e nas ações, e verá o parentesco que une todas essas coisas, de modo a considerar bem pequena a beleza que está nos corpos.

Depois das ações será levado aos conhecimentos e à ciência para ver a beleza que há nelas. Daqui estenderá sua vista sobre todo o vasto domínio da beleza e deixará de servir, como um escravo, à beleza de um só, de um jovenzinho, de um homem ou de uma só ocupação, nem será, como um vil escravo, recitador de pobres discursos. Voltado agora para o vasto oceano da beleza e contemplando-o, poderá dar à luz belos, numerosos e magníficos discursos, bem como pensamentos nascidos de uma incansável aspiração ao saber até que, assim fortalecido e crescido, poderá vislumbrar uma ciência única, cujo objeto é essa Beleza da qual falaremos.

Deves prestar agora, disse Diotima, o máximo de atenção ao que vou dizer-te.

Quem foi conduzido passo a passo a essas alturas da ciência do amor, contemplando as coisas belas pela sua ordem e seguindo o caminho reto, chega finalmente à meta da ciência do amor. Ele contemplará subitamente um Belo maravilhoso na sua natureza, aquele mesmo, Sócrates, em razão do qual foram empreendidos todos os trabalhos anteriores; essa Beleza é eterna, não conhece geração nem corrupção, nem crescimento nem diminuição, nem é bela sob um aspecto e feia sob outro, bela aos olhos de alguns, feia aos olhos de outros. Não deve ser representada como dotada de face, de mãos, de nada que pertence ao corpo; nem ainda como um discurso ou como um conhecimento ou como existindo num sujeito dela distinto, como num vivente na terra ou no céu ou em qualquer outro elemento. Essa Beleza é em si e por si, sempre ela mesma na sua forma e todas as outras coisas belas são belas enquanto dela participam; o nascer e o morrer dos outros seres belos nada produz nela, nem acrescenta algo nem diminui nem a faz padecer qualquer efeito.

Quando, partindo das coisas desse mundo, e compreendendo retamente o que seja o amor dos jovens, alguém se eleva a tal Beleza e começa a contemplá-la, pode-se dizer que esse quase já chegou à meta. Tal é o caminho direito na ciência do amor, ou caminhando por si mesmo ou sendo conduzido por outro: partir das belezas deste mundo sempre tendo em vista a Beleza e elevar-se continuamente, usando como que degraus, de um para dois e de dois para todos os corpos belos e dos corpos belos às belas ocupações, das belas ocupações para os belos conhecimentos; finalmente, dos belos conhecimentos, acabar naquele conhecimento do qual falei, uma ciência que não tem outro objeto senão a Beleza em si mesma, de sorte a se conhecer, ao termo de tudo, o Belo que existe em si.

Eis aqui, caro Sócrates, disse a Estrangeira de Mantineia, o ponto da vida no qual, mais do que em qualquer outro, vale a pena viver para o homem: contemplar a Beleza em si mesma. Desde quando a possas ver, não a julgarás segundo a medida de objetos preciosos, de belas vestes, da beleza de adolescentes e de jovens ou segundo a beleza que ora te deixa abalado, a ti e a muitos outros, de sorte a querer sempre vê-la e estar junto dela, sem comer nem beber, mas somente contemplá-la e fazer-lhe companhia. Que devemos pensar então se fosse dado a alguém intuir o próprio Belo, inteligível, puro, sem mistura; em lugar do belo revestido de carnes humanas, de cores, de mil outras vaidades mortais, contemplar a beleza divina na unicidade da sua forma? Pensas que deve ser uma vida miserável a de quem dirige seu olhar lá para o alto, do homem que, com o órgão próprio, contempla essa Beleza e junto dela faz sua morada?

Não percebes, continuou ela, que a esse homem, enquanto tem o olhar voltado para o alto, vendo como se deve ver o Belo, será dado produzir não fantasmas de virtude, pois ele não está em contato com um fantasma, mas virtude verdadeira, pois está em contato com o Verdadeiro? E a esse homem que produz a virtude real e a alimenta não acontece tornar-se amigo de Deus? A ele, mais do que a qualquer outro é dado tornar-se imortal[7].

No *Fedro,* Platão aprofunda mais ainda a natureza *sintética* e *mediadora* do amor, unindo-a com a doutrina da reminiscência. Como

7. *Banquete*, 210 a-212 a.

já sabemos, a alma, na sua vida originária no séquito dos Deuses, contemplou o Hiperurânio e as Ideias; depois, perdendo as asas e precipitando-se cá para baixo, esqueceu tudo. Mas, embora trabalhosamente, filosofando, a alma "se recorda" das coisas que viu outrora. No caso específico da Beleza, essa recordação acontece de um modo todo particular porque, entre todas as outras Ideias, somente a Beleza teve a sorte de ser "extraordinariamente brilhante e extraordinariamente amável"[8]. Esse transluzir da Beleza ideal no belo sensível inflama a alma, que é tomada pelo desejo de levantar voo para voltar para o lugar de onde desceu. Esse desejo é, justamente, *Eros* que, com o anélito transcendente do suprassensível, faz renascer na alma suas antigas asas.

> Quanto ao que acaba de ser iniciado, que durante um tempo muito contemplou, se vê uma face de feições divinas que seja perfeita imitação do bem e do belo, ou uma imagem ideal do corpo, primeiramente tem um estremecimento e alguma coisa o penetra dos seus temores de outrora; continuando a olhar, sente veneração como a um deus [...]. Depois que viu, com o estremecimento o invadem um suor e ardor desacostumados. Com efeito, recebendo através dos olhos o eflúvio do belo, continua inflamado, o que dá nova vida à natureza das asas; o calor derrete a crosta dura que impedia as asas de crescer. O fluxo de alimento produz uma dilatação e um ímpeto desde as raízes das asas em toda a forma da alma: pois antes a alma era totalmente alada[9].

O amor é nostalgia do Absoluto, uma tensão transcendente para o metaempírico, e uma força que nos impele a retornar ao nosso originário *ser-junto-dos-Deuses*.

---

8. *Fedro*, 250 d-e.
9. *Fedro*, 251 a-b.

V. PLATÃO PROFETA?

Algumas exaltações de Platão, destituídas de crítica, por parte dos neoplatônicos fazem sorrir o leitor moderno. Também faz sorrir o fato que se conta a respeito de Ficino que, diante do busto de Platão, na Academia florentina, mantinha sempre uma vela acesa. Ao homem contemporâneo, embebido de incredulidade tendente ao ateísmo, talvez lhe venha até um movimento de irritação (para deixar numerosos exemplos que se poderiam aduzir e limitar-nos a um dos mais eloquentes) diante de uma dedicatória como essa feita por F. Acri (um dos mais insignes tradutores de Platão nos tempos modernos): "Estes livros [a saber, os diálogos platônicos traduzidos por ele], do *profeta pagão de Cristo*, os deposito aos pés do vigário de Cristo em espírito de humildade"[1].

Com efeito, são inegáveis, no platonismo, passagens e afirmações que podem ser entendidas como prefiguração do cristianismo. Eis, por exemplo, uma passagem que revoluciona o sentir moral dos gregos e quase antecipa o dito evangélico: se te ferem com uma bofetada oferece a outra face:

> Entre tantos raciocínios que se fizeram [...] somente este permanece firme: é preciso evitar cometer a injustiça mais do que sofrê-la, e o homem deve preocupar-se não em parecer bom, mas em sê-lo verdadeiramente privada e publicamente. Se alguém comete uma injustiça, deve ser punido e esse, depois do ser justo, é o bem que vem em segundo lugar: tornar-se justo cumprindo a pena e sofrendo o castigo. E todo tipo de lisonja, dirigida a si mesmo ou aos outros, a poucos ou a muitos, deve ser afastado para bem longe [...]. Ouve-me, pois, e segue-me até onde, se chegares lá, serás feliz enquanto vives e depois de morto, como mostra o raciocínio. Deixa que os outros te desprezem considerando-te um maluco e que te ofendam se assim o quiserem. Deixa mesmo, por Zeus, permanecendo impávido, que te atinjam com aquela bofetada ignominiosa porque, se fores verdadeiramente honesto e justo e exercitares a virtude, nada de mal poderás sofrer[2].

Mas — para deixar outros exemplos menos eloquentes — queremos citar apenas uma passagem da *República* absolutamente desconcertante:

---

1. Cf. Platone, *Dialoghi*, vulgarizado por F. Acri, Milão, 3ª ed., p. 5.
2. *Górgias*, 527 b-d; cf. também o que observamos acima, pp. 193ss.

Assim sendo, o justo será flagelado, torturado, amarrado; seus olhos serão queimados e por fim, depois de sofrer todos os males, será crucificado [...][3].

Se, em face de tal texto, Acri escreve: "Aqui, de modo obscuro, é vaticinado o Homem-Deus"[4], qualquer um pode julgar que tal afirmação não é feita sem um fundamento de verossimilhança. O cientista, como puro cientista, não possui certamente instrumentos para pronunciar-se a favor ou, antes, os tem para pronunciar-se contra. Mas, quem crê sabe que o Espírito sopra onde quer. E por que não poderia ter soprado sobre Platão, grego e pagão?

3. *República*, II, 361 e-362 a. O texto grego, para ser exato, traz o termo ἀνασχινδυλευθήσεται, que significa "será atado ao tronco". Todavia, a tradução de Acri (e de outros estudiosos), "será crucificado", é plausível. De fato, na época de Platão, os gregos não conheciam propriamente a "crucifixão", mas o suplício de "atar ao tronco", que é *precisamente aquele tipo de pena da qual derivou a "crucifixão"*. E, por outro lado, os próprios hebreus introduziram a "crucifixão" em lugar do suplício do tronco através dos romanos. O *Lexicon Platonicum* de F. Ast (vol. I, p. 159) indica: ἀνασχινδυλεύω, *palo vel cruci affigo.*

4. Acri, *Platone, Dialoghi*, p. 9.

VI. A COMPONENTE ÉTICO-RELIGIOSA DO PENSAMENTO PLATÔNICO E SUAS RELAÇÕES COM A PROTOLOGIA DAS "DOUTRINAS NÃO-ESCRITAS"

Nossa exposição das temáticas e das doutrinas essenciais da componente ético-religiosa do pensamento de Platão funda-se inteiramente nos escritos. Quisemos manter esse tipo de exposição para depois indicar suas conexões com a protologia, justamente com o objetivo de evidenciar quanto dizíamos, ou seja, a função de vértice da protologia e, consequentemente, o delinear-se de maneira sempre mais nítida da compacta unidade teorética do pensamento de Platão e da solidez dos eixos de sustentação que unificam as várias componentes nas quais ele se articula (e que fazem dele um "sistema" no sentido que acima explicamos), justamente se considerarmos conjuntamente na ótica protológica as mesmas temáticas que Platão largamente desenvolveu nos seus escritos.

Eis alguns pontos essenciais que merecem ser considerados de maneira particular.

1) Primeiramente, a estrutura bipolar de toda a realidade faz-nos entender como não seja possível restringir e limitar à época do *Timeu* a composição e estrutura sintética bipolar da alma e, em particular, justamente da sua parte racional. Com efeito, na *República* já se mostra claramente que Platão concebia a alma, justamente na sua natureza verdadeira (τῇ ἀληθεστάτῃ φύσει), a saber, na sua dimensão racional, como um "misto", isto é, como um composto de muitos elementos (σύνθετόν τε ἐκ πολλῶν) e, em particular, como um composto em função de uma síntese belíssima (καλλίστῃ συνθέσει). Evidentemente, já no tempo da *República,* Platão admitia como imortal somente essa dimensão racional da alma; é essa, de fato, que ele qualifica como sendo de "natureza divina"[1].

2) Além disso, novamente se impõe uma interpretação em sentido protológico do grande mito da "parelha alada", apresentado por Platão como imagem metafísica emblemática da alma[2].

1. Ver *República*, X, 611 b-c (cf. também IX, 589 c-d, 590 c-d).
2. *Fedro*, 246 a ss.

Com efeito, se o auriga da "parelha alada" representa a racionalidade da alma no seu fundamento, a dupla de cavalos, tendendo potencialmente para duas direções opostas e que somente o auriga pode dominar e inclinar de maneira ordenada, dificilmente pode representar a alma concupiscível e a alma irascível. Na realidade, a dupla de cavalos da "parelha alada" é assim comumente interpretada e, de fato, assim parece à primeira vista. Mas isto não explica alguns elementos importantes que constituem verdadeiras anomalias, que só podem ser resolvidas na ótica protológica.

Em primeiro lugar, Platão concebe também como "parelha alada" as almas dos Deuses; mas é bastante evidente que as almas do Deuses não têm nenhuma necessidade das componentes irascível e concupiscível que caracterizam a alma humana[3]. Além disso, se o concupiscível e o irascível constituem a parte mortal da alma, não podem permanecer estruturalmente unidos à alma racional no Hiperurânio, ou seja, no âmbito do mundo inteligível.

Nos tempos modernos, já Robin chamara a atenção para esses pontos, indicando nos dois cavalos que tendem para direções opostas uma imagem significativa "de uma díade do grande e do pequeno", vem a ser, de "uma desigualdade e de uma dessemelhança, uma multiplicidade, um mais ou menos"[4]. Além disso, Robin explicava o seguinte: "[...] essa dualidade em si mesma não é um perigo, enquanto a desigualdade está submetida à ordem: ela não se torna um perigo a não ser nas almas nas quais essa subordinação é destruída ou seja, em termos míticos, a partir do momento em que o auriga não é mais dono dos seus cavalos; a queda da alma é, pois, efeito da Necessidade (entendida no sentido de Princípio diádico), pois que a Necessidade é um princípio de desordem. Assim, os dois cavalos do *Fedro* parecem representar exatamente a essência do Diverso e a causa necessária, ora dominada pela razão, ora rebelde a ela"[5].

Entendida nesse sentido, a componente a-lógica representada pela dualidade dos cavalos torna-se perfeitamente coerente com os fun-

---

3. Cf. *Fedro*, 246 a-b.

4. L. Robin, *La théorie platonicienne de l'amour*, Paris 1968³, pp. 134s. (trad. ital. de D. Gavazzi Porta, Milão 1973, p. 184).

5. Robin, *La théorie...*, p. 135 (trad. ital. p. 185).

damentos metafísicos gerais, exprimindo de maneira surpreendente e verdadeiramente eficaz, a presença e a função da Díade na dimensão da alma, seja na sua constituição seja na sua estrutura[6].

3) Mas também o conceito de virtude (ἀρετή) torna-se bastante claro na ótica protológica.

Já a partir do *Górgias,* Platão evidencia a estrutura ontológico-axiológica da justiça e da virtude em geral como *ordem* e como *harmonia* (κόσμος, τάξις) da alma e como superação da *des-ordem*, do *desregramento* e do *excesso*, com claras alusões aos nexos protológicos. A virtude, explica Platão, é uma ordem introduzida na alma análoga à que os artesãos (os "demiurgos") produzem, os quais fazem de tal maneira que os elementos sobre os quais trabalham adquiram uma forma determinada, adaptando-se um ao outro na maneira mais conveniente, até se obter um todo ordenado e perfeito.

Leiamos o texto mais significativo:

> Sócrates — Examinemos agora calmamente, se algum desses foi tal como eu digo. Vejamos: o homem *bom* que diz tudo o que diz tendo em vista *o que é melhor* não falará ao acaso, mas sempre *tendo em mira alguma coisa!* E assim também todos os outros *artesãos* se entregam cada um à sua própria obra não escolhendo ao acaso os materiais, mas de tal sorte que a obra produzida adquira *determinada forma.* Observa, por exemplo, os pintores, os arquitetos, os engenheiros navais e todos os outros artesãos ou quem quer que desejes entre eles: notarás que cada um deles *põe cada coisa numa certa ordem* e obriga *a que uma coisa convenha à outra e a ela se adapte*, até que o todo resulte *perfeitamente ordenado e ornado.* E como os artesãos, assim aqueles dos quais há pouco falávamos, isto é, os que se dedicam aos cuidados do corpo, os professores de ginástica e os médicos, regulam e tornam *harmônico* o corpo. Estamos de acordo sobre este ponto?
>
> Cálicles — Sim, seja assim.

6. Pensamos que, a questão deveria ser aprofundada. De fato, a especificação platônica sobre a parelha de cavalos da alma humana, observando que um é belo e bom como os pais dos quais descende, e o outro o oposto, assim como os pais dos quais descende, torna-se muito clara, se relacionada com o que Platão diz no *Timeu*, onde fala da *Identidade* e da *Diferença* como dois dos três elementos componentes da alma racional, os quais derivam exatamente da Identidade indivisível e da Identidade divisível. Esta questão, porém, exigiria um amplo desenvolvimento; mas nesta sede consideramos oportuno limitar-nos às linhas de fundo da questão.

Sócrates — *Portanto, uma boa casa será a que tem ordem e proporção, a que é desordenada nada vale.*

Cálicles — Sim.

Sócrates — O mesmo podemos afirmar dos nossos corpos?

Cálicles — Certamente.

Sócrates — *E quanto à alma? Será boa quando tem em si a desordem ou quando tem uma certa ordem e harmonia?*

Cálicles — *A partir do que antes se admitiu é preciso concordar também com isso.*

Sócrates — E como se chama o efeito que resulta da *ordem* e da *harmonia* no corpo?

Cálicles — Sem dúvida falas da saúde e da força?

Sócrates — Exatamente. E o que na alma nasce da *ordem* e da *harmonia?* Esforça-te por encontrar e dizer esse nome como fizeste para o corpo.

Cálicles — E por que tu mesmo não o dizes, Sócrates?

Sócrates — Direi, se assim te é mais agradável; da tua parte dirás se aprovas o que vou dizer; se não, refuta-me sem complacência. Parece-me, pois, que para a ordem do corpo o nome seja *saudável,* que produz no corpo a *saúde* e todas as outras *virtudes do corpo.* É ou não é assim?

Cálicles — Assim é.

Sócrates — *Para a ordem e harmonia da alma a palavra correta é disciplina e lei: daqui provêm os homens observantes da lei e de costumes ordenados, e é nisso que residem a justiça e a sabedoria.* Estás ou não de acordo?

Cálicles — Sim[7].

Pouco adiante, o nosso filósofo avança para uma evocação plena de alusões à "igualdade geométrica", o que soa de maneira verdadeiramente emblemática por causa dos seus nexos, bem conhecidos nossos, com a protologia. Justamente essa igualdade é o fundamento do "liame" e da "comunhão" ou da "amizade" universal; e como essa igualdade é a lei cósmica em *geral*, assim *em particular,* ela é também *fundamento da virtude humana.*

Eis o texto, verdadeiramente importante:

Portanto, são essas as coisas que afirmo e digo que são verdadeiras. Se são verdadeiras, aquele que quiser ser feliz — como é evidente — deverá buscar e exercitar a *temperança* e deverá fugir o mais depressa que puder da *intemperança* e, sobretudo, deverá cuidar para que não tenha necessidade de

7. *Górgias*, 503 d-504 d.

ser castigado; e se isso for necessário a nós ou a qualquer dos nossos familiares, ou a um cidadão particular ou a uma cidade, sofrer a pena e o castigo é a única maneira de ser feliz. Essa me parece ser a meta que devemos ter diante dos olhos para poder viver. Para essa meta devem tender todos os esforços de cada um e da cidade: que a *justiça* e a *temperança* estejam sempre diante de quem quer ser feliz. Assim ele deve proceder *e não deixar que seus apetites corram sem freio e insaciáveis, para depois buscar satisfazê-los,* levando uma vida de ladrão. Com efeito, esse homem não poderá ser *amigo* nem de outro homem nem de Deus, porque não tem nada de comum com eles: e onde não há *comunhão* não pode haver *amizade.* E dizem os sábios, Cálicles, que o céu e a terra, os Deuses e os homens *conservam a comunhão, a amizade, a boa ordem, a temperança e a justiça* e por isso, companheiro, chamam a esse universo de *cosmo* e não de *desordem* e *desregramento.* Mas tu, sendo embora sábio, pareces não aplicar a tua mente a essas coisas e te esqueces *que a igualdade geométrica* (ἡ ἰσότης ἡ γεωμετρική) *pode muito entre os deuses e entre os homens. Pensas, ao contrário, que é preciso esforçar-se para poder sempre mais; é que transcuras a geometria*[8].

Na *República,* como veremos, essa *ordem* (essa *igualdade geométrica* e, portanto, proporcional) será explicitada com expressões verdadeiramente inequívocas, como um realizar-se da *unidade-na-multiplicidade,* ou seja, do Uno-nos-muitos, que somente em sentido protológico e henológico são perfeitamente interpretáveis e compreensíveis.

Portanto, a estrutura da vida é o correspondente exato, no plano ético, da estrutura metafísica de toda a realidade. Introduzir a ordem na desordem significa, em todos os níveis (e, portanto, também no nível ético) levar a unidade na multiplicidade. Justamente enquanto tal implica o supremo conhecimento do Bem (ou seja, do Uno) e é exatamente essa a "forma" da qual fala o *Górgias* que deve ser introduzida na realidade moral para produzir uma ordem adequada[9].

4) Também a grande metáfora ética da "fuga do mundo" recebe uma significação teórica muito mais nítida na perspectiva protológica[10].

---

8. *Górgias*, 507 c-508 a. Ver o que dissemos, a respeito disso, na nossa Introdução e comentário ao *Górgias*, Ed. La Scuola, Brescia 1985[7], pp. LIss. e 173, que deve ser integrado com o que aqui dizemos e, em particular, com as importantes análises de Krämer, na passagem indicada na nota seguinte.

9. Sobre este ponto é fundamental o exame feito por Krämer in *Arete*..., pp. 57-83.

10. Cf., *supra*, pp. 203ss.

A "fuga do mundo" é a *fuga do mal*. Ora, Platão articula o mal justamente com a Díade, na maneira que acima já explicamos. Assim, fugir do mundo e do mal, adquirindo virtude (justiça, santidade, sapiência) significa subtrair-se à primazia do Princípio antitético (a multiplicidade, a desordem) e optar em favor do Princípio do Bem (ou seja, do Uno) em todos os sentidos. Significa, em outros termos, *orientar toda a vida sobre o fundamento desse nexo bipolar tendo como centro a preeminência do Bem-Uno,* e desenvolver todas as atividades humanas como uma consequência disso.

5) Outrossim a célebre doutrina da "assimilação a Deus" assume, na perspectiva protológica, a determinação conceitual mais pertinente. Com efeito, assimilar-se a Deus significa ordenar a vida introduzindo na realidade, como Platão explica na *República*, a ordem das realidades que são sempre da mesma maneira e que são estruturadas segundo uma relação numérica em sentido helênico (κατὰ λόγον). É, efetivamente, a estrutura do *logos-arithmós* que pode levar a ordem à desordem, à medida na desmesura, vale dizer, à unidade-na-multiplicidade[11].

Ora, o Demiurgo, ou seja, o Deus supremo é Aquele que leva a ordem na desordem justamente com articular o Uno e os Muitos da melhor maneira, como acima explicamos.

Portanto, a Medida suprema de todas as coisas é o Bem como Uno, e este é o Divino no sentido impessoal, ou seja, a regra suprema à qual se atém o próprio Deus (o Demiurgo, o Deus-pessoa). Mas o Deus-pessoa é Aquele que realiza a Medida e o Uno de maneira perfeita e, nesse sentido, é Medida *em sentido pessoal.* O homem deve imitá-lo o mais possível buscando realizar como Ele, tanto na sua vida particular como na sua vida pública e, em geral, em todas as formas do seu agir, exatamente *a unidade-na-multiplicidade*[12].

6) Também a doutrina do Eros revela, sob diferentes aspectos, fortes conexões com a protologia.

Em primeiro lugar (para limitar-nos somente a alguns nexos essenciais), salientaremos como os pais dos quais nasceu Eros e a na-

---

11. Cf. *República*, VI, 500 b ss.; reproduzimos a passagem, *infra*, p. 261.
12. Cf. Reale, *Platão...*, pp. 517ss.

tureza sintética e mediadora do próprio Eros se mostram propriamente emblemáticos[13]. A mãe de Eros, que é Penia, a Deusa da Pobreza, simboliza a Díade (uma das suas explicações); com efeito, é aquela força que, a um tempo, é deficiente e aspira a uma posse (e portanto — podemos dizer — a ser delimitada e determinada e, por conseguinte, unificada); justamente por isso, no dia em que se festejava o nascimento de Afrodite, Penia conseguiu capturar Poros e unir-se com ele para ser por ele fecundada. O pai Poros, ao contrário, corresponde ao Princípio determinante, delimitante e unificante (exatamente uma das suas explicações). A natureza *sintético-dinâmica* e mediadora de Eros, que tende eternamente a ulteriores e mais altas aquisições, *exprime a relação bipolar e dinâmica que caracteriza toda a realidade* (e assim, específica e particularmente, o homem); exprime a tendência crescente, em todos os níveis, da Multiplicidade fecundada para o Princípio do Bem (e, por conseguinte, para a Unidade) que se realiza em tal ou qual nível no seu perene reproduzir-se e, dessa maneira, atuando a estabilidade permanente do ser.

Lembramos — ao menos de passagem — que Platão, com a sua extraordinária habilidade de nunca dizer de modo explícito as verdades últimas, comunicando-as por meio de reiteradas alusões, no *Banquete* põe nos lábios de Aristófanes (propondo assim habilmente por meio do *jogo* da comédia as verdades mais *sérias*) a afirmação de que a essência do amor está no fazer "de *dois, um*", com o fim de sanar desse modo a natureza humana nas suas carências e "consolidar numa *unidade*" os homens, de modo que de "dois" (que de várias maneiras são), tornem-se *uno*. Eis aí uma expressão verdadeiramente soberba, do ponto de vista artístico, magnífica, da conjunção emblemática da Díade e do Uno, levada a cabo com o jogo da comédia e posta nos lábios do maior comediógrafo da Grécia. Justamente com cores aristofanescas, pintadas de maneira soberba, Platão apresenta miticamente o modo originário de ser dos homens em forma de esfera, ou seja, em forma de duplas conjugadas em uma unidade como um *inteiro* e, depois, cortadas em dois pelos Deuses para limitar o seu excessivo e perigoso vigor e poder. É justamente em consequência desse fato que cada "metade" derivada do corte do inteiro procura

13. Cf. *Banquete*, 203 b ss.

encontrar a outra "metade" e unir-se com ela para poder retornar à "inteireza" original. Portanto, o que no amor dos homens se manifesta de várias maneiras é o *anelo da Dualidade (da Díade)* à *Inteireza* (ou seja, à *Unidade*). Por conseguinte, o amor é anelo de buscar o Uno em todos os níveis, até o supremo e mais elevado[14].

7) Finalmente, a tese platônica de que o Belo é a única entre as Ideias que goza do privilégio de ser "visível" adquire em conexão com a protologia uma explicação adequada. Com efeito, já que o Belo, do mesmo modo que o Bem, *é um modo de desdobrar-se do Uno exatamente através da ordem e da medida,* segue-se que *o Belo nos faz ver o Uno nas suas relações proporcionais e numéricas nas quais se desdobra,* e isso não somente no plano inteligível, mas também na dimensão sensível do "visível".

Justamente enquanto é tal o Belo atrai e, em todos os níveis, eleva da harmonia sensível à inteligível.

Assim, por meio da Beleza, é o próprio Uno que atrai *fazendo-se "ver"* nas relações de proporção, ordem e harmonia. Desta maneira faz renascer as asas na alma para reconduzi-la aos níveis mais altos, ou seja, para lá de onde desceu[15].

14. Cf. *Banquete*, 189 c-193 d.
15. Cf. *Fedro*, 250 c ss.

QUARTA SEÇÃO

A COMPONENTE POLÍTICA DO PLATONISMO E SEUS NEXOS COM A PROTOLOGIA DAS "DOUTRINAS NÃO-ESCRITAS"

οἶμαι μετ' ὀλίγων Ἀθηναίων, ἵνα μὴ εἴπω μόνος, ἐπιχειρεῖν τῇ ὡς ἀληθῶς πολιτικῇ τέχνῃ καὶ πράττειν τὰ πολιτικὰ μόνος τῶν νῦν.

"Eu creio estar entre os poucos atenienses, para não dizer-me o único, que tentam a verdadeira arte política e sou o único, entre os que agora vivem, que a exercita".

Platão, *Górgias,* 521 d

Cabeça de Platão, originalmente parte de uma herma com Sócrates, conservada nos *Museus Vaticanos.*

I. IMPORTÂNCIA E SIGNIFICAÇÃO DA COMPONENTE POLÍTICA DO PLATONISMO

1. As afirmações da *Carta VII*

Somente no nosso século compreendeu-se, em toda a sua relevância e em todo o seu alcance, a componente política do platonismo. Em primeiro lugar, foi reivindicada a autenticidade da *Carta VII*[1], na qual Platão diz expressamente, traçando a própria autobiografia, *que a política foi a paixão dominante da sua vida.* Na sua biografia de Platão, ora clássica, Wilamowitz-Moellendorff[2], explorando o conteúdo da *Carta VII*, verificou que Platão, em todo o arco da sua vida, alimentou essa paixão política. Finalmente, Jaeger deu o passo decisivo: procurou demonstrar (e o conseguiu, embora incorrendo em excessos) que o problema político não só constitui o interesse central do *homem* Platão, mas ainda a *substância da própria filosofia platônica*[3]. Outros estudiosos aderiram a essa tese[4].

Sócrates nunca participara ativamente da vida política: não somente não sentia necessidade de ocupar-se com ela, mas a considerava algo oposto à sua natureza. Já Platão, seja por nobreza de nascimento, seja por tradição familiar, seja por vocação íntima e espiritual,

---

1. Sobre as *Cartas* de Platão, indicamos ao leitor dois volumes: um já clássico: G. Pasquali, *Le lettere di Platone*, Florença 1938 (1967[2]) e um recente. M. Isnardi Parente, *Filosofia e politica nelle lettere di Platone*, Nápoles 1970. Para uma análise pormenorizada da *Carta VII*, cf. L. Edelstein, *Plato's Seventh Letter*, Leiden 1966 (cf. bibliografia no volume V).

2. U. von Wilamowitz-Moellendorff, *Platon*, Berlim 1959[5] (a primeira edição é de 1918).

3. Jaeger, *Paideia*, II, pp. 129-647.

4. Recordemos, em particular, K. Hildebrandt, *Platon*, Berlim 1933 (trad. it. de G. Colli, Turim 1947). Não têm relação com esta corrente exegética os volumes procedentes da Inglaterra e dos Estados Unidos, que polemizam ferrenhamente com Platão, considerado um inimigo da democracia, como os de K. R. Popper, *The Open Society and its Enemies*, Londres 1945 (muitas vezes reeditado) e de A. H. S. Crossman, *Plato Today*, Nova Iorque 1937 (contra essas teses cf. R. B. Levinson, *In Defense of Plato*, Cambridge [Mass.] 1953).

sentiu-se, desde jovem, poderosamente atraído para a vida política. Eis as afirmações explícitas da *Carta VII*:

> Desde jovem [...] passei por uma experiência comum a muitos e me decidi firmemente a uma coisa: *apenas em condição de dispor da minha vontade, logo dedicar-me à vida política*[5].

Mas logo o reteve na execução desse propósito a profunda corrupção dos homens de governo, dos seus costumes e das próprias leis, que descobriu serem injustas não só em Atenas, mas também fora de Atenas. Eis então as suas conclusões:

> Observava esses fatos (referia-se a uma série de episódios de corrupção política que culminaram na condenação e morte de Sócrates), observava também os homens que agem na cena política, como também as leis e os costumes. E quanto mais avançava nas minhas observações e quanto mais eu mesmo avançava em idade, tanto se me tornava mais clara a imensa dificuldade para bem administrar a cidade. Era impossível a ação política sem a ajuda de pessoas amigas e de fiéis colaboradores. E não era coisa fácil encontrar esses amigos e colaboradores entre os que nos eram próximos, pois a nossa cidade não era mais governada segundo os usos e costumes dos antepassados, e era difícil e até impossível conseguir novos colaboradores. Acrescente-se que legislações, costumes e tudo o mais se dissolvia com incrível rapidez e de modo espantoso. Desta sorte, não obstante meu primeiro impulso no sentido de participar da vida política, considerando tudo o que acontecia e vendo que tudo e em todas as partes e de todas as maneiras era arrastado num incontrolável processo de corrupção, senti uma espécie de vertigem, mas não pensei em desviar meu olhar dos acontecimentos, na esperança de que um dia seu curso se tornasse mais favorável (e não só cada um dos acontecimentos, mas, sobretudo, melhorasse o espírito das constituições). No entanto, esperava sempre a melhor ocasião para agir. Acabei, assim, por abraçar num único olhar todas as cidades, afirmando que todas, sem exceção, sofrem em razão de maus governos. Em todas as partes, com efeito, as legislações apresentam condições que se podem chamar desesperadas; seriam necessárias reformas excepcionais, ajudadas pela boa fortuna. *Em resumo, fui irresistivelmente levado a louvar a reta filosofia e a concluir que somente graças a ela é possível esperar ver um dia justa a política das cidades e justa a vida dos cidadãos. Sim, certamente as desgraças e desventuras do gênero humano não conhecerão fim a não ser no dia em que verdadeiros e puros filósofos tenham acesso ao poder; no dia em que, por algum*

5. *Carta VII*, 324 b-c.

dom de Deus, as classes dirigentes nas várias cidades sejam inflamadas pelo verdadeiro amor da sapiência, e sejam formadas por filósofos[6].

Tal convicção amadureceu em Platão, como ele mesmo diz logo a seguir, nos anos em que pela primeira vez veio à Itália, ou seja, em torno dos quarenta anos, no momento da composição do *Górgias*. Esse diálogo é uma manifestação de misticismo e, ao mesmo tempo, manifestação de paixão política *e a proclamação de uma nova concepção da política*[7]. A arte política e o conceito de Estado são redimensionados em função das instâncias do socratismo. Enquanto a velha política e o velho Estado tinham na "retórica" (no sentido clássico que já conhecemos) o seu instrumento mais poderoso, a nova e verdadeira política e o novo Estado deverão ter, ao contrário, seu instrumento na filosofia, *porque ela representa o único caminho seguro de acesso aos valores de justiça e de bem, que são o fundamento verdadeiro de toda política autêntica e, portanto, do verdadeiro Estado.* Assim sendo, Platão não hesita em pôr nos lábios de Sócrates (com quem doravante se identifica) esse desafio:

> Eu creio estar entre os poucos atenienses, para não dizer-me o único, que tentam a verdadeira arte política, e o único entre os que agora vivem, que a exercita[8].

2. Diferença entre a concepção platônica e a concepção moderna da política

De tudo o que ressaltamos, fica claro que toda a obra do Platão "filósofo" pretende ser, juntamente, obra de "político" no sentido explicado. Por outra parte, os próprios títulos das obras que vêm depois do *Górgias* o confirmam: a obra-prima central do pensamento platônico é a *República;* no meio dos diálogos dialéticos tem lugar o *Político;* a última vasta obra na qual trabalhou nos anos da velhice são as *Leis*. Conhecidas são, de resto, as repetidas tentativas que

6. *Carta VII,* 325 c-326 b.

7. Para um aprofundamento dessa interpretação do *Górgias,* remetemos à nossa edição, em particular, à Introdução, pp. XI-LVIII.

8. *Górgias*, 521 d.

Platão fez junto aos tiranos de Siracusa Dionísio I e Dionísio II para realizar os ideais políticos que nele vinham amadurecendo[9]. Contemplar o Verdadeiro e dirigir a Academia não era o bastante para ele; estava profundamente convencido de que o Verdadeiro e o Bem contemplados devessem descer à realidade com o fim de torná-la melhor, devessem tornar-se politicamente efetivos (mas sobre isso falaremos mais adiante).

No entanto, antes de examinar qual seja a reconstrução da Cidade, idealizada por Platão, é necessário antepor um esclarecimento sobre a diferença radical entre a concepção *platônica* da política e a concepção *moderna* da mesma, com o fim de prevenir toda uma série de equívocos.

Platão está profundamente convencido de que toda forma de política que pretenda ser autêntica *deve ter em vista o bem do homem;* mas, a partir do momento em que o homem é concebido como sendo *a sua alma*, enquanto o corpo não é senão seu casulo passageiro e fenomênico, é claro que o verdadeiro bem do homem é o seu bem espiritual[10].

Está assim assinalada a linha de demarcação que divide a política verdadeira da falsa: a verdadeira política deve ter em vista o "cuidado da alma" (o cuidado do verdadeiro homem), enquanto a política falsa tem em vista o corpo, o prazer do corpo e tudo o que é relativo à dimensão inautêntica do homem. E já que não existe outro meio para "curar a alma" senão a filosofia, segue-se daqui a identificação de política e filosofia, bem como a identificação (considerada paradoxal, mas, no contexto platônico, simplesmente óbvia), de político e filósofo[11].

De outra parte, não eram somente os pressupostos do sistema platônico que levavam a essas conclusões: o homem grego esteve sempre convencido (ao menos até ao tempo de Platão e Aristóteles) de que o Estado e a lei do Estado constituíssem o paradigma de toda forma de vida, como bem o sabemos; o indivíduo era, substancial-

---

9. Platão narra-nos, com exatidão, justamente na *Carta VII*.

10. Cf. *Górgias, passim*.

11. Veremos que Platão desenha o seu Estado ideal, na *República*, justamente como uma ampliação da alma.

mente, o cidadão, e o valor e a virtude do homem eram o valor e a virtude do cidadão: a polis não era o horizonte relativo, mas sim o horizonte absoluto da vida do homem. Por essa razão, se aos elementos acima examinados se acrescenta também esse dado, é fácil compreender como as conclusões platônicas fossem absolutamente inevitáveis.

Ao invés, nossa concepção da política situa-se nos antípodas da política platônica. De há muito o Estado renunciou a ser fonte de *todas* as normas que regulam a vida do indivíduo porque, de há muito, "indivíduo" e "cidadão" deixaram de identificar-se. Além disso, o Estado renunciou há muito à apropriação das esferas da vida interior dos cidadãos que interessavam a Platão acima de tudo, deixando à consciência dos indivíduos a livre decisão nesses assuntos. Mais ainda, hoje a economia e a aspiração comum pelo bem-estar condicionam de tal modo radicalmente a práxis e a teoria políticas que elas se limitam frequentemente a pretender ser justamente aquele sistema de desenvolvimento dos bens e do bem-estar material no qual Platão via a fonte de todo mal[12]. Em suma, somos filhos de Maquiavel e, sob certos aspectos, estamos mais avançados do que Maquiavel; professamos um *realismo político* que assinala a inversão mais radical daquele *idealismo político* teorizado por Platão.

Fizemos essas observações no nível da análise estrutural, sem, portanto, enunciar juízos de valor; na medida em que pretendem contribuir para a compreensão histórica da concepção platônica, almejam levantar também uma dúvida crítica. É certo que Platão estava condicionado em dois sentidos: pelos pressupostos do seu sistema e por determinada visão histórico-social-cultural do Estado; nem uma nem outra podem repetir-se historicamente. Todavia, acima desses condicionamentos, ele apontou para uma verdade que hoje, mais do que nunca, soa como uma advertência: uma política que, ao regular a vida em sociedade dos homens, abdique das dimensões do espírito e estruture-se exclusivamente segundo as leis da dimensão material do homem, não poderá subsistir; as exigências do espírito, negadas ou reprimidas, cedo ou tarde tornam a impor-se inexoravelmente.

---

12. Cf. *Fédon*, 66 c; *República*, IV, 421 e-422 a.

II. A *REPÚBLICA* OU A CONSTRUÇÃO DO ESTADO IDEAL

1. Perspectivas de leitura da *República*

As explicações que acabamos de dar deveriam oferecer-nos o sentido da perspectiva correta de leitura da *República*, vem a ser, da obra-prima que constitui, por muitos aspectos, a *suma* do platonismo. Perguntar-se, como fizeram alguns, se se trata de uma obra de política ou de ética, significa formular um pseudoproblema que nasce, como já insinuamos, de um modo de entender política e ética próprio dos tempos modernos, mas que nem é o de Platão nem, em geral, o do mundo grego clássico. Foram justamente esses problemas mal formulados que por longo tempo atrasaram a recuperação e a valorização da componente política do platonismo.

Para exemplificar e tornar mais claro quanto, no parágrafo precedente, expusemos genericamente, leiamos algumas afirmações de um dos maiores platonistas modernos, que iluminam bastante bem os termos do problema que estamos debatendo: "Algumas vezes se perguntou se a *República* devia ser considerada como uma contribuição à ética ou à política. Seu objeto é a 'justiça' ou o 'Estado ideal'? A resposta é que, do ponto de vista de Sócrates e de Platão, não há distinção, a não ser de simples conveniência, entre moral e política. As leis do direito são as mesmas para as classes, as cidades e para os indivíduos. *Mas deve-se acrescentar que essas leis são, antes de tudo, leis de moral pessoal; a política é fundada sobre a ética, não a ética sobre a política*. A questão fundamental levantada pela *República* e respondida ao termo do diálogo, é *estritamente ética*"[1]. E ainda: "A *República* que se abre com as observações de um ancião sobre a proximidade da morte e sobre o temor do que possa vir depois da morte, e termina com o mito do juízo final, tem como tema central um problema mais íntimo do que o da melhor forma de governo e do mais conveniente sistema de reprodução; o seu problema é: como se torna o homem digno ou indigno da salvação eterna? Como quer

1. A. E. Taylor, *Platone*, pp. 412s.

que a consideremos, a obra está intensamente voltada para o mundo 'ultraterreno'. O homem tem uma alma que pode alcançar a bem-aventurança eterna, e é essa bem-aventurança que, acima de tudo, importa conquistar na vida. As instituições sociais e a educação que o põem em condições de conquistá-la são instituições e educação justas; tudo o mais é injusto. O 'filósofo' é o homem que encontrou o caminho para essa bem-aventurança"[2]. Ora, deve-se notar como juízos dessa natureza (que, com pequenas variações, se impuseram como canônicos até a metade do nosso século) contradizem-se a si mesmos. No início da passagem referida reconhece-se que, para Sócrates e Platão, "não há distinção" entre ética e política o que, por si, já bastaria para subverter as conclusões de Taylor ou, pelo menos, para admitir que a *República* é obra de *política* pelo menos tanto quanto o é de *ética*. Mas eis o que o mesmo estudioso é obrigado a afirmar: "Ao mesmo tempo, porém, nenhum homem vive em si e para si, e o homem que progride pessoalmente tendo como alvo a bem-aventurança, *é inevitavelmente animado pelo espírito missionário para com toda a comunidade.* Por isso o filósofo não pode ser justo para consigo *sem ser um rei-filósofo; não pode obter a salvação sem levá-la à sua sociedade.* Esse é o modo segundo o qual a *República* concebe a relação entre a ética e a ciência do Estado"[3]. Isso significa que a *República, justamente por ser obra ética deve ser obra política* porque, para Platão, o homem só pode explicar-se *moralmente* se se explica *politicamente*, na medida em que o homem ainda não é concebido por ele (como já salientamos) como "indivíduo" distinto do "cidadão", ou seja, do membro da sociedade política. (De resto, o próprio Jaeger, que propôs a releitura de todo Platão segundo o critério político, demonstrou que a "política" platônica é justamente isso, e que o Estado platônico não é senão a imagem aumentada do homem: formar o verdadeiro Estado significa, para Platão, formar o verdadeiro homem[4].)

Um segundo tipo de problemas mostra-se igualmente danoso ao propósito de se compreender a *República* e o espírito que a anima. Referimo-nos aos problemas levantados pelas interpretações que po-

---

2. Taylor, *Platone*, pp. 413s.
3. Taylor, *Platone*, pp. 414.
4. Jaeger, *Paideia*, II, *passim*.

demos chamar "politizantes" as quais, tendo reconhecido a natureza política do discurso platônico, entenderam-nas servindo-se de categorias da política moderna como de normas de exegese, comparação crítica e juízo de valor[5]. Essas interpretações incidem no mesmo erro das acima mencionadas, na medida em que admitem que "Estado" e "política" possam ter somente a acepção que hoje possuem e, mais ainda, entendem erradamente de modo bem mais grave a natureza do discurso platônico, reduzindo-o a uma dimensão ainda mais reduzida, como veremos em seguida.

Falou-se, por exemplo, de um "comunismo" e de um "socialismo" platônicos, sobretudo a propósito da necessidade de pôr em comum todos os bens (incluindo a família e os filhos) proclamada por Platão para a classe destinada a ser guardiã do Estado, ao passo que tais doutrinas platônicas não têm senão pontos acidentais em comum com o comunismo, bem como fundamentos teóricos e motivações espirituais que nada têm a ver com o comunismo moderno.

Na vertente oposta não faltaram, sobretudo na Alemanha, tentativas de encontrar na *República* traços característicos do nazismo.

Dentro desse clima, teve origem a obra célebre de Karl Popper (que obteve ampla difusão, sobretudo nos países anglo-saxônicos) na qual a concepção do Estado de Platão não somente é qualificada de conservadora e reacionária, mas também de acentuadamente totalitária. Platão é apontado como o primeiro grande inimigo da *sociedade aberta* (a tríade popperiana dos inimigos da "sociedade aberta" é constituída, além de Platão, por Hegel e Marx), a saber, da sociedade aberta ao futuro e capaz, sob a luz da razão, de caminhar no desconhecido e no incerto e de, pouco a pouco, construir a própria segurança e liberdade. Ao contrário, Platão seria o fautor de uma "sociedade fechada", rigidamente atada a estruturas imóveis e na qual as instituições (nelas incluídas as castas) são tabus sagrados. O Estado platônico seria, em suma, a *negação da liberdade*. Platão seria o inimigo da sociedade democrática e da democracia[6].

---

5. Cf. em particular as obras de Popper e de Crossman citadas na nota 4 do capítulo precedente.

6. A obra de Popper encontra-se também em língua portuguesa: *A sociedade aberta e seus inimigos*, Belo Horizonte-São Paulo, Ed. Itatiaia-Edusp, 2ª ed., 1977. (N.d.T.)

A partir da obra de Popper, surgiu toda uma literatura, e não poucos foram os estudiosos que, refutando a interpretação totalitária de Platão, chamaram a atenção para temas e sugestões de espírito democrático e liberal presentes e operantes nos escritos do nosso filósofo[7].

Como se vê, ao se pretender ler a *República* em função das categorias próprias das ideologias políticas modernas, pode-se nela encontrar tudo e o contrário de tudo, seja o totalitarismo (de direita e de esquerda) seja a sua negação: em todo caso, é certo que, dessa maneira, se atraiçoa o significado autêntico do discurso político de Platão, que não é apenas ideologia mas, sobretudo, filosofia, metafísica e até escatologia do Estado.

Portanto, a perspectiva correta de leitura da *República,* uma vez desimpedido o terreno dos equívocos que acabamos de enumerar, permanece a que acima foi indicada: *Platão quer conhecer e formar o Estado perfeito para conhecer e formar o homem perfeito.*

O homem é a sua alma, dissera Sócrates. E Platão reforça essa afirmação não somente nos diálogos "místicos", mas exatamente na *República,* onde a leva às últimas consequências: o Estado, como veremos, é a alma ampliada, e veremos estabelecer-se entre a alma e o Estado essa correlação recíproca: se é verdade que o Estado é uma projeção ampliada da alma, não menos verdade é que, finalmente, a sede autêntica do verdadeiro Estado e da verdadeira política é justamente a alma, e a verdadeira Cidade é a "cidade interior", que não está fora, mas *dentro do homem*[8].

2. O Estado perfeito e o tipo de homem que a ele corresponde

O problema do qual parte Platão para a construção do seu Estado ideal nasce da necessidade de responder de maneira definitiva às críticas dissolventes que a sofística (em particular na sua corrente de-

7. Cf. especialmente a obra de Levinson, *In Defense of Plato*, e os vários ensaios de diversos autores recolhidos e publicados por R. Bambrough, *Plato, Popper and Politics*, Cambridge-Nova Iorque 1967.

8. Cf., mais adiante, pp. 270ss.

generada de políticos sofistas cujo expoente, Trasímaco, figura de modo emblemático entre as personagens da *República*) levantava contra a justiça. Nenhum dos argumentos tradicionais era capaz de responder a essas críticas, porque nenhum atingia a questão no seu fundo. Daqui a necessidade de formular a pergunta de modo radical e de dar-lhe uma resposta igualmente radical: *que é* a justiça (qual a sua essência ou natureza)? Que *valor* tem ela para o homem? A justiça possui uma validez interior ou, então, apenas uma utilidade meramente exterior, convencional, legal?

Já que a justiça tem a sua sede no indivíduo e exatamente por isso no Estado, no primeiro em proporções pequenas, no segundo em grandes proporções, será oportuno examiná-la onde ela reside na sua forma ampliada para melhor compreendê-la também onde se encontra na sua forma mais reduzida. Eis a passagem na qual Platão exprime esse conceito e que constitui uma das principais chaves de leitura de toda a *República*:

> — Respondi, pois [...] que a investigação para a qual nos dispúnhamos [i.é, resolver os problemas levantados em torno à justiça] não era fácil mas exigia, segundo acreditava, uma visão penetrante. Ora, já que não somos capazes de tanto parece-me, acrescentei, que a investigação pode ser feita da seguinte maneira: se alguém ordenasse aos que têm a vista curta ler de longe letras pequenas, e um deles se lembrasse que as mesmas letras se encontram em outra parte em grandes caracteres e sobre uma extensão maior, seria, penso, uma grande sorte para este poder ir primeiro ler as letras grandes e depois examinar as pequenas para ver se são as mesmas.
>
> — Sem dúvida, disse Adimanto, mas o que vês de semelhante, caro Sócrates, na investigação em torno da justiça?
>
> — Já vou dizer-te, respondi. Há uma justiça do indivíduo singular e há também a de todo o Estado?
>
> — Certamente, disse ele.
>
> — Mas o Estado é maior do que o indivíduo singular?
>
> — É maior.
>
> — Portanto, é provável que haja uma justiça maior no que é maior e mais fácil de se apreender. Assim, se quiseres, procuraremos primeiro o que é a justiça nos Estados; depois a observaremos, da mesma maneira, nos indivíduos, buscando na natureza do menor a semelhança com o maior.

— Parece-me, disse ele, que está muito bem dito.

— Pois bem, respondi, se considerássemos o Estado na sua gênese, veríamos com ele nascer a justiça e também a injustiça.

— É provável, disse ele.

— Assim, no formar-se do Estado não se pode esperar ver melhor o que procuramos?

— Muito melhor.

— Acreditais que convenha tentar levar a termo essa empresa? Penso que não seja coisa fácil; portanto, reflete bem.

— Já pensamos, disse Adimanto; faze o que acabas de propor[9].

Por que e como nasce o Estado?

Porque cada um de nós não é "autárquico", ou seja, porque não basta a si mesmo[10]. O tufo donde nasce o Estado é a nossa necessidade. E as nossas necessidades são múltiplas, de modo que cada um de nós necessita não de um ou de poucos, mas de muitos outros homens que atendam a essas necessidades. Nascem assim diferentes profissões que somente homens diversos podem exercer adequadamente. Com efeito, cada homem não nasce em tudo semelhante aos outros, mas com diferenças naturais e apto a fazer trabalhos diferentes[11].

Mas o Estado, além da classe que se aplica às profissões de paz, que tem em vista satisfazer às necessidades essenciais da vida, tem igualmente necessidade de uma classe de guardiães e guerreiros. Com efeito, com o crescer das necessidades, o Estado deve anexar outros territórios ou então, simplesmente, defender-se daqueles que, por razões análogas, quisessem apoderar-se de territórios que lhe pertencem[12]. Ora, os guardiães do Estado, em razão do mesmo princípio acima exposto, devem ser dotados, antes de tudo, de uma índole apropriada: o guardião deve ser como um cão de boa raça, dotado ao mesmo tempo de mansidão e de ousadia; deve ser forte e ágil no físico, irascível, valente e amante do saber na alma[13]. Além disso, se para a primeira classe de cidadãos não era necessária uma educação especial, pois as profissões usuais são fáceis de aprender, para a classe

9. *República*, II, 368 c-369 b.
10. Cf. *República*, II, 369 b.
11. Cf. *República*, II, 369 c ss.
12. Cf. *República*, II, 373 c ss.
13. Cf. *República*, II, 375 a ss.

dos guardiães do Estado é necessária uma educação muito acurada. A cultura (poesia e música) e a ginástica serão os instrumentos mais idôneos para educar o corpo e a alma do guardião. Trata-se da antiga paideia helênica, que porém Platão reforma de maneira bem determinada[14]. A poesia da qual se alimentará a alma dos jovens no Estado perfeito deverá ser purificada de tudo o que é moralmente indecente e indecoroso, e de tudo o que é falso, sobretudo no que diz respeito às narrações em torno aos Deuses[15]. Analogamente, no que se refere à música, serão eliminadas as harmonias langorosas que tornam a alma efeminada, e serão conservadas somente aquelas capazes de infundir coragem na guerra e espontaneidade nas obras de paz; assim se escolherão somente os ritmos apropriados e simples[16]. Também a ginástica deve ser apropriada e simples e não cair em nenhuma forma de excesso[17]. Ela andará junto com a educação da alma, já que a alma boa com a sua "virtude" pode tornar bom o corpo, mas não vice-versa[18]. E o fim último da ginástica deverá ser não somente e não tanto a robustez do corpo quanto também a robustez do elemento da nossa alma do qual procede a coragem[19]. A educação musical, pois, forma e robustece a parte racional da alma; a educação física, por meio do corpo, forma e robustece a parte irascível da alma; uma e outra produzem no homem acordo e harmonia perfeita.

A distinção das classes não está ainda completa. Com efeito, entre os guardiães será necessário distinguir aqueles que deverão *obedecer* e aqueles que deverão *mandar*. Esses últimos serão os dirigentes do Estado e deverão ser, exatamente, aqueles que, mais que todos, tenham amado a Cidade e, ao longo da vida, tenham realizado com maior zelo o que para ela é útil e bom (esses, como veremos, são os filósofos verdadeiros, que constituem a terceira classe)[20].

Essas três classes sociais, tão célebres e sobre as quais tanto se discutiu, nada têm a ver com as *castas*, na medida em que não são

---

14. Cf. *República*, II, 376 d ss. e III, *passim*.
15. Cf. *República*, II, 377 b; III, 398 a.
16. Cf. *República*, III, 398 c ss.
17. Cf. *República*, III, 403 c ss.
18. Cf. *República*, III, 403 d.
19. Cf. *República*, III, 410 b ss.
20. Cf. *República*, III, 412 b ss.

fechadas, mas abertas, embora em medida assaz moderada. Com efeito, se é verdade que no fundamento da distinção de classes está uma diferente *índole humana*, não menos verdade é que, de pais de determinada índole podem, embora raramente, nascer filhos de natureza e índole diferente e, então, eles passarão para a classe que tem índole correspondente à sua, tanto da mais alta para a mais baixa quanto vice-versa[21].

À primeira classe, formada por camponeses, artesãos e comerciantes é concedida a posse de bens e de riquezas (não muitas, mas também não muito escassas). Porém aos defensores do Estado não será concedida nenhuma posse de bens e riquezas; terão habitação e mesa comuns, e receberão víveres da parte dos outros cidadãos como compensação pela sua atividade. Esta limitação torna-se necessária em razão do bem superior e da felicidade do Estado: com efeito, não é somente uma classe que deve ser particularmente feliz no Estado perfeito já que, em vista da equilibrada felicidade do Estado na sua inteireza, cada classe deve participar da felicidade somente na medida em que a sua natureza o permite[22].

Os guardiães, além disso, devem cuidar que no Estado assim construído não se introduzam mudanças que poderiam arruiná-lo. Deverão estar atentos para que na primeira classe não penetre demasiada riqueza (que produz ócio, luxo e amor de novidades) como nem pobreza (que produz os vícios opostos, além do desejo de novidade), também para que o Estado não se torne demasiado grande nem demasiado pequeno, para que a índole e a natureza dos indivíduos correspondam às funções que exercem, para que se proceda à educação adequada dos melhores jovens, para que não se mudem as leis que regem a educação, e para que não se mude o ordenamento do Estado[23].

Agora que o Estado ideal foi delineado, é possível ver qual seja a natureza e o valor da justiça. E para individuar exatamente a justiça é necessário determinar as quatro virtudes fundamentais (as conhecidas virtudes cardeais, isto é, além da *justiça*, a *sapiência*, a *fortaleza*, e a *temperança*). O Estado perfeito deverá necessariamente possuí-las, todas as quatro.

---

21. Cf. *República*, III, 415 a-d; IV, 423 c-d.
22. Cf. *República*, IV, 419 a ss.
23. Cf. *República*, IV, 423 c ss.

O Estado que descrevemos possui a *sapiência* (σοφία) porque tem *bom conselho* (εὐβουλία) e o bom conselho é uma ciência (ἐπιστήμη) distinta das ciências e técnicas particulares, tendo como objeto o modo correto de comportar-se do Estado com relação a si mesmo e com relação aos outros Estados, e é possuída somente pelos guardiães perfeitos, ou seja, pelos governantes. O Estado é sábio pela classe dos seus governantes[24].

A *fortaleza* ou *coragem* (ἀνδρεία) é a capacidade de conservar com constância a opinião reta em matéria de coisas perigosas ou não, sem deixar-se vencer pelos prazeres ou pelas dores, pelos medos ou pelas paixões. A fortaleza é virtude própria sobretudo dos guerreiros e o Estado é forte pela classe dos seus guerreiros[25].

A *temperança* (σωφροσύνη) é uma espécie de ordem, de domínio ou disciplina (ἐγκράτεια) dos prazeres e dos desejos. É a capacidade de submeter a parte pior à parte melhor. Essa virtude se encontra particularmente na terceira classe dos cidadãos, mas não é exclusiva dela e se estende por todo o Estado, fazendo com que as classes inferiores estejam em perfeita harmonia com as superiores. O Estado temperante é aquele no qual os mais fracos estão de acordo com os mais fortes e os inferiores em plena harmonia com os superiores[26].

Finalmente, chegamos à *justiça* (δικαιοσύνη). Ela coincide com o próprio princípio segundo o qual o Estado ideal é construído, ou seja, com o princípio segundo o qual *cada um deve fazer somente aquilo que por natureza e, portanto, por lei, é chamado a fazer.* Quando cada cidadão e cada classe atende às próprias funções do melhor modo, então a vida do Estado se desenrola de maneira perfeita e temos exatamente o Estado justo[27].

Se, como vimos no início, o Estado não é senão a ampliação do homem e da sua alma, às três classes sociais do Estado deverão corresponder três formas ou faculdades na alma:

> Ora, não nos é acaso [...] absolutamente necessário convir que em cada um de nós existem as mesmas formas e características que há também no

24. Cf. *República*, IV, 428 b ss.
25. Cf. *República*, IV, 429 a ss.
26. Cf. *República*, IV, 430 d ss.
27. Cf. *República*, IV, 432 b ss.

Estado? Pois, na verdade, elas não apareceram no Estado provindas de outra origem[28].

Mas eis a prova sobre a qual Platão fundamenta a tríplice distinção das faculdades da alma. Verificamos em nós três diferentes atividades: *a*) pensamos; *b*) nos inflamamos e nos enchemos de ira; *c*) desejamos os prazeres da geração e da nutrição. Ora, não é possível que desempenhemos essas três atividades com a mesma faculdade, porque,

> [...] a mesma coisa nunca será capaz de fazer ou sofrer juntamente coisas contrárias na mesma parte e sob o mesmo respeito[29].

Com efeito, justamente assim se comportam as três atividades que acabamos de enumerar: fazem e sofrem coisas contrárias em relação ao mesmo objeto. Diante dos mesmos objetos, verificamos que há em nós uma tendência que nos impele para eles, e é o *desejo,* outra que nos retém em face deles e sabe dominar o desejo, e é a *razão*. Mas há uma terceira tendência, aquela pela qual nos enchemos de *ira* e que não é nem razão nem desejo. Ela é diferente da razão porque é passional, mas também é diferente do desejo porque pode ser oposta a ele (por exemplo quando ficamos irados por ter cedido ao desejo como a uma força que nos fez violência). Por conseguinte, assim como três são as classes do Estado, assim são três as partes da alma: a *racional* (λογιστικόν), a *irascível* (θυμοειδές) e a *apetitiva* (ἐπιθυμητικόν); pela sua natureza, a irascível está do lado da razão, mesmo não sendo razão, mas pode igualmente aliar-se com a parte mais baixa da alma, se for estragada pela má educação.

Essa correspondência entre as classes do Estado e as faculdades da alma implica uma consequente correspondência entre as virtudes do Estado e as virtudes do cidadão. Eis a página paradigmática na qual Platão fixa, em analogia com as virtudes da Cidade, as virtudes cardeais do homem:

> — Penso que diremos também, Glauco, que o homem é justo do mesmo modo que a Cidade é justa.
> — É uma conclusão necessária.

---

28. *República*, IV, 435 e.
29. *República*, IV, 436 b.

— Mas eis o de que não nos esquecemos de modo algum, a saber, de que a Cidade era justa porque sendo nela três as classes, cada uma cumpre a sua função.

— Não creio, disse ele, que o tenhamos esquecido.

— Devemos também lembrar-nos no que diz respeito a nós mesmos que, cada uma das faculdades cumprindo a sua função, esse será justo e fará o que deve.

— Disso devemos bem lembrar-nos, replicou ele.

— Portanto, à parte *racional* convém mandar, como quem é sábia e tem a incumbência de velar sobre toda a alma, e à parte *irascível* ser súdita e auxiliar dela?

— Sem dúvida.

— Como antes dissemos, não será a boa mescla da música e da ginástica que as porá de acordo entre si, estimulando a uma e alimentando-a com belos discursos e ensinamentos, distendendo a outra e exortando-a, acalmando-a com a harmonia e o ritmo?

— Certamente, disse ele.

— Ora, essas duas faculdades, assim educadas e instruídas verdadeiramente a fazer o que lhes é próprio, deverão governar a *faculdade do desejo* que, em cada um é a parte maior da alma e que, pela sua natureza, é insaciável de riquezas; devem vigiá-la para que não aconteça que, saciando-se com os chamados prazeres do corpo, cresça e se torne forte e não só não cumpra mais o seu ofício, mas procure submeter e dominar também aquelas partes que não lhe dizem respeito, e assim perturbe a vida de todas.

— Exatamente, disse ele.

— Estas duas portanto, disse eu, acaso não guardariam da maneira mais bela toda a alma e todo o corpo dos inimigos externos, uma aconselhando, a outra combatendo, esta porém obedecendo a quem manda e cumprindo com fortaleza o que foi decidido pelo conselho?

— Assim é.

— E também não chamaremos de forte um indivíduo em razão dessa parte da sua alma, quando a sua faculdade irascível (θυμοειδές) saiba mantê-lo em meio às dores e aos prazeres fiel ao que por parte da razão lhe foi dito ser temível ou não?

— E com justiça, disse ele.

— E sábio chamaremos um indivíduo em razão dessa pequena parte que nele governa e formula tais preceitos, tendo ela também [i.é, como os governantes do Estado] em si mesma a ciência do que é conveniente a cada parte e à comunidade das três.

— Exatamente.

— E então? Não chamaremos de temperante um indivíduo em razão da amizade e do acordo das três partes, quando a que manda e as duas que obedecem estão de acordo em que a razão deva governar e não se revoltem contra ela?

— Efetivamente, disse ele, a temperança não é senão isto tanto na Cidade como no indivíduo[30].

É claro então que, sendo a justiça a disposição das faculdades da alma que faz com que cada uma cumpra a função que lhe é própria (τά ἑαυτοῦ πράττειν) e, de acordo com a sua natureza, domine ou se deixe dominar, ela é algo que diz respeito não à atividade exterior, mas à interior, ou seja, à própria vida da alma. Com isso se resolve igualmente o problema do *valor* da justiça. Ela é *segundo a natureza* e é, como a virtude em geral, saúde, beleza, estado de bem-estar da alma, ao passo que a injustiça e o vício são a feiura e a doença da alma. E como o Estado feliz é somente aquele que cumpre ordenadamente as suas funções segundo a justiça e as outras virtudes, assim alma feliz é somente aquela que desenvolve as suas atividades ordinárias segundo a justiça e as outras virtudes, ou seja, de acordo com o que é a sua natureza verdadeira (κατὰ φύσιν)[31].

3. O sistema da comunidade de vida dos guerreiros e a educação da mulher no Estado ideal

Antes de tratar dos Estados degenerados, Platão aprofunda dois grupos de questões, o primeiro dos quais consiste numa série de consequências que derivam do fato de ter posto o princípio de que a classe dos guardiães do Estado *deve ter todas as coisas em comum*: além da habitação e da mesa, também as mulheres, os filhos, a criação e a educação da prole[32].

Uma primeira consequência derivada por Platão é a de entregar às mulheres dos guardiães as mesmas casas entregues aos homens e, portanto, a de educar as mulheres com a mesma paideia ginástico-musical da qual acima se falou. A reforma que Platão propõe é verdadeiramente revolucionária para o seu tempo, uma vez que, em geral,

30. *República*, IV, 441 d-442 d.
31. Cf. *República*, IV, 444 d.
32. Cf. *República*, V, 449 c ss.

o grego recolhia a mulher no recinto das paredes domésticas, confiava-lhe a administração da casa e a criação dos filhos e a mantinha longe das atividades de cultura e de ginástica, das atividades bélicas e políticas.

Eis o raciocínio sobre cujo fundamento Platão opera a inversão conceitual da função da mulher grega:

> — Não há pois, meu amigo, nenhum ofício da administração do Estado próprio da mulher *porque mulher,* nem do homem *porque homem,* mas as disposições da natureza estão igualmente repartidas entre os dois sexos, a mulher é chamada pela natureza a todas as funções, assim como o homem; apenas ela é, em todas, mais fraca que o homem.
>
> — Certamente.
>
> — Sendo assim, iremos impor todos os ofícios ao homem e nenhum à mulher?
>
> — E como?
>
> — Mas diremos que existe, creio, uma mulher que é apta para a medicina e outra não, uma mulher que tem aptidões para as artes das Musas e outra que não tem.
>
> — Certamente.
>
> — E haverá uma mulher que tem disposições para a ginástica e para a guerra e outra que é pacífica e inimiga da ginástica?
>
> — Penso que sim.
>
> — E também uma mulher que é amiga da sapiência e outra que é inimiga da sapiência. Uma corajosa e outra não-corajosa?
>
> — Também isso.
>
> — Portanto existe a mulher que serve para ser guardiã e outra que não serve; e não foi em razão dessas qualidades que escolhemos a natureza dos guardiães?
>
> — Exatamente.
>
> — Assim, tanto no homem como na mulher há a mesma disposição para a guarda do Estado, excetuando o fato de que um é mais forte do que a outra[33].

Assim sendo, essa mesma natureza que há na mulher e no homem deverá ser educada da mesma maneira; as mulheres, como os homens, se exercitarão despidas nas palestras, revestidas de virtude e não de roupas e, sem dever ocupar-se de outra coisa, tomarão parte

33. *República*, V, 455 d-456 a.

na guarda do Estado e também na guerra (haverá somente o cuidado de confiar-lhes tarefas menos pesadas, em razão do seu menor vigor por relação aos homens)[34].

Uma segunda consequência, que deriva imediatamente da anterior, é a eliminação do instituto da família para a classe dos guardiães, já que as mulheres (assim como os homens) não deverão ocupar-se de outra coisa a não ser da guarda do Estado (a família é mantida, assim como a propriedade, para a classe inferior). As mulheres dos guardiães serão comuns e também os filhos serão comuns[35].

As núpcias serão reguladas pelo Estado e declaradas sagradas, e se procederá de maneira que as mulheres mais dotadas se unam aos homens igualmente mais dotados, de sorte a que a raça se reproduza da melhor maneira possível. Além disso, o Estado usará de todas as indústrias oportunas, a fim de que as melhores entre todas se unam aos melhores entre todos, o maior número possível de vezes. E os filhos desses casais serão criados, ao passo que não o serão os filhos dos casais piores, sem que porém isso se torne conhecido. Haverá a simulação de um sorteio para os casais, mas de tal sorte que se obtenha sempre o efeito desejado[36].

Os filhos serão imediatamente tirados das mães; mães e pais não deverão reconhecer os filhos. Além disso, somente homens entre trinta e cinquenta e cinco anos e mulheres entre vinte e quarenta anos terão direito de gerar filhos. Se um filho for concebido em união de homens e mulheres não em regra com a idade, não se deixará que nasça e, se nascer, será exposto e não será criado[37].

Todas as crianças que nasceram entre o sétimo e o décimo mês a partir do dia em que o homem e a mulher tiverem celebrado as núpcias deverão ser considerados seus filhos e filhas. Por sua vez, eles chamarão pai e mãe todos os homens e todas as mulheres que contraíram matrimônio entre o décimo e o oitavo mês anterior ao seu nascimento. Por conseguinte, todos os que nasceram no período em que seus pais e suas mães procriavam tratar-se-ão entre si por irmãos e irmãs[38].

---

34. Cf. *República*, V, 457 a.
35. Cf. *República*, V, 457 c-d.
36. Cf. *República*, V, 458 e ss.
37. Cf. *República*, V, 460 b ss.
38. Cf. *República*, V, 461 d.

São essas as leis do Estado platônico que, como é óbvio, suscitaram as reações mais ardorosas e por muitos foram consideradas simplesmente absurdas. Mas antes de proceder à sua avaliação, convém entender a intenção que as anima. Platão quer tirar dos guardiães uma *família sua particular* para oferecer-lhes uma muito maior. Com efeito, não somente a posse de bens materiais divide os homens, mas também a posse daquele bem peculiar que é a família desperta de várias maneiras o egoísmo humano. Tendo posto em comum também a família, os guardiães de nada mais poderão dizer "é meu", porque tudo absolutamente será comum, à exceção do corpo.

Eis a passagem mais significativa a esse respeito, que é indispensável meditar se se quiser captar o sentido próprio do comunismo platônico:

— Há um mal maior para o Estado do que aquele que o desmembra e de um produz muitos? ou um maior bem do que aquele que o articula e faz com que seja uno?

— Não, não há.

— Ora, a comunhão dos prazeres e das dores não é o que o articula quando os cidadãos, na medida do possível, juntamente se alegram e se entristecem pelos mesmos ganhos e pelas mesmas perdas?

— É exatamente assim, disse ele.

— Tornar privado esse sentimento acaso não o divide, quando uns estarão muito alegres e os outros muito tristes a respeito dos mesmos acontecimentos que afetam o Estado e os cidadãos no Estado?

— Como não?

— E essa consequência não deriva do fato de que no Estado não há uma só voz dos cidadãos a dizer *meu* e *não meu,* o mesmo acontecendo a respeito de algo que não lhes é *próprio?*

— Sem dúvida.

— Ao contrário, no Estado em que o maior número de cidadãos, a respeito da mesma coisa e segundo o mesmo sentido diz juntamente *é meu* e *não é meu,* não haverá um ótimo governo?

— Sim, ótimo.

— E não é também o que melhor se assemelha a um único indivíduo? Por exemplo, quando em algum de nós se fere um dedo, toda a comunidade das partes do corpo com a alma, ordenada sob o princípio que a rege, sofre com a parte ferida e é assim que dizemos que o homem tem uma ferida no dedo; e o mesmo se diga de qualquer outra parte do homem, quanto à dor se é ferida, e quanto ao prazer se sara.

— O mesmo, disse ele; e quanto ao que perguntas, o Estado melhor governado é o que mais se aproxima do modelo do indivíduo.

— Se acontece algo de mal ou de bom a um único cidadão, esse Estado será, penso, o primeiro a dizer que é a ele que acontece e juntamente ficará alegre ou triste[39].

Levando-se em conta essas afirmações, é claro que o comunismo platônico não tem nada a ver com o coletivismo moderno, seja por razões históricas, seja por razões teóricas. O coletivismo moderno, do ponto de vista histórico, supõe a revolução industrial, o capitalismo, o proletariado da grande cidade, e se aplica sobretudo à esfera econômica; do ponto de vista teórico, ele nasce de uma concepção materialista do homem. Ao contrário, o comunismo platônico nasce de instâncias completamente diferentes, ou seja, exatamente, da exigência de ter a classe dos guardiães totalmente disponível para o governo e para a defesa do Estado e deixa completamente de fora a classe trabalhadora que, sozinha, produz e administra toda a riqueza. Além disso, as motivações teóricas desse comunismo são decididamente espiritualistas e quase ascéticas.

Os guardiães da Cidade platônica, diz muito bem Taylor, "estão mais na posição de uma ordem monástica militar da Idade Média do que na de uma burocracia coletivista"[40]. Analogamente observa Jaeger: "Mais tarde a Igreja, em face da sua classe dominante, o clero, resolveu o mesmo problema com o celibato obrigatório dos padres. Mas para Platão que, de resto, viveu da sua parte como um celibatário, a solução não podia ser esta não só pela razão negativa, a saber, que para ele o matrimônio não era ainda moralmente inferior ao celibato, mas porque a minoria dominante no seu Estado representa, física e espiritualmente, a *elite* da população, e é necessário que justamente dela nasça a nova *elite*. Assim o motivo da proibição de toda posse individual, mesmo da posse de uma mulher, combina-se com o princípio da seleção racial no conduzir à teoria da comunidade de mulheres e filhos para os guerreiros"[41].

Em todo caso, para voltar à questão de fundo, permanece verdade que, por mais nobre que tenha sido o fim almejado por Platão

---

39. *República*, V, 462 a-e.
40. Taylor, *Platone*, p. 432.
41. Jaeger, *Paideia*, II, p. 418.

(unificar a Cidade como uma grande família, cortando pela raiz tudo o que fomenta os egoísmos humanos), os meios que indicou não somente se mostram inadequados, mas decepcionantes. Considerando bem, em todas essas doutrinas o erro fundamental permanece o mesmo, e consiste em considerar a raça mais importante do que o indivíduo, a coletividade mais do que o sujeito singular. Platão, como todos os gregos antes dele (e também depois dele, até o aparecimento das correntes helenísticas), não teve claro o conceito de homem como indivíduo e como singular único e não-repetível, e não logrou entender que nesse ser uma *individualidade* singular e não repetível está o supremo valor do homem[42].

4. O filósofo e o Estado ideal

No quadro do Estado ideal aqui reconstruído, falta ainda a parte mais significativa, vale dizer, a caracterização específica dos "governantes" ou "regentes" supremos do Estado e sua peculiar *paideia* ou *educação*. É exatamente a concepção da natureza dos governantes que revela, além do fundamento teórico, a possibilidade de realização do Estado platônico. Conhecemos já a tese e ela pode ser resumida dessa maneira: condição necessária e também suficiente para que se realize o Estado ideal é que os filósofos se tornem governantes e os governantes, filósofos. Portanto, o filósofo não somente projeta teoricamente o Estado perfeito, mas é também só o filósofo que pode realizá-lo e fazê-lo entrar na história. Eis a célebre afirmação platônica:

— Mas presta atenção no que eu digo.

— Fala, disse ele.

— Se, continuei, *ou os filósofos não sejam reis na sua cidade ou os que ora se dizem reis e soberanos não se entreguem honesta e convenientemente a filosofar, e uma coisa e outra não coincidam na mesma pessoa, isto é, o poder político e a filosofia,* e se, de outra parte, não sejam afastados

42. Como veremos mais adiante (pp. 272ss.), Platão chega, por intuição, a algumas asserções que, se conscientemente aprofundadas, teriam podido levar à descoberta do indivíduo e do seu valor; mas ele utilizou aquelas asserções em direção oposta.

dos negócios públicos aqueles muitos que tendem separadamente a uma e a outra coisa, não haverá, caro Glauco, repouso dos males para o Estado e, creio, nem mesmo para o gênero humano a menos que a constituição que ora traçamos não se mostre possível e não veja a luz do sol[43].

Afirmação solenemente repetida e estendida, no que concerne à sua possibilidade, não só ao presente mas também ao passado e ao futuro:

Obrigados pela verdade, dizíamos que nem Estado nem Governo e, deste modo, nem mesmo um homem, poderia tornar-se perfeito *antes que a estes poucos filósofos,* chamados agora não de maus, mas tidos como inúteis, *não aconteça por uma sorte favorável,* queiram eles ou não, *a necessidade de assumir o cuidado do Estado, e à cidade de obedecer-lhes; ou então que aos filhos dos poderosos ou reis de agora ou a esses mesmos alguma divina inspiração não infunda o amor da verdadeira filosofia.* Que seja impossível acontecer uma dessas duas coisas ou as duas juntamente, não há razão nenhuma para afirmá-lo; senão, seríamos com razão expostos ao ridículo por estar nos entretendo acerca de quimeras. Ou não é assim?

— É assim, certamente.

— Tenha pois acontecido ou não aos perfeitos filósofos essa necessidade de governar o Estado *no tempo infinito que já passou,* ou aconteça agora em algum país bárbaro longe daqui e fora do nosso conhecimento, ou venha a acontecer *no futuro*, ao menos isto estamos prontos a sustentar, a saber, que o Estado que descrevemos foi, é e será tal, todas as vezes que esta Musa filosófica *se tornar senhora da cidade.* Com efeito, nem é impossível que tal aconteça nem nós dizemos coisas impossíveis; mas que sejam difíceis somos os primeiros a admiti-lo.

— Assim parece também a mim, disse ele[44].

Qual seja a significação desta afirmação (que Platão introduz com circunspecção, para que seu aparente caráter paradoxal não prejudique o seu valor de verdade, mas ao mesmo tempo, com extrema decisão), é agora fácil determinar desde que se tenham presentes o conceito de filosofia acima exposto e, particularmente, os resultados da "segunda navegação". Colocar o filósofo como construtor e regente do Estado significa *colocar o Divino e o Absoluto como medida suprema e, portanto, fundamento do Estado.* O filósofo, depois de ter

43. *República*, V, 473 c-d.
44. *República*, VI, 499 b-d.

alcançado o divino, contempla-o e o imita, plasma a si mesmo de acordo com ele e, por conseguinte, posto à frente do Estado, plasma e conforma o Estado segundo a mesma medida.

Eis uma passagem fundamental da *República* na qual Platão expressamente trata desse conceito:

— De fato, Adimanto, para quem tem verdadeiramente o seu pensamento voltado para o que é [= o ser suprassensível], não há tempo de descanso para olhar para baixo, para os afazeres dos homens e, ao fazer-lhes a guerra, encher-se de inveja e má vontade; mas olhando e contemplando coisas bem ordenadas e sempre idênticas que entre si, nem fazem nem sofrem injúria, mas estão sempre no seu lugar e obedecendo à razão, a essas ele as imita e, quanto possível, se torna semelhante a elas. Ou crês que seja possível não imitar uma coisa com a qual se vive e que se admira?

— É impossível, disse.

— *O filósofo, portanto, entretendo-se sempre com o que é divino e ordenado, torna-se ele também divino e ordenado na medida em que é possível ao homem;* mas em todas as coisas se encontra sempre algo que censurar.

— Exatamente assim.

— Se, por conseguinte, ele se visse na necessidade de adaptar aos costumes públicos e privados o que ele vê lá no alto [= o divino] e *não contentar-se só com plasmar-se a si mesmo,* crês que será ele um mau artífice de temperança, de justiça, e de todas as outras virtudes cívicas?

— De modo algum, disse ele.

— Mas quando a maioria cair na conta de que falamos a verdade a respeito do filósofo, continuará a hostilizá-lo e a não acreditar em nós quando dizemos que *o Estado não poderá ser feliz enquanto seu plano não for traçado por aqueles pintores que utilizam um modelo divino?*

— Não continuará a hostilizá-lo, desde que entenda isso. Mas de que modo será esse plano?

— Tomando a Cidade e os costumes dos homens como se fossem uma tela, primeiramente deverão limpá-la bem, o que não é fácil; mas podes acreditar que logo se distinguirão dos outros ao não querer ocupar-se de indivíduo nem de Cidade nem de escrever-lhes as leis, antes de recebê-los limpos ou de limpá-los eles mesmos.

— Com razão, disse ele.

— Depois disso crês que já podem traçar a figura da constituição?

— Porque não?

— Penso, pois, que ao executá-la deverão olhar continuamente de uma parte e de outra, *de um lado ao que é justo por si mesmo, belo e sensato e a outras virtudes semelhantes, de outro ao que podem fazer nos homens, misturando e temperando a cor humana com diversas ocupações, inspirando-se no exemplar que Homero, quando o encontrou entre os homens, chamou divino e semelhante aos Deuses.*

— Muito bem, disse ele.

— E em parte deverão apagar, em parte pintar de novo até que façam os costumes humanos, *na maior medida possível, caros a Deus*[45].

O discurso platônico alcança, pois, a máxima clareza desejável, proclamando a suprema Ideia do Bem, ou seja, o Bem em si como "modelo" supremo ou "paradigma" do qual o filósofo deve servir-se para regular a própria vida e a vida do Estado[46]. Com isso, o Estado platônico alcança sua plena definição: ele pretende a entrada do Bem na comunidade dos homens por meio daqueles poucos homens (justamente os filósofos) que souberam elevar-se à contemplação do Bem. E já que, como vimos, a Ideia do Bem é o divino no mais alto grau, o Estado platônico torna-se, por conseguinte, a tentativa de organizar a vida associada dos homens na base do mais elevado fundamento teológico. O Divino torna-se, assim, além de fundamento do ser e do cosmo, e da vida privada dos homens, também o fundamento da vida dos homens na dimensão política, o eixo fundamental verdadeiro da polis[47].

A esse propósito, Jaeger escreve: "A obra máxima platônica [...] é um *Tractatus theologico-politicus* no sentido mais próprio do termo. O mundo grego não conheceu, por mais íntimo que nele possa ter sido o laço entre religião e estado, um domínio sacerdotal fundado sobre dogmas. Mas, com o Estado platônico, a Hélade criou um ideal ousado e digno dela, a ser contraposto às teocracias sacerdotais do Oriente: *o ideal de um domínio dos filósofos construído sobre a capacidade da inteligência indagadora do homem de alcançar o conhecimento do Bem divino*"[48]. Este, na realidade, é o estatuto verdadeiro da *Cidade platônica* ideal.

---

45. *República*, VI, 500 b-501 c.
46. Cf. *República*, VI, 505 a; VII, 540 a-b (transcrevemos esta passagem na p. 262).
47. Cf. *República*, livros VI e VII, *passim*.
48. Jaeger, *Paideia*, II, p. 518.

5. A educação dos filósofos no Estado ideal e o "conhecimento máximo"

Num Estado tal como idealizado por Platão, tornam-se da máxima importância a seleção de jovens dotados de natureza filosófica autêntica (ou seja, de jovens nos quais a parte racional da alma domina sobre as outras duas) e a sua educação.

Para os que são destinados a tornar-se governantes-filósofos, a educação ginástico-musical, que vimos estabelecida para os guardiães em ge-ral, não constitui senão um momento propedêutico. Com efeito, esse ti-po de educação é capaz de tornar o homem harmônico, e a sua vida bem ordenada, mas não é capaz de levar ao conhecimento das causas das quais dependem aquela ordem e aquela harmonia. Resumidamente podemos dizer que a paideia ginástico-musical produz os efeitos do Bem, mas não *o conhecimento do Bem.* Ao invés, é esta a meta da educação filosófica: alcançar o "conhecimento máximo" (μέγιστον μάθημα), vale dizer, a posse do "Bem em si" na ordem do conhecimento[49].

Para chegar ao "conhecimento máximo" não há atalhos, mas há somente o "longo caminho"[50], o caminho que do sensível leva ao suprassensível, do corruptível ao incorruptível, do devir ao ser, e que não é outro senão o caminho da "segunda navegação".

O longo caminho do ser passa através da aritmética, da geometria plana e no espaço, da astronomia e da ciência da harmonia: com efeito, todas essas ciências obrigam a alma a empregar a inteligência e a entrar em contato com uma parte do ser privilegiado (os entes e as leis aritmético-geométricas). Mas o trecho que é de longe o mais exigente e árduo do longo caminho é constituído pela dialética, com a qual a alma se desliga completamente do sensível para alcançar o puro ser das Ideias e, avançando através das Ideias, chega à visão do Bem, ao "conhecimento máximo"[51].

Podemos dizer, em resumo, que o método e o conteúdo da paideia dos governantes e dirigentes do Estado são exatamente o método e o conteúdo da filosofia platônica que acima expusemos.

---

49. Cf. *República*, VI, 504 d ss.

50. Cf. *República*, IV, 435 d; VI, 503 e-504 e. O sentido desse *longo caminho* foi bem esclarecido por Jaeger, *Paideia*, II, pp. 483ss.

51. Cf. *República*, VI, 525 d ss.

No entanto, convém chamar a atenção ainda sobre algumas observações de Platão.

Os primeiros ensinamentos matemáticos deverão ser propostos quase sob forma de jogo e não impostos, porque somente assim se mostrarão eficazes e capazes de revelar a natureza dos jovens:

> — Portanto, a ciência do cálculo e a da geometria, e toda disciplina preparatória que deve ser ensinada antes da dialética, devemos propô-la a eles enquanto são ainda meninos, sem porém fazer dela um sistema de doutrinas que deva ser aprendido por obrigação.
> — Por quê?
> — Porque, respondi, o homem livre não deve aprender ciência alguma segundo o modo dos escravos. Com efeito, se as fadigas do corpo suportadas à força nem por isso tornam o corpo pior, *na alma, ao contrário, não poderá durar nenhum ensinamento forçado.*
> — É verdade, disse ele.
> — Por conseguinte, meu caro, disse eu, os meninos no estudo não devem ser educados com a violência, *mas com jogos, a fim de que sejas capaz de descobrir para que cada um nasceu*[52].

Na idade de vinte anos, os que se tiverem assinalado nesses estudos, nas fadigas e na capacidade de enfrentar perigos de vária natureza, serão educados a entender as afinidades existentes entre as disciplinas aprendidas no ciclo precedente e a compreender o laço superior de afinidade entre essas disciplinas e a *natureza do ser* (τοῦ ὄντος φύσις)[53]. Durante esse segundo ciclo que dura dos vinte aos trinta anos, será preciso descobrir quais são os jovens dotados de natureza dialética:

> E esta é a prova máxima da aptidão ou da inaptidão à dialética: quem sabe ver o conjunto é dialético, quem não sabe não o é[54].

A natureza do dialético é *a capacidade de ver o conjunto* (σύνοψις), a capacidade que o próprio Platão define como o tender da alma "ao inteiro (ὅλον) e ao todo (πᾶν)"[55].

Aos trinta anos, os que tenham revelado natureza dialética serão postos à prova para verificar:

---

52. *República*, VII, 536 d-537 a.
53. *República*, VII, 537 c.
54. *Ibidem*.
55. *República*, VI, 486 a.

> [...] quem seja capaz, prescindindo dos olhos e dos outros órgãos do sentido, de subir junto com a verdade até o que é verdadeiramente[56].

Aqueles que superarem a prova serão educados na dialética por cinco anos[57].

Dos trinta e cinco aos cinquenta anos, deverão voltar a ser provados com a realidade empírica, assumindo comandos militares e diversos cargos.

Somente aos cinquenta anos termina a paideia dos governantes:

> Chegados aos cinquenta, aqueles que tenham sobrevivido e se assinalado em tudo e por tudo nos estudos e nos trabalhos devem ser levados ao termo último e obrigados, levantando para o alto o olhar da alma, *a contemplar justamente o ser que ilumina todas as coisas, a fim de que, tendo visto o bem em si mesmo, nele se inspirem como modelo para ordenar pelo resto da sua vida a cidade, os indivíduos e a si mesmos*, cada um da sua parte ocupando-se de filosofia a maior parte do tempo, mas, chegada a sua vez, suportando os aborrecimentos da política, assumindo sucessivamente o governo para o bem da comunidade, *não porque seja uma coisa bela, mas porque é uma coisa necessária;* assim, depois de ter formado continuamente outros cidadãos segundo o seu próprio modelo e deixando-os em seu lugar na guarda do Estado, irão habitar nas ilhas dos bem-aventurados [...][58].

E assim como para a classe dos guardiães guerreiros Platão não faz distinção entre homem e mulher pensando que, sendo os dotes iguais, devam receber a mesma educação e exercitar as mesmas funções no Estado, assim coerentemente ele reafirma o mesmo princípio para a classe dos governantes:

> — Caro Sócrates, disse ele, teus governantes são de uma beleza perfeita e assim os faria um estatuário.
>
> — *E também as governantas,* caro Glauco, disse eu. *De fato, não deves crer que o que eu disse o tenha dito mais para os homens do que para as mulheres, pelo menos para aquelas que tenham recebido uma natureza apropriada.*
>
> — E é justo, disse ele, se tudo deve ser igual e comum para os dois sexos, como vimos[59].

---

56. *República*, VII, 537 d.
57. Cf. *República*, VII, 539 e.
58. *República*, VII, 540 a-b.
59. *República*, VII, 540 c.

Esta é, sem dúvida, a revalorização mais radical e mais audaz da mulher feita na Antiguidade.

Observemos ainda um último ponto.

O filósofo, tendo chegado à contemplação do Bem e do ser supremo, desejaria naturalmente viver o resto da vida *contemplando.* Mas isto não lhe é concedido em razão de uma dívida estrita contraída por ele para com o Estado: ele chegou às alturas onde poucos chegam e realizou a sua natureza graças à *paideia* e aos cuidados do Estado, e por isso é justo que volte a ocupar-se dos outros, para conseguir para eles as vantagens que somente ele, tendo alcançado a visão do Bem, pode trazer-lhes. O Estado não pode permitir que somente uma das suas classes tenha o privilégio de uma felicidade extraordinária, mas deve fazer com que as classes se proporcionem vantagens recíprocas segundo a sua capacidade[60].

O supremo "poder político" na visão platônica torna-se, pois, o supremo e necessário "serviço" daquele que, tendo contemplado o Bem, o faz descer na realidade e, através da práxis política, o distribui aos outros.

6. Os Estados corrompidos e os tipos humanos que lhes correspondem

A construção do Estado perfeito e a análise do tipo humano que lhe corresponde almejava demonstrar, como vimos, que existe uma correspondência estrutural entre virtude e felicidade, e que a segunda não é senão o natural e necessário efeito da primeira. Mas Platão não se contenta com a prova direta, e nos livros oitavo e nono da *República* oferece também uma espécie de *contraprova,* procedendo à análise das formas de constituição degeneradas e dos tipos humanos que lhes correspondem, com o fim de demonstrar que, na mesma medida em que eles decaem da virtude, perdem igualmente a felicidade.

Toda essa parte das análises platônicas é sustentada pelo princípio da correspondência perfeita entre a alma e os costumes do indivíduo, e as instituições do Estado: os governos e as constituições, ele

60. Cf. *República*, VII, 520 e-521 b.

diz, "não provêm de um carvalho ou de uma rocha", mas "dos costumes morais que existem no Estado"[61].

As formas corrompidas do Estado enumeram-se na seguinte ordem: 1) a *timocracia,* que é uma forma de governo que se apoia sobre o reconhecimento da honra (que em grego se diz justamente τῖμος, donde o nome timo-cracia) como valor supremo; 2) a *oligarquia* que é uma forma de governo fundada sobre a riqueza entendida como valor supremo (e, portanto, em mãos dos poucos que detêm as riquezas); 3) a *democracia*, que Platão entende no sentido pejorativo de demagogia; 4) a *tirania*, que representa, para o nosso filósofo, um verdadeiro flagelo da humanidade.

O Estado ideal que nos é descrito por Platão é uma "aristocracia" no sentido mais forte e mais significativo do termo, vale dizer, um Estado guardado e governado pelos *melhores* por natureza e por educação, fundado sobre a *virtude* como valor supremo e caracterizado pela primazia, nos seus cidadãos, da parte racional da alma.

A "timocracia" (que Platão identificava substancialmente com o regime político espartano) rompe já esse equilíbrio essencial do Estado perfeito, porque substitui a honra à virtude, buscando, por assim dizer, o efeito sem a causa. Nessa forma de Estado, a mola da vida pública é a *sede de honras* e, portanto, a ambição, enquanto na vida particular já prevalece, habilmente escondida e mascarada, a *sede de dinheiro.* Na alma do cidadão desse Estado, acontece já um desequilíbrio entre as diversas faculdades, entre a parte racional e as duas partes irracionais, até que a parte mediana (a "inflamada" ou "irascível") não acabe por predominar sobre as outras[62].

A "oligarquia" é, para Platão, como já acenamos, essencialmente uma "plutocracia". Ela assinala uma decadência ulterior dos valores, porque o senhorio da *riqueza*, bem puramente exterior, se substitui ao da virtude. Apenas os ricos gerem a coisa pública; a virtude e os bons são postos na sombra e a pobreza e o pobre são, sem mais, desprezados. Torna-se fatal o conflito entre *ricos* e *pobres* e permanece um conflito sem possibilidade de mediação (por falta de um valor comum que seja superior à riqueza e à pobreza, pois a virtude é transcurada

61. *República*, VIII, 544 d-e.
62. Cf. *República*, VIII, 545 d ss.

tanto pelos ricos como pelos pobres). Assim, gastando a vida em fazer dinheiro, o homem desse Estado rompe com o tempo o equilíbrio da sua alma e acaba por deixar dominar a parte inferior, a concupiscível[63].

A "democracia" que Platão descreve é o estágio que, no avanço da corrupção, precede e prepara a tirania. Como observamos, o leitor moderno não deve deixar-se enganar pelo nome, pois o que o nosso filósofo tem em mente é a *demagogia* e o *aspecto demagógico da democracia.* A insaciabilidade de riqueza e dinheiro leva, pouco a pouco, na oligarquia, a não se cuidar de outra coisa a não ser da riqueza. Os jovens, crescendo sem uma educação moral, começam a gastar sem medida (o sentido de poupança do pai não tem valor para eles, pois encontram riquezas já acumuladas) e se abandonam indiscriminadamente a todo gênero de prazer (pois perderam o sentido da medida que pode derivar somente de valores superiores). Dessa maneira, os ricos detentores do poder se enfraquecem, mesmo fisicamente, até o momento em que os súditos pobres tomam consciência do que está acontecendo e, na primeira ocasião propícia, tomam o poder e instauram o governo do povo, proclamando a igualdade dos cidadãos (distribuindo a igualdade seja aos iguais, seja aos desiguais, diz Platão), e distribuindo as magistraturas com o sistema do sorteio. O Estado fica cheio de "liberdade": mas é uma liberdade que, desvinculada de valores, degenera em licenciosidade. Cada um vive como lhe apraz e, se quiser, pode participar também da vida pública. A justiça se faz tolerante e mansa; e mesmo as sentenças passadas em juízo muitas vezes não se executam. Quem quiser fazer carreira política não necessita ter natureza adequada, educação e competência: basta que "afirme ser amigo do povo"[64].

Nesse Estado, no qual a liberdade é licença, também o indivíduo mostra as mesmas características.

Para os jovens, tornam-se soberanos os desejos e prazeres, os quais

> [...] acabam por ocupar a cidadela da alma, encontrando-a vazia de belas doutrinas e costumes, e de raciocínios verdadeiros, ótimas sentinelas e guardas na inteligência dos homens que são amigos dos deuses[65].

---

63. Cf. *República*, VIII, 550 c ss.
64. Cf. *República*, VIII, 555 b ss.
65. *República*, VIII, 560 b.

Os "raciocínios impostores" fecham a entrada e tiram toda possibilidade de acesso aos discursos mais antigos que "querem prestar auxílio ou também impedem a entrada das embaixadas enviadas pelo bom conselho". Assim, com esses "raciocínios", é banido o respeito, qualificado como tolice; é expulsa com insultos a temperança, qualificada de falta de virilidade; e a moderação e a medida no gastar são consideradas avareza. Analogamente são exaltadas as qualidades negativas opostas: a arrogância é chamada de boa educação, a anarquia é dita liberdade, o desperdício do dinheiro público é considerado liberalidade e a impudência é tida como coragem. Assim a vida desse jovem torna-se sem ordem e sem lei, dedicada inteiramente aos prazeres[66].

Da democracia (entendida no sentido acima descrito) deriva diretamente a tirania, justamente em razão da insaciável sede de liberdade. O excesso de liberdade (que é licenciosidade), faz cair no seu oposto, ou seja, na servidão.

Eis a página verdadeiramente exemplar na qual Platão descreve a passagem da democracia à tirania (os tons acentuados de propósito e o sutil jogo irônico tornam essa página ainda mais eficaz):

— Por acaso as coisas não acontecem da mesma maneira na mudança da oligarquia em democracia e da democracia em tirania?

— Como assim?

— O bem que a oligarquia se propunha e por meio do qual era constituída era a acumulação de riquezas, não é verdade?

— Sim.

— E o desejo insaciável de riquezas e o descuido de tudo o mais por causa do dinheiro arruinou a oligarquia.

— É verdade, disse ele.

— Também a democracia não estabelece como termo um bem e o excesso desse bem não provocou a sua ruína?

— De que bem falas?

— Da liberdade, respondi. A respeito desse bem ouvirás dizer num Estado democrático que é o mais belo de todos e, portanto, que somente na cidade livre vale a pena viver o homem que é livre por natureza.

— Com efeito, disse ele, frequentemente se ouve falar assim.

— Pois bem, o que eu estava para dizer é que o excesso desse bem e o descuido do resto são a razão da mudança desse regime e preparam a necessidade da tirania.

---

66. Cf. *República*, VIII, 560 c ss.

— De que modo? disse ele.

— Quando, assim penso, uma cidade governada pelo povo e sedenta de liberdade tem à sua frente maus escanções, bebe-a pura mais do que convém e se embriaga; então, se os governantes não são muito condescendentes e não concedem a mais ampla liberdade, ela os acusa de traidores e inclinados à oligarquia.

— De fato, é assim que ela procede, disse.

— Quanto aos cidadãos obedientes aos magistrados, ela os insulta como almas de escravos e que não servem para nada, mas louva os cidadãos que são iguais aos magistrados e os magistrados que são iguais aos cidadãos pública e privadamente. Não é uma necessidade que em tal Estado o espírito de liberdade se estenda a tudo?

— Como não?

— E que ele penetre, ó amigo, também nas casas particulares e que finalmente a anarquia acabe por implantar-se até entre os animais?

— E como podemos afirmar coisa semelhante?, disse ele.

— Por exemplo: o pai se habitua a tratar o filho como seu igual e a temê-lo, e da mesma maneira o filho ao pai, e não ter respeito nem medo dos seus progenitores, para mostrar que é livre; e o meteco torna-se o igual do cidadão, o mesmo acontecendo com o estrangeiro.

— De fato, assim sucede.

— Sucede assim e sucedem também outras pequenas coisas: o professor nesse Estado teme os alunos e os adula, os alunos zombam dos seus professores e também dos seus educadores. Em uma palavra, os jovens igualam-se aos velhos e disputam com eles em palavras e em ações. Por sua vez os velhos, para agradar os jovens, tornam-se amáveis e brincalhões, imitando os jovens a fim de não parecerem desagradáveis e despóticos.

— É exatamente assim disse ele.

— Mas o máximo a que chega a liberdade da multidão em tal cidade é quando até escravos e escravas adquiridos no mercado não são menos livres do que aqueles que os adquiriram. E quase nos esquecíamos de dizer a que ponto chegam a liberdade e a igualdade dos homens para com as mulheres e das mulheres para com os homens.

— E por que, disse ele, com Ésquilo não "diremos a palavra que há pouco nos veio aos lábios"?

— Exatamente, respondi, e eu a digo: ninguém acreditaria o quanto são mais livres ali os próprios animais que estão sujeitos ao homem, se não tivesse feito a experiência. É aí verdadeiramente que se verifica o provérbio de que as cadelas são tais como o é a sua dona; e, dessa maneira, os cavalos e asnos se acostumam a andar com porte livre e altivo, esbarrando na rua em quem se lhes está diante se não sair do seu caminho. E tudo o mais goza, assim, de total liberdade.

— É meu próprio sonho que estás descrevendo, disse ele; pois tudo isto me acontece quando vou ao campo.

— Podes imaginar como a soma de todas essas coisas torna sensível a alma dos cidadãos, de modo que ao menor sinal da autoridade eles se irritam e se revoltam e chegam, como bem sabes, a desprezar as leis escritas ou não-escritas, para que não tenham absolutamente nenhum senhor.

— Sei muito bem.

— Esse é portanto, ó amigo, tal como me parece, o belo e sedutor princípio do qual nasce a tirania.

— Realmente sedutor, disse ele; mas o que vem depois disso?

— A mesma doença, respondi, que surgiu na oligarquia e a levou à ruína, nasce também aqui, mas com mais força e virulência e destrói o Estado democrático. Pois é certo que todo excesso provoca geralmente uma reação violenta, seja nas estações, seja nas plantas, seja nos corpos e, mais que tudo, nos governos.

— É natural, disse ele.

— E é natural que o excesso de liberdade não possa transformar-se senão no excesso de servidão, tanto no indivíduo como no Estado.

— De fato, é natural.

— É mais do que natural, pois, disse eu, que a tirania não se estabeleça senão a partir do governo democrático; da extrema liberdade nasce a mais total e dura servidão[67].

A doença que corrompe a democracia deve ser buscada na categoria dos ociosos que gostam de gastar sem medida. Os mais ousados desses arrastam os outros e, aproveitando-se da liberdade, dominam com a palavra e a ação e não toleram quem fala diferentemente. Com métodos diversos buscam tirar dos ricos a sua riqueza procedendo de tal maneira que alguma vantagem resulte para o povo, mas guardando para si a parte mais conspícua. E quando entre esses nasce um homem que se destaque e consiga tornar-se um líder reconhecido pelo povo (um demagogo), esse logo se tornará tirano, ou seja, não somente acusará injustamente os adversários, mas os exilará ou até os fará executar. Chegado a esse ponto, não resta outro caminho a esse tal a não ser ou deixar-se liquidar como vítima da vingança dos adversários ou, justamente, transformar-se de chefe em tirano e assim tornar-se "de homem em lobo". Primeiramente se mostrará sorridente e

67. *República*, VIII, 562 a-564 a.

gentil; mas logo será obrigado a tirar a máscara. Deverá promover guerras contínuas para que haja necessidade de um comandante. Em seguida, "purgará" o Estado, eliminando todos aqueles elementos que, de alguma maneira, o perturbam; e os eliminados serão justamente os melhores. O tirano acabará por viver entre gente pouco recomendável e, finalmente, será odiado por aqueles mesmos que o levaram ao poder:

> O povo, como se costuma dizer, para evitar a fumaça de servir a homens livres, cairia assim no fogo do domínio dos seus servos, carregando sobre seus próprios ombros a servidão mais dura e mais amarga, a de ser escravo dos escravos, em vez da excessiva e inoportuna liberdade[68].

No regime da tirania, não é tirânico somente aquele que está na chefia do Estado, mas o são também os cidadãos. E eis a característica do cidadão tirânico: a liberdade sem freio que é, na realidade, anarquia e licença, à qual ele se abandona, deixa livre curso aos desejos e amores selvagens e fora da lei, aos desejos terríveis que estão presentes em cada um de nós, mas que a razão e a educação dominaram e que afloram somente nos sonhos[69].

---

68. *República*, VIII, 569 b-c.

69. Citamos uma passagem que ilustra esse ponto, na qual Platão toca uma série de temas que, embora no nível intuitivo, antecipam alguns princípios da psicanálise: "Parece-me que ainda não distinguimos bastante os desejos quais sejam e quantos são; e enquanto este ponto estiver incompleto, a pesquisa do que procuramos permanecerá sempre obscura. — Para isso, respondeu ele, estamos ainda em tempo? — Sem dúvida; e observa o que neles procuro ver, e é o seguinte: considero como *ilícitos* alguns dos prazeres e desejos não necessários, *e podemos dizer deles que se encontram em cada um de nós, porém reprimidos pela lei e pelos desejos melhores com o auxílio da razão;* em alguns homens são totalmente eliminados ou permanecem poucos e débeis, enquanto em outros são mais fortes e mais numerosos. — E que desejos seriam esses de que falas? — *Aqueles,* disse eu, *que despertam no sono, quando está adormecida a alma na sua parte racional, mansa e que deve mandar na outra,* e a parte bestial e selvagem, ingurgitada de alimentos e bebidas, começa a desmandar-se e, repelindo o sono, tenta satisfazer as suas inclinações; sabes como, nesse estado, ela ousa fazer qualquer coisa, como se estivesse solta e libertada de todo pudor e de toda razão. Com efeito, não hesita em tentar o incesto, como imagina fazê-lo já com a própria mãe ou com qualquer outro homem, deus ou animal, nem cometer crimes de sangue ou ter horror de qualquer alimento; numa palavra, nada lhe falta quanto à loucura e à impudência. — É muito verdade o que dizes. — Quando porém, acredito, alguém se comporta para consigo de maneira sã e temperante, e não vai dormir antes de ter despertado a parte racional alimentando-a com belos discursos e considerações, e levando-a a refletir sobre si mesma, e de ter saciado sem excessos a parte apetitiva para que ela adormeça e não

Tornando-se vítima desses desejos, ele lança fora de si todo resíduo de temperança, não se detém mais diante de nada e quer dominar não somente sobre os homens, mas também sobre os deuses, e atinge o fundo quando de todo se abandona à embriaguez do vinho, aos prazeres do sexo e à depressão psíquica:

> [...] o homem se torna inteiramente tirânico quando, ou por natureza ou por hábitos de vida ou em razão dos dois, entrega-se à embriaguez, aos desejos furiosos do eros e à melancolia profunda[70].

É claro que tais homens são incapazes de relações normais com outros homens, são capazes apenas de mandar ou de obedecer, e tornam-se alheios às pessoas com as quais se encontram não apenas tenham obtido o que desejam delas:

> Portanto, vivem toda a vida sem ser nunca amigos de ninguém, mas sempre ou dominando ou servindo a outros: com efeito, a natureza tirânica é incapaz de apreciar a verdadeira liberdade e amizade[71].

A tirania é, assim, o Estado da servidão absoluta; e esta não é somente a servidão dos súditos ao tirano, mas é servidão total (nos súditos e no tirano) da razão aos instintos baixos: a servidão exterior não é senão a consequência e a manifestação da servidão interior.

7. O Estado, a felicidade terrena e a supraterrena

Acima já dissemos como Platão constrói o Estado ideal com o fim de ver reproduzida em proporções maiores a alma do homem,

---

perturbe a parte melhor, mas a deixe só consigo mesma na sua pureza a indagar e a desejar saber o que não sabe das coisas presentes, passadas ou futuras; quando tal homem sossegou a parte irascível e pode dormir tranquilo sem ter sofrido irritação contra alguém — acalmadas as duas partes e posta em movimento a terceira na qual mora a sensatez, então adormeça — deves pensar que nesse estado atinge melhor a verdade e que menos do que em qualquer outro estado lhe aparecerão em sonho visões monstruosas. — Estou absolutamente convencido disso, disse ele. — Ao tratar dessas coisas desviei-me bastante do caminho; mas o que queremos dar a conhecer é que *dentro de cada um de nós há uma espécie terrível, selvagem e sem lei de desejos, mesmo naqueles poucos que parecem bem comedidos, e que isso se manifesta nos sonhos*" (*República*, IX, 571 a-572 b).

70. *República*, IX, 573 c.

71. *República*, IX, 576 a.

a sua virtude e o seu vício, sua felicidade e infelicidade. Já com Sócrates a felicidade fora interiorizada na *psyché* e identificada com a *areté*. A *República* platônica, sob certo aspecto, é uma grandiosa confirmação dessa tese, aprofundada em todos os seus aspectos.

O Estado ideal e o homem régio ou aristocrata que lhe corresponde são caracterizados pelo domínio inconteste da racionalidade, com a qual coincidem substancialmente a virtude (a virtude é, fundamentalmente, racionalidade) e também a liberdade (a liberdade é liberdade da razão em face dos instintos e dos impulsos alógicos, e se revela no domínio que a razão exerce sobre eles): e não somente a razão domina nos chefes do Estado, mas domina igualmente na classe dos guardiães-guerreiros, na medida em que regula a alma irascível nela produzindo a virtude da coragem, e na classe inferior na medida em que regula a alma concupiscível nela produzindo temperança. Esse é o Estado são e, como tal, feliz.

No Estado e no homem timocráticos, a racionalidade cede à parte irascível da alma. Desta sorte se produz uma primeira ruptura do equilíbrio, que assiste a um predomínio da ambição e da sede de honras sobre a virtude. No Estado e no homem oligárquicos, a racionalidade cede, mais ainda, também à alma concupiscível e então domina a sede de lucro e dos prazeres, mesmo supérfluos. Enfim, no Estado e no homem tirânicos, rompido já inteiramente o equilíbrio da alma, vem à tona e dominam mesmo os desejos mais desenfreados e bestiais. Com o regredir progressivo da racionalidade abrem caminho, no Estado e na alma, a doença, a ruína espiritual e a infelicidade, que alcançam o seu limite extremo no Estado e no homem tirânicos.

A felicidade superior do homem que vive segundo a política do Estado perfeito, isto é, vive a vida filosófica, aparece também a partir de considerações ulteriores em torno ao prazer, das quais acima já falamos. A felicidade não pode consistir senão na forma mais alta do prazer, que é o da parte racional da alma. Esse prazer é também o mais verdadeiro (aliás, o único verdadeiro), porque o objeto que o causa é o objeto mais verdadeiro, é o *ser* e o *eterno* contemplados pela alma.

A vida filosófica no Estado ideal é a vitória do elemento divino sobre o elemento animal que há no homem, é a construção do homem divino[72].

---

72. Cf. *República*, IX, 589 d; 590 d-e.

Como fecho dessa tese, Platão aduz um último argumento no livro final da *República*, que pretende ser uma contraprova definitiva, uma última verificação: o tempo que transcorre entre o nascimento e a morte é breve, e o prêmio da virtude nesta vida é apenas relativo; a verdadeira recompensa da virtude está no além[73]. Assim a vida segundo a política no Estado ideal garante a felicidade no aquém como no além, na vida e depois da morte, ou seja, para sempre. O grandioso mito escatológico de Er, que põe termo à *República*, oferece assim o sentido último da política platônica: a *verdadeira política* é aquela que não nos salva apenas no tempo, mas no eterno e para o eterno[74].

8. O Estado no interior do homem

A *República* platônica exprime um mito e uma utopia, ou então um ideal e um dever-ser?

É fácil agora responder à pergunta: na construção platônica há sem dúvida aspectos e momentos utópicos e míticos, mas eles são, se não marginais, pelos menos não-essenciais. A *República* platônica exprime fundamentalmente um ideal *realizável* (mesmo se historicamente o Estado perfeito não existe) *no interior do homem*, vale dizer, na sua alma. Se o Estado verdadeiro não existe *fora de nós*, podemos, no entanto, construí-lo em nós mesmos, seguindo a política verdadeira no nosso íntimo. Eis a página na qual Platão exprime, com toda a clareza, esse conceito:

> — Portanto, quem tenha bom senso, passará toda a sua vida dirigindo a esse fim toda a sua atividade, honrando acima de tudo os conhecimentos que tornarão tal [i.é, virtuosa] a sua alma e desprezando os outros.
>
> — É claro, disse ele.
>
> — Além disso, continuei, quanto ao estado e ao sustento do corpo, não o abandonará ao prazer animal e irracional e, portanto, não viverá voltado para essas preocupações, e nem olhará a saúde nem dará grande importância a ser forte, são e belo, se com isso não se torna também temperante, mas se preocupará sempre em cuidar da harmonia do corpo para mantê-la de acordo com a música da alma.

73. Cf. *República*, X, 608 c ss.
74. Cf. *República*, X, 618 c ss.

— De fato, procederá assim se quiser ser verdadeiro músico.

— Portanto, disse eu, também na aquisição das riquezas guardará ordem e harmonia? E não se deixando perturbar pela opinião vulgar de felicidade, não quererá que elas cresçam indefinidamente, para preparar-se males sem fim?

— Creio que não, disse ele.

— Mas, tendo os olhos voltados para a *cidade que tem em si mesmo*, cuidará que excesso e escassez de bens nela não produzam desordem, seguirá essa norma no aumentar e no consumir as riquezas, segundo a sua capacidade?

— Perfeitamente, disse.

— Quanto às honras procederá da mesma maneira: participará e usufruirá das que o tornam melhor; mas das que poderiam causar dano ao estado da sua alma fugirá em público e em privado.

— Então ele recusará tomar parte nos negócios públicos, se isso lhe vem à mente.

— Pelo Cão, respondi, nada disso; *ele se ocupará intensamente da cidade que é a sua própria*; mas talvez não na sua pátria se a isto não o ajudar uma sorte divina.

— Entendo, disse ele; queres *dizer naquela cidade que fundamos e idealizamos, que não existe senão nos nossos discursos*; *pois não creio que sobre a terra ela se encontre em algum lugar.*

— Mas, respondi, talvez está no céu o modelo para quem deseje vê-lo e, tendo-o visto, a ele conformar-se a si mesmo. *E pouco importa que ela exista e se alguma vez possa existir; com efeito, somente dessa cidade e de nenhuma outra ele poderia ocupar-se.*

— É natural, disse ele[75].

Somente em tempos bem recentes o sentido dessa página pôde ser compreendido, sendo ela decisiva sob muitos aspectos. Melhor que ninguém a compreendeu Jaeger, que escreve: "Intérpretes antigos e modernos, que esperavam encontrar na *República* um manual de ciência política que tratasse das várias formas constitucionais existentes, tentaram repetidas vezes encontrar aqui e ali, sobre esta terra, o Estado platônico e o identificaram nesta ou naquela forma real de Estado que parecesse mais próxima a ele na sua estrutura. Mas a essência do Estado de Platão não está na estrutura externa — dado que possua uma — mas no seu núcleo metafísico, na ideia de reali-

75. *República*, IX, 591 c-592 b.

dade absoluta e de valor sobre a qual é construído. Não é possível realizar a república de Platão imitando a sua organização externa, mas somente cumprindo a lei do bem absoluto que constitui a sua alma. Por conseguinte, quem conseguiu atuar essa ordem divina na sua alma individual trouxe uma contribuição maior à realização do Estado platônico do que quem edificasse uma inteira cidade externamente semelhante ao esquema político de Platão, mas privada da sua essência divina, a Ideia do Bem, fonte da sua perfeição e beatitude"[76].

É natural que, no Estado histórico, o cidadão que vive a política da Cidade ideal, torne-se estranho e tanto mais estranho quanto mais a sua vida se conforme com a política ideal. Nasce aqui, sem dúvida, pela primeira vez a ideia do cidadão das Duas Cidades, da cidade terrestre e da cidade divina, portanto um dualismo. Jaeger considera que tal ideia seja "o produto da dissolução da unidade grega do indivíduo e da cidade"[77], e que não seja senão "a consciência realizada da situação real do homem filosófico tal como a ele (i.é, a Platão) vinha tipicamente configurando-se na vida e na morte de Sócrates"[78]. Na realidade, somente em parte isto é verdade. No entanto, deve-se notar que a visão ultramundana que Platão foi buscar no orfismo desempenhou um papel não menos importante do que a vida e a morte de Sócrates em levá-lo a essas conclusões. Mas sobretudo deve salientar-se o fato de que Platão não parece ter tido consciência do alcance da afirmação sobre a qual discutimos, tanto assim que não continuou por esse caminho e não tirou dessa sua poderosa intuição as conclusões que se impunham, chegando mesmo a recuar. Nas subsequentes obras políticas de Platão (o *Político* e as *Leis*), retorna soberanamente a unidade grega do indivíduo e do Estado: somente no pensamento helenístico terá lugar a ruptura definitiva dessa unidade.

76. Jaeger, *Paideia*, II, p. 621.
77. Jaeger, *Paideia*, II, p. 622.
78. *Ibidem*.

III. O HOMEM DE ESTADO, A LEI ESCRITA E AS CONSTITUIÇÕES

1. O problema do *Político*

O que poderia dizer-nos ainda em matéria política o nosso filósofo, depois da grandiosa construção do Estado ideal?

A resposta é simples se tivermos presente, de modo particular, as finalidades da Academia. A Escola que Platão fundou tinha por alvo educar, essencialmente, homens políticos, homens formados de um modo novo para um novo Estado. A atuação *histórica* do ideal desenhado na *República* era impossível, e o próprio Platão declarou-o explicitamente realizável somente na dimensão espiritual (na nossa alma). De outra parte, os tempos não estavam ainda maduros para que fosse aprofundada a intuição das *duas Cidades* (terrena e celeste) e do homem como *cidadão de duas Cidades*. Era necessário que o filósofo oferecesse, além do modelo do Estado ideal, pontos de referência mais realistas, indicações *historicamente mais realizáveis* e que a problemática política fosse reproposta em outra ótica. Justamente para responder a essas exigências, Platão amadureceu o desenho do "segundo Estado", ou seja, do Estado que vem *depois do Estado ideal*: um Estado que, à diferença do primeiro, leva em conta não somente o *como o homem deve ser*, mas o *como ele é efetivamente*: um Estado, em suma, que possa mais facilmente encarnar-se na história.

O *Político* assinala a primeira fase desse trabalho de mediação da política ideal com a realidade histórica, que culmina com as *Leis*. Buscando a definição do homem de Estado e da arte do estadista, Platão, no *Político*, ao considerar os homens e os Estados como são efetivamente, pergunta-se se será melhor situar o homem de Estado acima da lei ou, ao contrário, pôr a lei como soberana. É claro que no Estado ideal da *República* tal dilema não tem razão de ser, porque nele o homem de Estado (o filósofo) e a lei não podem encontrar-se estruturalmente em oposição, na medida em que a lei não é senão a maneira com que o homem de Estado realiza na Cidade o bem contemplado no Absoluto. Mas, no Estado histórico, as coisas não podem caminhar dessa maneira: não existem os homens de Estado *tais como deveriam ser* para realizar esse ideal; surge daqui o problema acima enunciado.

No *Político,* convém bem observá-lo, Platão não renuncia ao seu ideal e insiste na tese de que a forma melhor de governo seria aquela de um homem que governasse com "virtude e ciência"[1], acima da lei que é sempre abstrata e impessoal e, por isso, muitas vezes não adequada; mas, ao mesmo tempo, reconhece que homens dotados dessa virtude e conhecimento não somente são excepcionais, mas, de fato, não existem, de modo que, no Estado histórico, a supremacia deve ser da lei, e há necessidade de elaborar constituições escritas invioláveis:

> Estrangeiro — Assim, afirmamos, nasceram o tirano, o rei, a oligarquia, a aristocracia e a democracia, porque os homens não suportaram o governo daquele único e duvidaram que pudesse um dia nascer alguém digno de tal cargo que quisesse e fosse capaz, governando com virtude e ciência, distribuir com equidade a todos o que for justo e santo; temeram que pudesse, querendo-o, ultrajar, maltratar e matar a qualquer um de nós. Pois que, *se nascesse um rei como nós o descrevemos, ele seria aclamado e regeria e governaria felizmente, aquela que unicamente é reta e verdadeira forma de governo.*
>
> Sócrates, o Jovem — E como não?
>
> Estrangeiro — *Ora, quando não nasce, como acreditamos, um rei na cidade, como nasce nas colmeias, que logo se destaque no corpo e na alma, é necessário que nos reunamos e formulemos códigos escritos seguindo, ao que parece, os traços da mais verdadeira forma de governo*[2].

2. As formas possíveis de constituição

O reconhecimento realista do princípio sobre o qual acima falamos comportava uma reavaliação das diversas formas de constituição que, na *República*, foram apresentadas como formas patológicas do Estado. No *Político*, ao invés, se demonstra que elas são necessárias

1. *Político*, 301 d.
2. *Político*, 301 c-e.

e possuem uma validez própria, justamente porque não pode existir a perfeita forma de governo que, como vimos, exigiria a existência impossível de um homem extraordinário.

As constituições históricas são "imitações" da constituição ideal[3]. Se somente um homem governa e imita o político ideal, temos a *monarquia*. Se é, porém, a classe dos ricos que governa e imita o político ideal, temos a *aristocracia*. Se é o povo inteiro que governa e procura imitar o político ideal, temos a *democracia*. Essas três formas de constituição são justas na medida em que quem governa respeita as leis e os costumes. Se, ao invés, a lei não é respeitada, nascem três formas correspondentes de constituição corrompida: a monarquia torna-se *tirania*, a aristocracia torna-se *oligarquia*, e a democracia torna-se *democracia corrompida* (diríamos hoje *demagogia*).

Entre essas constituições históricas, qual é a melhor ou, antes, a menos pior (uma vez que se trata de "imitações") e qual a pior? Qual é a mais suportável e qual a mais insuportável? Eis a resposta de Platão:

> Estrangeiro — A nós que então buscávamos a forma correta [i.é, a constituição ideal] essa divisão particular [i.e. a divisão segundo a lei e contra a lei] não nos era útil. Mas agora que deixamos a primeira e estabelecemos as outras como necessárias, o critério da legalidade e da ilegalidade divide cada uma em duas partes.
>
> Sócrates, o Jovem — É o que parece, de acordo com o raciocínio agora feito.
>
> Estrangeiro — Portanto a monarquia, vinculada a bons textos que se chamam leis, é a *melhor de todas as seis*; mas sem lei é má e a mais insuportável para se viver nela.
>
> Sócrates, o Jovem — Receio que sim.
>
> Estrangeiro — O governo de alguns poucos, como o pouco que se encontra no meio entre o uno e os muitos, nós o consideraremos como *intermediário entre uma e outra*; o governo da multidão nós o chamaremos *fraco* sob todos os aspectos, e não acarreta muito de bom nem de danoso em comparação com as outras formas, porque nele o governo está pulverizado em pequenas frações, entre muitos. *Por isso, de todas as formas legais esta é a mais infeliz, mas das que são contra a lei é a melhor; e se todas não*

3. Cf. *Político*, 300 c ss.

conhecem freio é na democracia que é mais fácil viver; mas se são bem ordenadas é nela que menos convém viver; com efeito, na primeira está o primeiro e maior bem-estar, excetuada naturalmente a sétima [i.é, a forma ideal]. Pois esta última deve ser separada de todas as outras formas como um deus é separado dos homens[4].

3. O "justo meio" e a arte política

Na *República*, a ciência do político coincidia com o conhecimento supremo do Bem e das Ideias e, portanto, da filosofia. No *Político* ela é definida de maneira mais específica, conforme a tendência geral do diálogo.

Há dois modos de proceder na *medida*, que se valem de dois critérios fundamentalmente diversos. Há a medida que tem como base a relação recíproca de grande-pequeno, longo-curto, excesso-defeito, e é uma medida de caráter matemático. Há porém a medida "segundo a essência que é necessária à geração"[5], ou seja, a medida que tem como base o "justo meio" ou a "medida justa" (τὸ μέτριον)[6], a saber, as Ideias ou essências das coisas, e essa é uma medida que poderemos chamar *axiológica*, porque se refere a valores ideais (a qualidades) e não a puras quantidades.

A introdução desse segundo gênero de medida constitui, como é óbvio, uma clara *superação do pitagorismo, inteiramente análoga à que foi levada a cabo com relação ao eleatismo, com a introdução do "não-ser" como "diverso"*, como Platão teve o cuidado de salientar expressamente:

> Estrangeiro — Ora, talvez da mesma maneira com que no *Sofista* fomos obrigados a reconhecer que o *não-ser, é* porque nisto vinha dar o nosso raciocínio, assim também, agora, acaso não será necessário obrigar o *mais* e o *menos* a serem, por sua vez, mensuráveis não somente nas suas relações recíprocas, mas também com respeito à produção da *medida justa*? Porque não é possível que possa existir nem político nem qualquer outro indiscutivelmente competente nas suas ações se não admitirmos isto.

---

4. *Político*, 302 e-303 b.
5. *Político*, 283 d.
6. *Político*, 283 e

Sócrates, o Jovem — Portanto, agora se deve fazer o mesmo da melhor maneira possível!

Estrangeiro — E é esta, Sócrates, uma tarefa ainda maior do que a outra — e nos lembramos o quanto era longa! — Mas ao menos será legítimo fazer a propósito a suposição seguinte.

Sócrates, o Jovem — Qual?

Estrangeiro — Que alguma vez teremos necessidade do que acaba de ser dito para podermos proceder à demonstração da exatidão absoluta. Quanto ao fato de que, com relação à nossa tese presente, aquela afirmação esteja bem e suficientemente demonstrada, parece-me que ajude a demonstrá-lo magnificamente o seguinte argumento: é necessário admitir que todas as artes existem igualmente, e que *o maior e o menor devam medir-se não somente nas suas relações recíprocas, mas também com respeito à produção da medida justa.* Com efeito, se ela existe, as artes também existem; ora, as artes existem; logo, a medida justa também existe; não existindo um ou outro desses termos, o outro também não poderá existir.

Sócrates, o Jovem — Isto é exato; mas o que se segue daí?

Estrangeiro — É evidente que distinguiremos a arte da mensuração em duas partes, segundo o que foi dito: de um lado colocando todas as artes que medem o número, o comprimento, a largura, a profundidade, a espessura, com respeito aos seus contrários; de outro as que realizam essas medidas na sua relação com a *medida justa*, com o *conveniente,* com o que é *oportuno*, com o que é *dever-ser*, e com tudo que tende ao justo meio, fugindo dos extremos[7].

Aplicando essa distinção fundamental (aplicável, em geral, a todas as artes) de modo específico à arte do político, diremos que ela tem como objeto o justo meio, o dever, o oportuno, o conveniente nas esferas mais importantes da vida da Cidade[8].

A atividade do político distingue-se perfeitamente, desse modo, de uma série de atividades conexas com a política, mas que, na realidade, mostram-se subsidiárias e subordinadas a ela. Assim a retórica se distingue da política porque, enquanto a primeira é atividade de persuasão, a segunda é atividade que decide *se é ou não conveniente* persuadir (ou usar a força) e por isso é não somente diversa, mas superior. Um raciocínio análogo vale para a arte da guerra, que se ocupa em fazer e vencer a guerra, mas não em decidir *se é ou não*

7. *Político*, 284 b-e.

8. Cf. *Político*, 305 d.

conveniente fazer a guerra de preferência a manter a paz, decisão que pertence justamente à política. Também a atividade dos juízes é diversa da política e a ela subordinada, porque a primeira se limita a aplicar a lei, enquanto a atividade do político estabelece a lei[9].

Mas o político busca a medida justa ou o justo meio sobretudo na atuação da sua tarefa fundamental que é construir a unidade do Estado partindo de elementos heterogêneos e mesmo opostos, dando-lhes uma única força e impondo-lhes um único selo. Com efeito, os homens podem ser divididos segundo dois temperamentos opostos e duas virtudes opostas: de um lado os mansos e temperantes, de outro os audazes, valorosos e fortes. O político deve justamente saber harmonizar esses temperamentos opostos como se compusesse uma tela ou um tecido usando fios macios e duros. No tecer essa tela, ele fixará a parte divina do homem (ou seja, a alma) com um "nó" divino e a parte animal (o corpo), com um "nó" humano. O nó divino é o conhecimento dos valores supremos, que amansa as almas audazes e torna sensatas as almas mansas e une umas e outras com relação ao belo e ao bom numa só opinião. O nó humano, por sua vez, consiste em fazer com que, por meio de matrimônios oportunamente combinados, as naturezas opostas se conjuguem, de modo que os temperamentos opostos venham a se equilibrar também do ponto de vista biológico[10].

Eis as conclusões do diálogo:

> É este, com efeito, o fim da tela da ação política: a boa textura da índole dos valorosos e dos temperantes, quando a arte real torna comum a sua vida com vínculos de concórdia e de amor, levando a bom fim a mais magnífica e a mais nobre das telas e com ela envolvendo todos os homens nos Estados, livres e servos, mantendo-os unidos nessa urdidura e, na medida em que é concedido a uma cidade ser feliz, governando-a e administrando-a, de sorte a não omitir nada que possa contribuir para o alvo proposto[11].

---

9. Cf. *Político*, 304 a ss.
10. Cf. *Político*, 306 a ss.
11. *Político*, 311 b-c.

IV. O "SEGUNDO ESTADO" DAS *LEIS*

1. A finalidade das *Leis* e a sua relação com a *República*

As *Leis* são a última obra de Platão e, também, o seu testamento político. Elas não somente traçam um desenho geral do Estado, mas penetram nas suas particularidades, fornecendo um modelo quase completo de legislação de uma Cidade. As modernas reconstruções historiográficas, como já em parte explicamos, deixaram bem claro as razões pelas quais Platão se submeteu às extenuantes fadigas que tal obra implica, levando-se em conta a imponente soma de conhecimentos, também de caráter jurídico, que ela supõe. Escreve, por exemplo, Taylor: "[...] No século IV a Academia, como grupo reconhecido de peritos em jurisprudência, foi continuamente solicitada a prestar o mesmo serviço [redação de leis]. É dito que o próprio Platão fosse solicitado a redigir leis para Megalópolis e, embora tivesse ele declinado do convite, muitos dos seus companheiros se prestaram a essa tarefa para muitas novas cidades. Era desejável que aqueles a quem acaso fosse dirigido o convite para fazer leis tivessem sob a mão um exemplo do modo de como essa tarefa devia ser levada a cabo. As *Leis* pretendem justamente oferecer tal exemplo"[1].

Desse ponto de vista, as *Leis* são sem dúvida obra de grande importância e, sob mais de um aspecto, de grande valor, mas, justamente, em razão da sua finalidade prática, não são a *suma* de todas as instâncias políticas de Platão, mas somente a *suma* daquilo que Platão julgava imediatamente realizável dentre aquelas instâncias.

Assim a concepção do rei-filósofo e do Estado dirigido por tal homem permanece o ideal expressamente reiterado, mesmo que se reconheça ao mesmo tempo, como já no *Político*, a necessidade de recuar para uma concepção mais realista, estabelecendo como soberanas as leis:

> Se, por uma sorte divina, vier a nascer um dia um homem capaz, pela sua natureza, de satisfazer a essas condições [i.é, de conhecer o que é útil à convivência política dos homens, e de querer e agir sempre da melhor maneira

1. Taylor, *Platone*, pp. 718s.

quando o tenha conhecido], não será necessário que haja leis que exerçam soberania sobre ele. *Com efeito, nem a lei nem ordenamento algum valem mais do que a inteligência; nem corresponde à ordem das coisas que a inteligência seja sujeita ou escrava de quem quer que seja, mas que governe sobre tudo, já que se apoia sobre a verdade, e seja efetivamente livre, conforme à sua natureza.* Hoje, porém, isso não se realiza em parte alguma nem de nenhuma maneira, senão em medida bem reduzida; por isso, *é necessário adotar a segunda alternativa,* isto é, recorrer à ordem e às leis, que veem e contemplam o que acontece mais frequentemente, mas não podem ver e contemplar tudo[2].

É expressamente confirmada a superioridade da vida comunitária e confirmados também os pressupostos teóricos implicados pelo "comunismo" platônico:

Assim, o primeiro Estado, a melhor constituição e as leis mais excelentes se encontram lá onde se realiza em toda a cidade e da melhor maneira possível o antigo provérbio; diz esse provérbio que entre amigos tudo é comum. Seja, pois, que isso aconteça hoje ou que venha a acontecer um dia, isto é, que as mulheres sejam comuns, comuns os filhos, comuns todos os bens e que, *por todos os meios seja banido da cidade tudo o que se diz privado;* e que, enquanto for possível, também as coisas que por sua natureza são próprias de cada um como olhos, orelhas e mãos, se consiga torná-las de alguma maneira comuns, de modo a parecer que se vê, se ouve e se age em comum; e que, além disso, todos os cidadãos louvem e censurem enquanto for possível em comum, e que experimentem alegrias e dores pelas mesmas coisas; em resumo, se há leis que tornem o Estado uno na medida maior que for possível, ninguém que queira atribuir um outro fim à extraordinária virtude dessas leis poderá atribuir-lhes outro melhor e mais justo. Num tal Estado, se existe em alguma parte, Deuses e os filhos de Deuses nele habitam numerosos e a vida é plena de alegria e de felicidade; e não é preciso procurar em outra parte o modelo de um Estado, mas, tendo neste fixo o olhar, buscar com todas as forças o que, quanto for possível, seja a ele semelhante[3].

2. Alguns conceitos fundamentais das *Leis*

O Estado das *Leis* é como que uma cópia do modelo original e, por isso, "vem como segundo"[4], depois do original "que é primeiro"[5].

2. *Leis,* IX, 875 c-d.
3. *Leis,* V, 739 b-e.
4. *Leis,* V, 739 a; 739 e.
5. *Leis,* V, 739 b.

Por esse motivo, só descendo aos pontos particulares uma exposição das *Leis* pode adquirir seu justo relevo, o que somente pode ser feito em trabalhos monográficos. Aqui devemos nos contentar com sublinhar dois pontos importantes.

A constituição que Platão propõe nas *Leis* como a mais adequada é uma "constituição mista" que une as vantagens da monarquia com as da democracia e elimina os seus defeitos:

> Entre as formas de governo, há duas que são como mães, na medida em que se pode dizer que delas derivam todas as outras. Dessas duas formas uma pode, com razão, ser chamada *monarquia*, a outra *democracia;* a mais alta expressão da primeira se encontra na Pérsia, a segunda entre nós; quase todas as outras derivam dessas duas por efeito de combinações variadas. Ora, *para que num Estado haja liberdade e concórdia acompanhadas de sabedoria, é absolutamente necessário que o governo participe de uma e de outra dessas formas* [...]. O Estado que mostrou um amor excessivo pela monarquia e o que fez o mesmo pela liberdade, nem um nem outro souberam *conservar a justa medida* [...][6].

Na Pérsia, com efeito, pouco a pouco o povo foi levado a uma servidão extrema (daqui nasceu uma forma de absolutismo tirânico); na Grécia ele foi conduzido a uma extrema liberdade (assim, a democracia tornou-se demagogia). A liberdade absoluta (anarquia) vale menos do que uma liberdade dosada e bem regulada[7]. A liberdade harmonizada com a autoridade é a "justa medida": e a justa medida não é dada pelo igualitarismo estreito, mas pela *igualdade proporcional:*

> Os servos e senhores nunca serão amigos e nem mesmo homens de pouca valia e homens de valor se a lei lhes conferir as mesmas honras; com efeito, a igualdade entre desiguais torna-se desigualdade se *falta a medida justa*; e é justamente em razão da igualdade e da desigualdade que as sedições tornam-se frequentes nos Estados. Realmente o antigo provérbio de que a igualdade produz amizade, sendo verdadeiro, diz algo muito justo e que corresponde à boa ordem; no entanto, como não está bem claro qual seja a igualdade capaz de produzir tal efeito, isso nos embaraça bastante. Há, com efeito, duas espécies de igualdade que levam o mesmo nome, mas que, de fato, em numerosos casos, são quase opostas: uma consiste na igualdade da

6. *Leis*, III, 693 d-e.
7. Cf. *Leis*, III, 698 a-b.

medida, de peso e de número e qualquer Estado ou qualquer legislador pode introduzi-la na distribuição das honras, bastando utilizar a sorte; mas há outra que é a verdadeira e perfeita igualdade e que não é facilmente conhecida por qualquer um. Ela é o julgamento de Zeus e, de ordinário, dela bem pouco se encontra entre os homens, mas esse pouco que dela se encontra, seja na administração pública, seja entre os particulares, produz toda espécie de bem. Com efeito, ela concede mais ao maior, menos ao menor, dando a um e a outro em medida correspondente à sua natureza; e, assim confere honras sempre maiores aos que possuem maior virtude, mas aos que, quanto à virtude e à educação, se encontram no caso oposto, *concede proporcionalmente o que a eles pode caber.* Nisso justamente consiste para nós a política e a justiça em si para a qual devemos tender, fixando sempre o olhar nessa espécie de igualdade, ao constituir o Estado que agora estamos fundando; e quem quer que no futuro pense fundar um outro, deve ter em vista a mesma meta, não já o interesse de uns poucos ou de um só, ou a soberania do povo, mas sempre a justiça ou, como antes dissemos, estabelecer entre os desiguais a igualdade que é segundo a natureza[8].

Em geral a "justa medida" domina as *Leis* do começo ao fim; mais ainda, Platão revela seu fundamento especificamente teológico afirmando que, para nós homens, "a medida de todas as coisas é Deus"[9].

8. *Leis,* VI, 757 a-d.
9. *Leis,* IV, 716 c.

V. A COMPONENTE POLÍTICA DO PENSAMENTO PLATÔNICO E SUAS RELAÇÕES COM A PROTOLOGIA DAS "DOUTRINAS NÃO-ESCRITAS"

Depois de nossa ampla exposição das temáticas que constituem a componente política do pensamento platônico, impõe-se, a partir do que explicamos nas partes precedentes, o problema final: que relações têm as doutrinas políticas, sobre as quais Platão discorre tão amplamente nos seus escritos, e sobre as quais concentra mesmo a sua obra-prima, com as "Doutrinas não-escritas", ou seja, com a doutrina dos primeiros e supremos Princípios?

Ora, depois das explicações que já fornecemos sobre os nexos exatos que há entre os fundamentos metafísicos da *República* e a protologia, torna-se fácil a resposta.

Sabemos que o Bem é "causa de todas as coisas retas e belas"[1]; sabemos que o verdadeiro político, tendo visto e contemplado o Bem em si, dele deve servir-se como "modelo" com o fim de dar "ordem ao Estado", bem como para realizar a ordem em si mesmo como cidadão privado[2]. Sabemos, além disso, que *o Bem é o Uno,* o qual é *Medida de todas as coisas.* E o Uno-Bem é causa de todas as coisas retas e boas, trazendo unidade, ordenamento e estabilidade e medida a todas as coisas. Com efeito, todas as coisas são boas justamente porque "definidas" e "ordenadas" e, como tais, implicam estabilidade, vem a ser, *unidade-na-multiplicidade*[3].

Por conseguinte, o verdadeiro político ordena e proporciona, trazendo a todos os níveis justamente a unidade-na-multiplicidade.

Consequentemente, a Cidade *boa* será aquela na qual predomina a *unidade* em todos os níveis, enquanto a Cidade *não boa* será aquela na qual predomina a *multiplicidade*, o Princípio antitético ao Uno.

---

1. *República*, VII, 517 c.

2. *República*, VII, 540 a-b.

3. Sobre este tema e os seus nexos com as "Doutrinas não-escritas", ver Aristóteles, *Ética Eudêmica*, A 8, 1218 a 15-28 (Krämer, 25); Jâmblico, *Protrético*, cap. 6, pp. 37, 26ss. Pistelli = Aristóteles, *Protrético*, fr. 5 Ross (Gaiser, *Test. Plat.*, 34 = Krämer, 26).

Eis um texto muito significativo, no qual Platão não somente apoia seu raciocínio sobre os Princípios *Uno-Muitos,* mas liga mesmo o *Muito* com o *Dois* (com a mais evidente alusão à Díade):

— És bem afortunado, disse eu, se pensas que o nome de Cidade possa ser dado a qualquer outra que não seja àquela que estávamos construindo.
— Por quê?, disse ele.
— Porque é preciso chamar as outras com um nome maior; com efeito, cada uma das outras é não *uma,* mas *muitíssimas* cidades, como se diz por brincadeira. Em primeiro lugar há em todo o caso, *duas,* uma inimiga da outra, uma dos pobres outra dos ricos. E em cada uma dessas *duas* há, por sua vez, *muitíssimas,* e se as tratares como se fossem *uma* errarias completamente; se, ao invés as tratares como *muitas* dando a uns o que pertence aos outros, riquezas, poder, e mesmo as pessoas, terás sempre muitos aliados e poucos inimigos. E teu Estado, enquanto for governado com sabedoria, como acaba de ser estabelecido, será o *maior de todos*, não digo por fama, mas o *maior em verdade*, mesmo que não tenha senão mil defensores. Com efeito, tão grande Estado *uno* não o encontrarás nem entre os gregos nem entre os bárbaros; encontrarás *muitos* que parecem tão grandes e mesmo *muitas vezes maiores* do que o nosso. Ou pensas diferentemente?
Não, por Zeus, disse ele[4].

Platão exprime esse conceito de maneira em certo sentido mais acentuada e com algumas expressões de eficácia verdadeiramente extraordinária, afirmando explicitamente que o "bem máximo" para uma Cidade é o que a prende conjuntamente e a torna "una", ao passo que o "mal máximo" é o que divide a unidade e, portanto, a faz tornar-se "muitas em vez de una". Eis a passagem que constitui,

4. *República*, IV, 422 e-423 b. No início da parte decisiva desta passagem, fala-se de "muitíssimas cidades e não uma cidade", e se acrescenta: "Como se diz por brincadeira". Este é um ponto em geral mal entendido. De fato, o grego τὸ τῶν παιζόντων é interpretado "como acontece no jogo das πόλεις", uma espécie de jogo no qual vários pedaços seriam chamados, justamente, πόλεις. Ao invés, o sentido exato é "*como se diz por brincadeira*". E o trocadilho seria este: οὐ πόλις ἀλλὰ πόλεις, ou πολεῖς, entendido como acusativo plural épico de πολύς. Fraccaroli (Platone, *La Republica*, Florença 1932, p. 171, nota 1), que apresenta tal interpretação, a recusava por estes motivos: "Esta segunda interpretação, ademais, é menos provável, porque não se vê absolutamente qual possa ser a aplicação de tal provérbio". Entretanto, na ótica da interpretação que sustentamos, assume um significado perfeito, centrando-se exatamente sobre a temática do *uno* e do *múltiplo*, e exprimindo com perfeita alusão jocosa as verdades protológicas últimas.

na verdade, não apenas uma alusão, mas quase um trecho explícito sobre os conceitos esotéricos:

> Não é esse, então, o ponto do qual devemos começar para nos pôr de acordo, a saber, nos perguntarmos qual seja, para a organização da Cidade, *o máximo bem* (τὸ μέγιστον ἀγαθόν), para o qual o legislador deve voltar o olhar para estabelecer leis, e qual *o máximo mal* (μέγιστον κακόν) e ver se o que agora tratamos nos coloca *nas pegadas desse Bem* (τό τοῦ ἀγαθοῦ ἴχνος) e nos afasta das pegadas do mal?
>
> — Exatamente, disse ele.
>
> — E poderemos ter um *mal* maior na Cidade do que aquele que a divide e, em lugar de *uma* (ἀντί μιᾶς) faz dela *muitas* (πολλάς)? Ou um *Bem* (ἀγαθόν) maior *do aquele que a prenda e a torne una* (ὃ ἂν συνδῇ καὶ ποιῇ μίαν)?
>
> — Não, não poderemos[5].

Esta última passagem introduz expressamente a complexa temática da comunidade dos homens, das mulheres, dos filhos, e dos diversos bens, que acima já explicamos com argumentos de natureza diversa, mas que, sobre o plano henológico das "Doutrinas não-escritas" torna-se ainda mais claro. Com efeito, a comunidade dos homens, das mulheres, dos filhos e dos bens é concebida e apresentada por Platão como uma das formas mais elevadas de *unificação*, ou seja, da *realização da unidade entre os homens:* nada, no Estado perfeito, deverá dividir-se no *meu*, no *teu* e no *seu* e perder-se a *multiplicidade* (na desordem dos egoísmos) que dela em vários sentidos deriva; tudo, ao contrário, deverá reunir-se no "nosso" que traz *unidade na multiplicidade em sentido global.*

Em consequência, entende-se perfeitamente que o homem justo por excelência, que *faz somente aquilo que lhe compete* (ou seja, que atua na sua essência a justiça, que consiste no τὰ ἑαυτοῦ πράττειν), segundo a ótica henológica que já conhecemos bem, seja chamado por Platão (e mais ainda, *justamente por escrito*!) aquele que prende e harmoniza as suas várias faculdades e tudo o que a elas está ligado, de modo a *"tornar-se um composto de muitos"*. Assim, a essência metafísica do justo e da justiça consiste em *fazer a unidade na multiplicidade*; e "sapiência" vem a ser a ciência sobre a qual esse unificar estruturalmente se fundamenta.

---

5. *República*, V, 462 a-b.

Eis o texto, verdadeiro programa:

— Na verdade, ao que me parece, a justiça era algo semelhante, mas que não diz respeito às ações exteriores das faculdades do homem, mas às ações internas que se referem a ele mesmo e às coisas que lhe pertencem; a saber, não permitir que alguma parte dentro dele exerça ofícios próprios de outras, nem que os gêneros diferentes que há na alma [as três partes da alma] se entremetam um no que pertence ao outro, mas que ele *estabeleça verdadeiramente ordem no seu interior,* tenha o *mando* sobre si mesmo, se *ordene*, e tornado *amigo de si mesmo* e *postas de acordo* as três partes da alma como se fossem três sons da *harmonia,* o mais alto, o baixo e o médio, e outros intermediários entre estes, *ligados juntamente* todos esses elementos e feito *inteiramente um composto de muitos* (ἕνα γενόμενον ἐκ πολλῶν), *temperante* e *harmônico*, doravante opere como deve operar ou para adquirir riquezas, ou para o cuidado do corpo, ou para os negócios da cidade, ou para os negócios particulares. *Em tudo isto julgará e chamará ação justa e bela a que conserve esse estado e coopere com ele, e sapiência o conhecimento que preside a essas ações e, ao invés, ação injusta a que dissolve essa ordem, e ignorância a opinião falsa que preside à ação injusta.*

— Nada mais verdadeiro do que o que dizes, Sócrates.

— Bem, respondi; se então afirmássemos ter encontrado o homem justo e a justiça que deve residir nele, não creio que estaríamos dizendo uma falsidade.

— Não, por Zeus!

— Então, devemos afirmá-lo?

— Sim, afirmemo-lo![6]

Portanto, não somente a comunidade civil realiza o *Bem* atuando a *Unidad*e, mas também cada homem, considerado na sua singularidade, atua em si o Bem realizando-se de modo unitário, *uni-ficando* as suas potencialidades e atividades. Com efeito, um homem só não pode realizar bem *muitas* artes e, assim, desenvolver *muita*s atividades, mas "somente uma" (um, uma somente).

A própria virtude, na sua essência, é designada como *somente uma*, enquanto o vício é chamado "*infinito*" nas suas formas (exatamente como é infinita a Díade). E na sua gama completa as constituições políticas se sucedem, da mais alta à mais baixa, justamente com um progressivo predomínio da "multiplicidade" que comporta

6. *República*, IV, 443 d-444 a.

desigualdade, desordem e excesso que, pouco a pouco, prevalecem sobre a Unidade[7].

Não menos evidentes são os nexos que a problemática política mostra, mesmo na maneira com que é exposta no *Político* e nas *Leis,* com as "Doutrinas não-escritas".

No *Político*, como vimos, são desenvolvidos os conceitos de "justo meio" e de "justa medida" que são, justamente, *unidade-na-multiplicidade.* Em consequência, uma fundamentação radical desses conceitos implica uma demonstração da *exatidão absoluta*, ou seja, da Medida suprema que é o Uno; remete à dimensão da oralidade dialética de modo muito claro.

O próprio Aristóteles, num diálogo denominado justamente *Político* e inspirado no homônimo *Político* de Platão, diz-nos expressamente o seguinte:

> [...] *o Bem é a medida perfeitíssima*[8].

E a Medida perfeitíssima é exatamente o Uno.

É propriamente essa capacidade de produzir a unidade-na-multiplicidade que permite ao político realizar a "mistura", ou seja, aquele grande "tecido" que constitui a sociedade política, misturando justamente os extremos e prendendo-os com vínculos ao Belo e ao Bem, vem a ser, segundo a medida justa, isto é, em função da Medida perfeitíssima. É exatamente com essa mensagem (a realidade política como mistura dos opostos em função da Medida) que o diálogo termina na passagem acima citada.

Nas *Leis*, e justamente em todos os trechos que lemos, vem à tona esses mesmos conceitos da "constituição mista" e do "meio entre os extremos" que possuem nexos estruturais essenciais com a protologia. O justo meio e a ordem (como doravante já bem o sabemos) são uma unidade-na-multiplicidade e, portanto, um modo de *ser uno* que deriva da unidade originária.

E a justa medida, que inspira fortemente todas as *Leis,* encontra uma expressão emblemática na afirmação que conhecemos bem, segundo a qual "Deus é a medida de todas as coisas"[9].

---

7. Krämer, *Arete...*, pp. 83-118 (cf. também pp. 118-145).
8. Aristóteles, *Político*, fr. 2 Ross; cf. Reale, *Platão...*, pp. 178ss.
9. *Leis*, IV, 716 c.

Lembramos, para concluir, que Deus é medida de todas as coisas porque, justamente, possui a ciência e o poder de dissolver o Uno em Muitos e de reconduzir os Muitos ao Uno, como Platão não somente no-lo diz no *Timeu,* mas como torna a repeti-lo também nas *Leis*, onde afirma que o governo divino do mundo acontece plasmando

> [...] *muitas coisas de uma e uma de muitas*[10].

Essa é, na verdade, uma sigla de ouro, vale dizer, um selo aposto em conclusão ao pensamento de Platão.

10. A passagem do *Timeu*, já outras vezes evocada por nós, é 68 d; a passagem das *Leis* é X, 903 e-904 a, da qual Gaiser deu excelentes explicações in: *Platone come scrittore...*, pp. 146ss. Para entender bem a passagem, é necessário ler e meditar todo o trecho 902 d-904 d.

QUINTA SEÇÃO

CONCLUSÕES SOBRE O PENSAMENTO PLATÔNICO

[...] θεὸς μὲν τὰ πολλὰ εἰς ἓν συγκεραννύναι καὶ πάλιν ἐξ ἑνὸς εἰς πολλὰ διαλύειν ἱκανῶς ἐπιστάμενος ἅμα καὶ δυνατός, ἀνθρώπων δὲ οὐδεὶς οὐδέτερα τούτων ἱκανὸς οὔτε ἔστι νῦν οὔτε εἰς αὖθίς ποτε ἔσται.

[...] *Deus possui a ciência e, ao mesmo tempo, o poder para misturar muitas coisas na unidade e, novamente, dissolvê-las de uma em muitas; mas homem algum sabe fazer no presente nem uma coisa nem outra, e jamais o saberá no futuro".*

Platão, *Timeu,* 68 d

ὁ δὴ θεὸς ἡμῖν πάντων χρημάτων μέτρον ἂν εἴη μάλιστα, καὶ πολὺ μᾶλλον ἤ πού τις, ὥς φασιν, ἄνθρωπος.

"para nós Deus é, mais que tudo, a medida de todas as coisas; muito mais do que o seja, como dizem, algum homem".

Platão, *Leis,* IV, 716 c

Cabeça de Platão, montada sobre uma herma moderna, conservada no *Holkham Hall* (Worfolk, Inglaterra).

I. O "MITO DA CAVERNA" COMO SÍMBOLO DO PENSAMENTO PLATÔNICO EM TODAS AS SUAS DIMENSÕES FUNDAMENTAIS

No centro da *República,* situa-se um mito platônico muito célebre, chamado "da caverna"[1]. O mito foi sucessivamente visto como símbolo da metafísica platônica, da gnosiologia e da dialética platônicas, e também da ética e da ascensão mística segundo Platão; na verdade, ele simboliza tudo isto e também a política platônica e hoje estamos em condição de reconhecer igualmente as vigorosas alusões de caráter protológico que ele apresenta de maneira muito poética: é o mito que exprime todo Platão e, assim, concluímos com ele a exposição e interpretação do seu pensamento.

Imaginemos homens que vivam numa habitação subterrânea, numa caverna, cuja entrada esteja aberta para a luz em toda a sua largura, com uma escarpada via de acesso ao interior; e imaginemos que os moradores dessa caverna estejam presos pelas pernas e pelo pescoço de modo que não podem voltar-se e, assim, só podem olhar para o fundo da caverna. Imaginemos ainda que seguindo a largura da caverna haja um pequeno muro da altura de um homem e que, atrás desse pequeno muro (portanto, inteiramente ocultos por ele) passem continuamente homens que trazem sobre os ombros estátuas e objetos esculpidos em pedra, madeira e outros materiais, figurando todo o tipo de coisas existentes. Imaginemos, além disso, que atrás desses homens[1a] esteja aceso um grande fogo e fora, no alto, o sol. Finalmente, imaginemos que a caverna possua um eco e que os homens que passam atrás do muro falem entre si, de modo que, do fundo da caverna as suas vozes sejam refletidas pelo eco.

Pois bem, se assim fosse, aqueles prisioneiros não poderiam ver senão as sombras das estatuetas projetadas sobre o fundo da caverna e ouviriam o eco das vozes: mas acreditariam, não tendo nunca visto outra coisa, que aquelas sombras fossem a única e verdadeira realidade, e acreditariam ainda que as vozes do eco fossem as vozes

---

1. *República*, VII, 514 a ss. Sobre os influxos desse mito sobre autores antigos e modernos, e sobre as conspícuas reelaborações que dele foram feitas, ver K. Gaiser, *Il paragone della caverna. Variazioni da Platone ad oggi*, Bibliopolis, Nápoles 1985.

1a. Dentro da caverna (N.d.T.).

pertencentes àquelas sombras. Ora, suponhamos que um dos prisioneiros consiga, com árduo esforço, livrar-se das cadeias; também com muito esforço ele conseguiria acostumar-se à nova visão que teria diante dos olhos; habituando-se, veria as estatuetas movendo-se acima do muro e entenderia que elas são bem mais verdadeiras do que as coisas que antes via e que agora lhe aparecem como sombras. Suponhamos agora que alguém arraste o prisioneiro para fora da caverna, para além do muro. Então, primeiramente ele ficaria ofuscado com a grande luz e depois, com o hábito, aprenderia a ver as próprias coisas, primeiro nas suas sombras e reflexos na água, depois em si mesmas; finalmente veria o sol e entenderia que são essas as verdadeiras realidades e que o sol é a causa de todas as outras coisas.

Citemos todo o texto, verdadeiramente fundamental:

— Depois disso, disse eu, representa-te, segundo essa condição, a nossa natureza no que diz respeito à educação e à ausência dela. Imagina ver homens encerrados numa habitação subterrânea em forma de caverna, que tenha a entrada aberta para a luz em toda a sua extensão; além disso, que eles se encontrem aqui desde crianças, com as pernas e o pescoço presos a cadeias de modo a não poder mover-se e a dever olhar sempre para a frente, sem poder virar a cabeça por causa das cadeias; atrás deles, ao longe, brilha a luz de uma fogueira; entre os prisioneiros e o fogo corre um caminho elevado e ao longo dele um pequeno muro, igual à cortina que os exibidores de marionetes colocam entre si e os espectadores e acima da qual exibem seu espetáculo.

— Estou vendo, disse ele.

— Imagina agora que, ao longo do pequeno muro, passam homens carregando utensílios de todo tipo que excedem a altura do muro, e figuras de homens e de animais feitas de pedra e madeira, e todo tipo de formas; e, como é natural, alguns dos carregadores falem e outros permaneçam em silêncio.

— Falas, disse ele, de um estranho quadro e de estranhos prisioneiros.

— Eles são semelhantes a nós, respondi. Antes de tudo, crês que eles e seus vizinhos vejam outra coisa a não ser as sombras que o fogo projeta na parede da caverna que está diante deles?

— E como, se estão obrigados a ter a cabeça imóvel durante toda a vida?

— E quanto aos objetos que são levados, não acontece a mesma coisa?

— Sem dúvida.

— Se, portanto, pudessem conversar entre si não crês que pensariam designar objetos reais, designando as sombras que contemplam?

— Necessariamente.

— E se o cárcere tivesse um eco vindo da parede em frente, todas as vezes que um dos passantes falasse crês que pensariam ser outro a falar a não ser a sombra que passa?

— Não, por Zeus, disse ele.

— Em todo caso, disse eu, esses tais outra coisa não pensariam que fosse o real verdadeiro a não ser a sombra daqueles objetos artificiais.

— Necessariamente, disse ele.

— Considera agora, continuei, de que modo seria a sua libertação das cadeias e a sua cura da ignorância, se as coisas lhes acontecessem naturalmente. Logo que um fosse solto e obrigado a levantar-se e a virar o pescoço, a caminhar e a levantar os olhos para a luz, ao fazer tudo isto sofreria dores e ficaria ofuscado sem poder ver as coisas cujas sombras via antes. O que pensas que ele responderia se alguém lhe dissesse que o que via há pouco eram sombras vãs e que agora, mais perto da realidade e voltado para objetos mais reais, ele via mais corretamente as coisas? E mostrando-lhe cada um dos objetos que passam, o forçasse a responder à pergunta "o que é"? Não crês que ele ficaria perplexo e que os objetos que antes via lhe pareceriam mais verdadeiros do que aqueles que agora vê?

— Bem mais verdadeiros, disse ele.

— E se alguém o obrigasse a olhar a luz mesma, seus olhos não ficariam doloridos e não fugiria, voltando-se para aquelas coisas que pode ver, e não consideraria a estas realmente mais claras do que as que lhe são mostradas?

— Assim é, disse ele.

— E se de lá alguém o tirasse, levando-o por força a subir pela rude e escarpada subida, e não o deixasse antes de tê-lo trazido para fora, para a luz do sol, acaso não sofreria e não se revoltaria por ver-se assim arrastado e, tendo chegado à luz, não teria os olhos ofuscados pelo seu brilho e não ficaria impedido de ver nem mesmo um dos objetos que a partir de agora são ditos verdadeiros?

— Pelo menos, disse ele, não poderia vê-los imediatamente.

— Penso que deveria primeiro habituar-se para poder ver as coisas daqui de cima. O que primeiro veria mais facilmente seriam as sombras, depois as imagens dos homens e das outras coisas refletidas nas águas, depois os próprios objetos. Em seguida veria os objetos que estão no céu e contemplaria o próprio céu durante a noite, vendo a luz dos astros e da lua com mais facilidade do que veria durante o dia o sol e a luz do sol.

— Sem dúvida.

— Finalmente, creio que poderia ver o próprio sol e não os seus reflexos nas águas ou em alguma outra superfície, mas ele mesmo e em si mesmo, na morada que lhe é própria, contemplando-o tal qual é.

— Necessariamente, disse ele.

— Depois disso poderia deduzir a esse propósito as conclusões de que é o sol que produz as estações e os anos, que governa todas as coisas no mundo visível e que é causa também de todas as coisas que ele e seus companheiros antes viam.

— É claro, disse ele, que depois de tudo chegaria a essas conclusões.

— E então, quando se lembrasse da sua primeira morada e da sabedoria que ali pensava possuir e dos que estavam prisioneiros com ele, não pensas que se felicitaria da mudança e teria compaixão daqueles outros?

— Sim, certamente.

— E se entre eles havia louvores, honras e prêmios para quem tivesse a vista mais aguda para observar os objetos que passavam e se recordasse mais exatamente quais eram os que costumavam passar em primeiro ou em último lugar ou juntos, e a partir daí fosse o mais capaz de prever o que estava por acontecer, pensas que este tal teria desejo daquelas coisas e inveja dos que entre eles gozam de mais honra e poder, ou não sucederia acaso o que diz Homero, e que ele preferiria muito mais, "viver sobre a terra e ser servo de um pobre homem" e sofrer qualquer coisa, antes do que voltar a viver lá e ter lá aquelas opiniões?

— Sem dúvida, disse ele; penso que sofreria qualquer coisa antes do que tornar a viver aquela vida.

— Pensa também nisso: se aquele tal descesse de novo na caverna, voltasse a sentar-se no seu lugar, não ficaria com os olhos cheios de trevas vindo, de repente, da luz do sol?

— Certamente, disse ele.

— E se voltasse a discorrer sobre aquelas sombras, discutindo com os prisioneiros que lá ficaram, antes que seus olhos se acostumassem com a escuridão, o que levaria bastante tempo, não seria motivo de riso e não se diria dele que, tendo subido lá em cima, voltou com a vista estragada, e que não vale a pena tentar a subida? E se buscasse libertá-los e conduzi-los para o alto e eles pudessem agarrá-lo com suas mãos, acaso não o matariam?

— Certamente o fariam, disse ele[2].

O que simboliza exatamente esse "mito da caverna"?

a) Antes de tudo, *simboliza os vários graus ontológicos da realidade*, ou seja, os planos do ser sensível e suprassensível, com as suas subdivisões: as sombras da caverna são as meras aparências sensíveis das coisas, enquanto as estátuas e os artefatos simbolizam

2. *República*, VII, 514 a-517 a.

todas as coisas sensíveis; o muro representa o divisor de águas que divide as coisas sensíveis das suprassensíveis. Para além do muro, as coisas verdadeiras e os astros simbolizam a realidade no seu ser verdadeiro, ou seja, as Ideias; finalmente, o sol simboliza a Ideia do Bem.

O que exprimem as sombras e as imagens refletidas das coisas verdadeiras, as primeiras que o prisioneiro vê para além do muro? Observemos que as sombras diretas para além do muro e as imagens refletidas na água fora da caverna são justamente *sombras e imagens* das verdadeiras *realidades produzidas pela luz do sol*, completamente diferentes das sombras que os prisioneiros veem no fundo da caverna. Estas são, ao contrário daquelas, produzidas pelas estátuas e pelos objetos artificiais e pela luz do fogo. Em outras palavras, aquelas primeiras estão verdadeiramente "no meio" entre as Ideias e as coisas que as reproduzem[2a] e exprimem muito bem os "seres intermediários que são *ontologicamente "intermediários"*, como bem o sabemos.

E o que simbolizam as estrelas e os astros situados, evidentemente, acima das coisas verdadeiras singulares?

Já agora tornou-se clara a resposta e, com Krämer, é possível afirmar doravante que não nos enganamos "se nelas reconhecermos as Meta-ideias de identidade e de diversidade, de igualdade e de desigualdade, de par e de ímpar [...][3]. Portanto, as coisas reais simbolizam as Ideias singulares especificamente distintas, as estrelas e os astros as Meta-ideias e os Números ideais, ao passo que o Sol simboliza a Ideia do Bem-Uno.

b) Em segundo lugar, o mito simboliza os *planos do conhecimento*, nos seus diferentes níveis e nos vários graus desses níveis.

A visão das sombras na caverna simboliza a εἰκασία ou imaginação, enquanto a visão das estátuas e artefatos simboliza a πίστις ou crença.

A *passagem* da visão das estátuas à visão dos objetos verdadeiros correspondentes, que acontece primeiramente por meio dos reflexos e imagens das mesmas e, portanto, dos seres matemáticos, simboliza

2a. A água ou outras superfícies (N.d.T.).

3. Krämer, *Platone...*, p. 194; cf. também Gaiser, *Il paragone...*, p. 16.

a διανοια, ou seja, o conhecimento mediano ou intermediário que está estruturalmente ligado às ciências matemáticas.

A visão mais elevada, que se inicia com a percepção dos seres reais e que, através da visão das estrelas, dos astros e da lua durante a noite, chega à visão do sol na plena luz do dia, simboliza o grande caminho da dialética nos seus estágios essenciais, a saber, no seu avançar e no seu passar de Ideia a Ideia até às Ideias supremas e, por abstração dessas, até à própria Ideia do Bem, ao Princípio do Todo.

c) Em terceiro lugar, o mito da caverna simboliza também o *aspecto místico e teológico* do platonismo; a vida na caverna simboliza a vida humana na dimensão dos sentidos e do sensível, enquanto a vida na pura luz simboliza a vida na dimensão do espírito. A libertação das cadeias e a "conversão", ou seja, o voltar o rosto das sombras à luz, simboliza o converter-se do sensível ao inteligível. Enfim, a suprema visão do sol e da luz em si simboliza a visão do Bem, o conhecimento e a fruição do Uno e da Medida suprema de todas as coisas ou do absolutamente Divino, e a consequente decisão de nele inspirar-se em todas as atividades da vida.

Notemos, em particular, como Platão indica a libertação da visão das sombras para a luz como um "voltar o pescoço" do prisioneiro da caverna (περιάγειν τὸν αὐχένα), justamente para poder levantar o olhar para a luz (πρὸς τὸ φῶς ἀναβλέπειν)[4]. E esta imagem emblemática de *voltar a cabeça para a parte oposta* é retomada e desenvolvida pouco depois e qualificada como "conversão" (περιαγωγή) da alma do devir ao ser, como condição necessária para chegar a ver o ser no seu máximo esplendor e, portanto, o Bem, que é o Princípio do Todo[5].

Essa metáfora da "conversão" foi retomada e desenvolvida pelos cristãos em sentido religioso, como bem observou Jaeger, afirmando que ao "considerarmos o problema não já do fenômeno da 'conversão' como tal, mas da origem do *conceito* cristão de conversão, deve-se reconhecer em Platão o primeiro autor desse conceito. A transferência do vocábulo para a expressão religiosa cristã teve lugar no terreno do primitivo platonismo cristão"[6]. Mas a dimensão religiosa

4. *República*, VII, 515 c.
5. *República*, VII, 518 d ss.
6. Jaeger, *Paideia*, II, pp. 512s., nota 82.

e ascética (naturalmente em sentido helênico) está já largamente presente em Platão, e o "converter-se" no sentido compreensivo do "voltar-se" da alma das ilusões para a verdade, com todas as suas consequências, aparece já em Platão verdadeiramente emblemático, como demonstra de modo admirável justamente esse mito da caverna.

d) O mito da caverna exprime também *a concepção política especificamente platônica.*

Com efeito, Platão fala igualmente de um *"retorno" à caverna daquele que se libertara das cadeias, de um retorno que tem como alvo a libertação das cadeias dos outros em companhia dos quais antes ele fora escravo.*

Este "retorno" é, indubitavelmente, o retorno do filósofo-político, o qual, se seguisse apenas seu desejo, ficaria a contemplar a verdade; mas, ao invés, superando tal desejo, desce para tentar salvar também os outros (o verdadeiro político, segundo Platão, não ama o mando e o poder, mas usa mando e poder como serviço à Cidade, em vista da atuação do Bem).

Mas que poderá acontecer a quem volta a descer? Passando da luz à sombra ele não conseguirá enxergar, senão depois de ter-se novamente habituado à escuridão; custará a readaptar-se aos velhos usos dos companheiros, correrá o risco de não ser entendido por eles e de ser tido por louco, suscitando profundas aversões e poderá até correr o perigo de ser morto.

Há aqui, certamente, uma alusão a Sócrates, mas o juízo vai sem dúvida muito além do caso de Sócrates.

Eis o que Platão pretende dizer: ai de quem rasga as ilusões que envolvem os homens! Eles não toleram as verdades que subvertem os seus cômodos sistemas de vida fundados sobre as aparências e sobre a parte mais fugidia do ser, e temem as verdades que invocam a totalidade do ser e o eterno; quem lhes traz uma mensagem de verdade ontologicamente revolucionária pode ser condenado à morte como um charlatão! Assim aconteceu com Sócrates, o "único político verdadeiro" da Grécia, como Platão o chama, e assim foi e será ou poderá ser para quem quer que se apresente "político" em sentido universal.

II. VÉRTICES DO PENSAMENTO DE PLATÃO, PONTOS DE REFERÊNCIA NA HISTÓRIA DO PENSAMENTO OCIDENTAL

1) Um dos vértices do pensamento platônico — que permaneceu talvez como o ponto de referência mais significativo e mais estimulante na história do pensamento ocidental, não somente na idade antiga, mas também na idade moderna — é constituído pela teoria das Ideias.

Apresentemos alguns exemplos mais notáveis.

Aristóteles, embora fazendo da teoria das Ideias objeto de uma intensa crítica de natureza teórica, nela vai buscar a inspiração fundamental justamente para a sua concepção da "forma" que plasma e estrutura a matéria. Com o platonismo médio, as Ideias tornam-se pensamentos da Inteligência divina e nesse sentido as entenderão igualmente os Padres da Igreja. Os escolásticos irão buscar importantes motivos teóricos nessas duas interpretações. Na idade moderna, vamos lembrar dois exemplos que são os de maior significação: Kant interpretará as Ideias como as formas supremas da Razão e, conquanto negando-lhes um valor cognoscitivo, irá atribuir-lhes um "uso" regulativo estrutural de grande importância; quanto a Hegel, julgará a teoria das Ideias como a "verdadeira grandeza especulativa" de Platão e, mais ainda, como uma própria e verdadeira "pedra miliar" na história da filosofia e mesmo na história universal.

Poderíamos afirmar, com bons fundamentos, que uma história da interpretação e dos repensamentos teoréticos da teoria das Ideias abrangeria uma ampla área da história da filosofia ocidental e exatamente em alguns pontos essenciais. Com efeito, o principal eixo de sustentação do pensamento que Platão apresentou nos seus diálogos (ou seja, na dimensão da "escritura") é justamente a metafísica das Ideias e sobre ela, para poder repensar Platão, todos os leitores se concentraram em todas as épocas.

2) Do ponto de vista estritamente teórico, pelos motivos supracitados, o vértice mais elevado do pensamento platônico é constituído pela teoria dos Princípios (da qual a própria teoria das Ideias depende), confiada por Platão sobretudo à "oralidade", mas à qual, com indicações e alusões às vezes bastante incisivas, referiu-se com exatidão também nos seus escritos. Essa doutrina leva (como se diz por

alusão justamente na *República*) exatamente ao "princípio do Todo" (τοῦ παντὸς ἀρχή)[1] e à explicação metafísica da realidade em todos os seus aspectos.

Na perspectiva da moderna interpretação de Platão, a teoria dos Princípios foi recuperada e compreendida no seu alcance apenas em tempos mais recentes, pelos motivos acima apresentados; mas, do ponto de vista histórico, pelo menos no âmbito do pensamento antigo, ela suscitou correntes verdadeiramente notáveis.

Em 1912, W. Jaeger reconhecia que a filosofia platônica à qual Aristóteles se refere na sua *Metafísica* não é a dos diálogos, mas a das "Doutrinas não-escritas"[2]. Com efeito Aristóteles, seja pelas suas polêmicas, seja pelos seus repensamentos teóricos, é devedor, em larga medida, das "Doutrinas não-escritas".

Já os neoplatônicos irão buscar aqui os estímulos para o repensamento teórico e para os desenvolvimentos sistemáticos da filosofia de Platão. O Uno-Bem, fundamento do pensamento de todos os neoplatônicos (e do qual trataremos amplamente no IV volume) é, justamente, o "Princípio do Todo" de Platão, com esta diferença: em Platão trata-se de um Princípio supremo, de *estrutura bipolar* (o Uno age sobre a Díade que lhe é hierarquicamente subordinada, mas coessencial e eterna), ao passo que nos neoplatônicos trata-se de um Princípio de *estrutura monopolar* e absoluto, no sentido de que tudo deriva dele, inclusive a própria Díade, com tudo o que daí resulta.

3) Uma conquista de Platão, estreitamente ligada às precedentes e que constitui mesmo a sua base, é a concepção da estrutura hierárquica do real. As conclusões do *Fédon*, cuja validez permaneceu intacta para Platão, são aquelas sobre as quais repetidamente insistimos: "Estabeleçamos [...] duas espécies de seres: uma visível, outra invisível" (θῶμεν [...] δύο εἴδη τῶν ὄντων, τὸ μὲν ὁρατόν, τὸ δὲ ἀιδές)[3].

Voltaremos à significação de fundo desse "dualismo", ligado ao problema da transcendência; aqui, mais do que sobre essa distinção

1. *República*, VI, 511 b.

2. Jaeger, *Studien zur Entstehungsgeschichte der Metaphysik des Aristoteles*, Berlim 1912, p. 141.

3. *Fédon*, 79 a.

básica entre o *físico* e o *suprafísico*, queremos chamar a atenção para a *complexa articulação dessa distinção* (antes já explicada), que parte dos Princípios primeiros e supremos, aos quais se segue a esfera das Ideias hierarquicamente estruturadas, depois ulteriormente a esfera dos seres matemáticos, também hierarquicamente e, por último, a esfera das realidades sensíveis. Cada uma dessas esferas articula-se, justamente, segundo uma *estrutura hierárquica* (com a emergente e particular importância da esfera das Ideias, que se articula em Números ideais, Ideias generalíssimas ou Meta-ideias, Ideias particulares), com uma dependência estrutural do plano inferior com relação ao superior (e não vice-versa) e, com uma dependência mediata de toda a realidade, de vários modos e em todos os níveis, do Princípio primeiro.

Essa concepção da estrutura hierárquica do real teve grande importância. Sem esse horizonte de fundo, não se podem entender os sucessores imediatos de Platão. O próprio Aristóteles, como teremos ocasião de ver nesse mesmo volume, introduz essa concepção na sua visão teórica e a faz um dos eixos de sustentação da sua metafísica. Já os neoplatônicos, como veremos no volume IV, irão levá-la de modo sistemático às suas consequências extremas, tendo ela encontrado em Proclo seus desenvolvimentos mais amplos.

4) Repetidas vezes fizemos uso dos termos "divino" e "Deus" ao expor o pensamento platônico, e chegou o momento de resumir quanto dissemos e de determinar qual seja propriamente o sentido da teologia platônica.

Alguém afirmou que Platão é o fundador da teologia ocidental[4]. A afirmação, entendida no seu sentido justo, é exata. A "segunda navegação", isto é, *a descoberta do suprassensível, deveria dar a Platão, pela primeira vez, a possibilidade de ver o divino justamente na perspectiva do suprassensível*, como fará depois toda sucessiva concepção evoluída do divino. Com efeito, também nós hoje consideramos como fundamentalmente equivalente, de um lado, crer no suprassensível e crer no divino e, de outro, negar o divino e negar o suprassensível. Desse ponto de vista, Platão é, sem dúvida, o criador da teologia ocidental, na medida em que descobriu a categoria

4. Cf. Jaeger, *Paideia*, II, pp. 492s.

(o imaterial) segundo a qual é possível e necessário pensar o divino (as posições ulteriores dos estoicos e dos epicuristas, que admitirão deuses materiais, apresentam um emaranhado de aporias, tornadas mais gritantes justamente pelo fato de que retomam posições e categorias pré-socráticas que, fatalmente, depois de Platão e Aristóteles, não poderiam conservar mais o sentido originário).

No entanto, convém acrescentar que Platão, embora havendo alcançado o novo plano do suprassensível e tendo nele situado a problemática teológica, repropõe a visão (já nossa conhecida, e que permanecerá uma constante de toda filosofia grega) segundo a qual o divino é estruturalmente múltiplo.

No entanto, devemos distinguir, na teologia platônica, o "Divino" impessoal do Deus pessoal. Divino é o mundo ideal em todos os seus planos e, em particular, divina é a Ideia do Bem (Uno), mas não é o Deus-pessoa. Portanto, no cimo da hierarquia do inteligível há um Ente divino (impessoal) e não um Deus (pessoal), assim como as Ideias são Entes divinos (impessoais) e não Deuses (pessoais).

Ao contrário, o Demiurgo tem características de pessoa, isto é, de Deus, pois *conhece* e *quer*. Mas ele é inferior ao mundo das Ideias no seu complexo já que não o cria, mas depende dele gnosiológica e normativamente (embora encontrando-se no vértice, logo após a Ideia do Bem). O Demiurgo não cria nem mesmo o princípio material que, como vimos, a ele preexiste.

Os astros e o mundo (concebidos como inteligentes e animados), são deuses criados pelo Demiurgo; e a ele talvez se acrescentem algumas divindades das quais falava o antigo politeísmo e que Platão parece conservar (ou, pelo menos, parece não rejeitar de maneira categórica e globalmente). Divina é a alma do mundo, divinas são as almas das estrelas e as almas humanas, junto às quais devem ser enumerados os *demônios* mediadores, dentre os quais Eros é o exemplo mais típico.

Porém, se considerarmos rigorosamente o conceito de criação (ainda que no sentido do *semicriacionismo* helênico), todos os outros Deuses acabam dependendo estruturalmente do primeiro. Assim, mesmo de longe e ao menos como exigência, Platão enveredou por um caminho que se dirige para uma espécie de monoteísmo, ao menos dentro da medida helênica.

As famosas palavras que o Demiurgo (Deus "criador" exatamente na significação helênica) dirige aos *Deuses criados* impõem-se num certo sentido quase como emblemáticas, justamente na perspectiva que indicamos:

"Ó Deuses, filhos de Deuses, eu sou o vosso Artífice e Pai das obras que produzis por meu intermédio, e que são indissolúveis enquanto assim eu o quiser. Com efeito, tudo o que é ligado pode ser dissolvido, mas querer dissolver o que é belo e harmoniosamente unido é próprio de um ser mau. Por essa razão e já que fostes gerados, não sois nem imortais nem totalmente incorruptíveis. No entanto, nunca sereis dissolvidos nem estareis submetidos a um destino mortal, pois que a minha vontade é para vós um laço mais forte e maior do que aquele com o qual fostes ligados ao nascer. *Aprendei agora o que vos digo e vos demonstro.* Ficam ainda por gerar três espécies de mortais. Se eles não forem gerados o Céu permanecerá incompleto, pois não terá em si todas as espécies de seres vivos. Ora, deve tê-las para ser suficientemente perfeito. Mas, se estes fossem gerados por mim e de mim recebessem a vida, seriam iguais aos Deuses. Portanto, para que sejam mortais e para que este universo seja verdadeiramente completo, aplicai-vos, segundo a vossa natureza, à produção de tais viventes, *imitando a potência que usei na vossa geração.* E no que diz respeito àquela parte dos viventes que deve ter o mesmo nome que os imortais e que é chamada divina e que rege aqueles que querem seguir-vos e seguir a justiça, eu mesmo vos darei a semente e o seu princípio. Com respeito ao resto, entretecendo essa parte imortal com a mortal, fabricai os viventes, fazei-os nascer, dai-lhes o alimento e o crescimento e, ao morrer, recebei-os novamente"[5].

Acima do Deus platônico, como antes esclarecemos, está o Divino no sentido supremo (o Uno-Bem e os Princípios e, em certa medida, as Ideias consideradas na sua totalidade, embora o Demiurgo seja, hierarquicamente, o maior de todos os entes[6], ontológica e metafisicamente subordinado só aos Princípios primeiros e supremos). Como haveremos de ver, Aristóteles inverterá a hierarquia, pondo no vértice justamente um Deus que tem a característica da inteligência pessoal e, nesse sentido, avançará além de Platão, embora de maneira parcial e problemática; mas as cinquenta e cinco inteligências motrizes das esferas celestes que ele introduz (das quais adiante falaremos)

5. *Timeu*, 41 a-d.
6. Cf. *Timeu*, 37 a; cf. também, ibidem, 29 a.

são Deuses a Ele inferiores, mas coeternos, enquanto, nesse ponto, Platão aparentemente avançou mais, apresentando todos os Deuses como criados pelo Demiurgo.

5) Como acima recordamos, Platão chegou à concepção de "criacionismo" mais avançada na dimensão helênica[7].

Lembramos que, diante desse problema tiveram e têm lugar fortes reações e prevenções por parte de muitos intérpretes motivados por aversões de tipo diverso contra a temática da "criação divina". Essas prevenções geraram numerosas confusões ou, quando menos, levaram a pôr entre parênteses e a situar essa problemática à margem da interpretação de Platão.

Mais ainda, alguns consideram que *não seja possível falar de "criação" em nenhum sentido com referência a autores gregos, senão indo contra o modo de pensar próprio dos helenos.*

No entanto, Platão fala de uma *atividade demiúrgica* no sentido de *levar do não-ser ao ser* (ἐκ τοῦ μὴ ὄντος εἰς τὸ ὄν)[8] e diz com toda clareza que o Demiurgo produz o universo, os animais, os vegetais, os minerais e ainda, não só as coisas que são geradas, mas também "as coisas das quais derivam as coisas que são geradas"[9], ou seja, os elementos (água, ar, terra e fogo).

Mas eis como deve ser entendido esse aspecto do pensamento platônico.

O ser é um "misto" e, consequentemente, a criação do Demiurgo é a *criação de um misto*, vem a ser, um fazer passar da desordem à ordem, justamente porque o ser é esse ordenamento de uma desordem (*uni*-ficação de uma *multiplicidade* ilimitada).

Mas, a respeito desse ponto, Platão avança muito, de maneira verdadeiramente notável. E vai muito além de todos os gregos a ele anteriores ou posteriores, *embora permanecendo na dimensão helênica.*

Com efeito, não somente se limita a dizer que o Demiurgo combina na mistura elementos antes constituídos, mas chega a afirmar com precisão que os constitui. Em outros termos: o Demiurgo plasma tanto os elementos materiais dos quais derivam as coisas, como os

7. Sobre este assunto ver: Reale, *Platão...*, pp. 521ss.

8. Cf. *Banquete*, 205 b; *Sofista*, 219 b, 265 b, 266 b.

9. *Sofista*, 266 b.

elementos formais que permitem realizar no mundo sensível o mundo ideal e, desse modo, atua o Bem (o Uno) no grau mais elevado possível, em particular por meio dos números e das estruturas matemáticas e geométricas, como acima tivemos ocasião de mostrar.

6) Platão identificou o filósofo com o "dialético" e definiu o dialético como aquele que é capaz de olhar a realidade *sinoticamente*, ou seja, *que é capaz de ver o "todo"*, isto é, de recolher a pluralidade na unidade, os *muitos* no *uno*.

O conceito de dialética teve, justamente, um dos mais notáveis desenvolvimentos na história do pensamento ocidental os quais, se avançam bem além dos horizontes de Platão, sobretudo com Hegel (e com os pensadores que de várias maneiras dele dependem), têm seus pressupostos e seus precedentes exatamente em Platão.

Com efeito, a dialética tem suas origens no âmbito do pensamento eleático, sobretudo com Zenão, mas, dentro dos limites do pensamento antigo, *alcança seu vértice justamente com Platão*. O próprio Aristóteles operará uma redução da dialética às perspectivas da sua lógica. Com os neoplatônicos, porém, ela retomará horizontes mais amplos, com desenvolvimentos assaz notáveis, mas sem a grandiosa e paradigmática linearidade e essencialidade que alcança em Platão.

Como já vimos, acima das interpretações diversas que se podem dar da dialética platônica, manifesta-se a sua exata fisionomia como fundada sobre os Princípios primeiros e supremos e sobre a consequente estrutura bipolar do real, vem a ser, como o procedimento cognoscitivo capaz de recolher sinoticamente os muitos (πολλά) no uno (ἕν) e, paralelamente, de decompor o uno em muitos, por meio de uma gradação diairética, como explicamos e documentamos.

A dialética, com os procedimentos sinótico e diairético, torna-se verdadeiramente para Platão, *a expressão suprema do pensamento e o fundamento de toda capacidade e poder do operar e, nesse sentido, também a característica essencial do Intelecto divino e do seu operar*[10].

7) Justamente nesse sentido deve ser entendida a "assimilação a Deus" (ὁμοίωσις θεῷ)[11], ou seja, o "fazer-se semelhante a Deus na

10. Cf. Reale, *Platão...*, *passim*.
11. *Teeteto*, 176 b.

medida em que é possível ao homem" (εἰς ὅσον δυνατὸν ἀνθρώπῳ ὁμοιοῦσθαι θεῷ)[12], da qual Platão fala (e à qual muitos autores se referiram em todos os tempos e segundo óticas diversas).

Para Platão, imitar a Deus significa *alcançar o conhecimento e a capacidade de realizar a unidade-na-multiplicidade, que Deus possui de modo paradigmático.*

Essa conquista em conhecimento, em potência e em atividade prática constitui justamente a linha de força mais significativa de todo o pensamento platônico em todas as suas componentes metafísicas, gnosiológicas, ético-religiosas e políticas.

Em suma, imitar a Deus é conseguir conhecer, como Ele, qual seja a medida de todas as coisas e, como Ele, atuá-la praticamente em todas as coisas.

8) A grandeza da concepção do homem em Platão reside no delineamento da natureza humana em *duas dimensões*, material e espiritual. Mas, nesse particular, ele defronta-se com sérias aporias, na medida em que contrapõe num dualismo levado ao extremo, a alma e o corpo (ao passo que não contrapõe a Ideia à coisa; a alma é *prisioneira* do corpo, enquanto a Ideia, longe de ser prisioneira da coisa da qual é Ideia, é igualmente sua causa, razão e fundamento), e vê no corpo um mal e como que uma pura crisálida do homem; essa concepção conduz a um excesso de rigorismo que atinge, algumas vezes, o paroxismo.

Além disso, embora tenha descoberto que a vida é sagrada e não pode de modo algum ser suprimida, e o tenha proclamado, ainda que em nível intuitivo, no *Fédon*, pois que ela é posse dos deuses e não nossa, Platão, na *República,* derroga essa afirmação, proclamando a necessidade de suprimir os malformados e os doentes crônicos e incuráveis. Essa afirmação é tanto mais desconcertante quanto Platão não se cansou de dizer-nos que o homem é a sua alma e que os males do corpo não atingem a alma. Mas o caráter absoluto da vida humana só é adequadamente fundamentado se ela for vinculada diretamente ao Absoluto e feita depender Dele: essa afirmação, no entanto, não ocorreu a nenhum grego por razões que ainda teremos ocasião de expor.

9) Outra notável conquista de Platão reside na extraordinária força de revelação que ele soube dar à Beleza: com efeito, o Belo,

---

12. *República*, X, 613 b.

para ele, é revelador da Verdade de modo excelente, porque é uma "imagem clara" do Inteligível (do Belo em si e, portanto, do Bem, ou seja, do Princípio de todas as coisas).

Mas para entender bem Platão nesse ponto é necessário recordar que, para ele (e assim será também para os neoplatônicos) não é a arte a via de acesso para a fruição do Belo, mas o Eros (Eros em sentido helênico) e, portanto, a Erótica com sua escala ascendente (o "amor platônico" para usar uma expressão que se tornou emblemática). Por conseguinte, não é a arte, mas a erótica (o "amor platônico") que implica uma experiência cognoscitiva, fundada sobre a dimensão do espírito humano que conduz ao Absoluto através da Beleza.

Mas há um outro ponto fundamental que deve ser bem entendido, se desejarmos compreender Platão ao tratar essa temática. O Belo é a única das Ideias transcendentes acessível por meio dos sentidos, mas não de todos e sim somente através da *visão*; não, por exemplo, do ouvido que, no entanto, é também revelador do belo como no caso da música (com todas as consequências que daí derivam). A respeito desse ponto, Platão é uma expressão sem dúvida paradigmática da civilização helênica, em cujo âmbito o "ver" teve um nítido e estrutural predomínio hierárquico sobre o "ouvir", ao qual cabe o predomínio em outras culturas, como já antes explicamos.

Esse fato nos faz compreender bem *a importância extraordinária que a forma e a figura adquiriram para o grego* (e, portanto, a *idea* e o *eidos* que significam justamente forma e figura, e que em Platão alcançam a extraordinária função metafísica que conhecemos). Em particular, o Bem é o Uno e a Medida suprema para o nosso filósofo; e o Belo (assim como o Bem) *explica-se por meio de números e medida*, ou seja, como *unidade-na-multiplicidade;* e é justamente isso que "vemos" no belo sensível: o desdobrar-se da unidade na multiplicidade, segundo a ordem e a harmonia que se manifestam em vários níveis e de diversas maneiras.

Em suma, o Belo (primeiro sensível, depois inteligível) é revelador do Bem porque é revelador, no mais alto nível, do Uno e do seu vário e múltiplo desdobrar-se.

10) Os pontos que acabamos de enumerar são os frutos mais significativos daquela que Platão denominou a sua "segunda nave-

gação", sobre a qual nos demoramos longamente a seu tempo e que, com metáfora não menos vigorosa, chamou também "conversão" da alma e "libertação das cadeias", como vimos.

Em conclusão, podemos afirmar que a "segunda navegação" platônica constitui uma conquista que assinala em certo sentido, como observamos no início, *o estágio mais importante na história da metafísica.* Com efeito, todo o pensamento ocidental será condicionado, de modo decisivo, justamente por essa distinção[12a] seja na medida em que a aceitar (como é óbvio), seja na medida em que *não* a aceitar; com efeito, nesse último caso deverá justificar polemicamente a não-aceitação de tal distinção e permanecerá assim dialeticamente condicionado por essa negação.

É depois da "segunda navegação" platônica (e *somente* depois dela) que se pode falar de *corpóreo* e *incorpóreo*, *sensível* e *suprassensível*, *empírico* e *meta-empírico*, *físico* e *suprafísico*[12b]. E é somente à luz dessas categorias que os físicos anteriores podem ser ditos materialistas, e a natureza e o cosmos físico não se consideram mais como sendo a totalidade das coisas que *são*, mas somente a totalidade das coisas *que aparecem.* A filosofia conquistou o *mundo inteligível*, a esfera das realidades que *não são sensíveis, mas somente pensáveis.* Contra todos os predecessores e contra muitos contemporâneos, Platão não se cansou, ao longo de toda a vida, de repisar essa sua descoberta fundamental, verdadeiramente revolucionária: há bem mais coisas de quanto não conheça a vossa filosofia, limitada à dimensão do físico!

Essa justamente, segundo nos parece, é a "conquista definitiva" que Platão transmitiu aos pósteros.

Pela primeira vez, à pergunta "por que existe o ser e não, antes, o nada?" o Ocidente soube responder com Platão, e justamente em função da sua "segunda navegação": porque o ser é um *bem*; e, em geral, as coisas existem porque são algo positivo, porque são como é *bem* que sejam, no sentido já antes explicado.

O positivo, a ordem, o Bem são o fundo do ser.

12a. Entre o sensível e o suprassensível (N.d.T.).
12b. Ou *metafísico* (N.d.T.)

Cabeça de Platão, conservada na *Glyptothek* de Munique, Baviera.

CIDADES DE NASCIMENTO E SEDES NAS QUAIS PLATÃO VIVEU E ENSINOU

CIDADES DE NASCIMENTO E SEDES NAS QUAIS

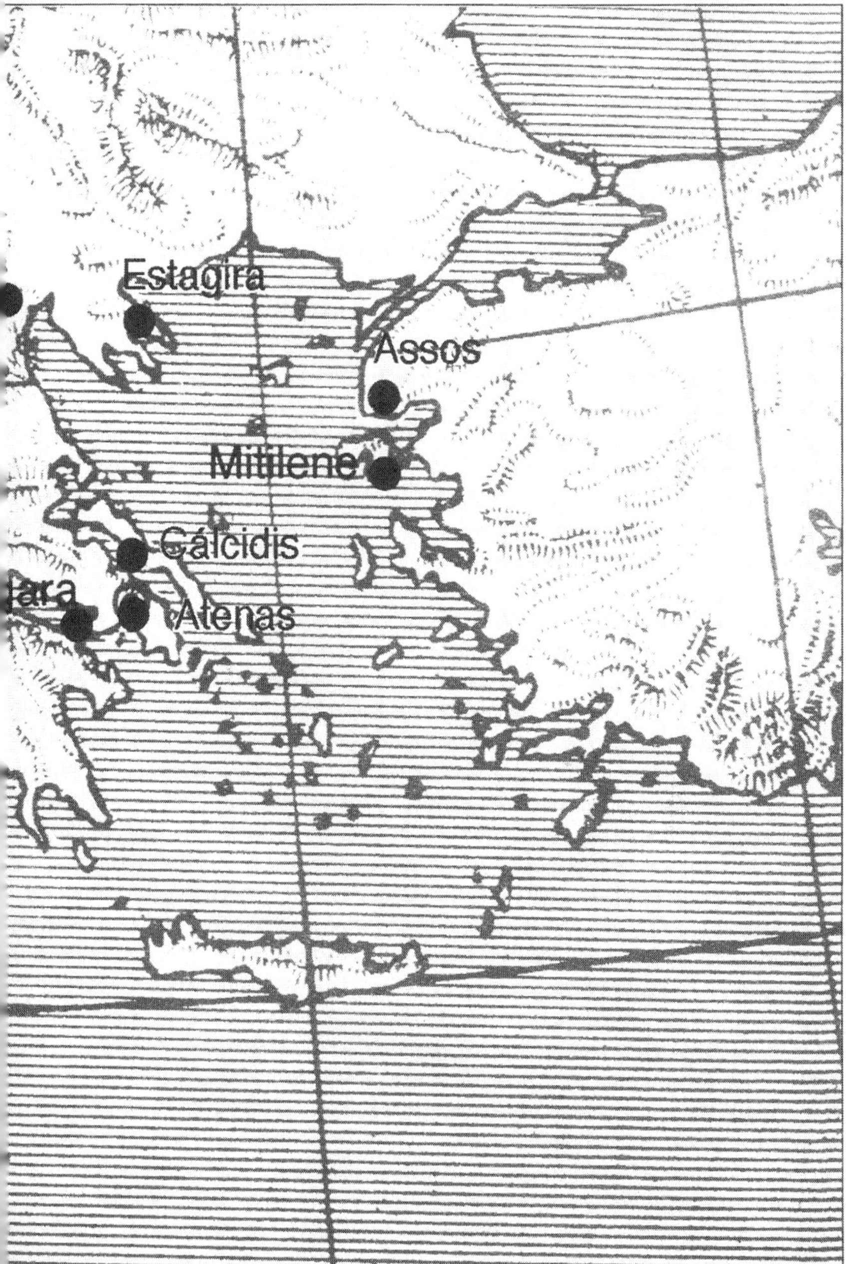

PLATÃO E ARISTÓTELES VIVERAM E ENSINARAM

Edições Loyola

editoração impressão acabamento

rua 1822 nº 341
04216-000 são paulo sp
T 55 11 3385 8500/8501 · 2063 4275
www.loyola.com.br